教育部人文社会科学研究青年基金项目资助（项目批准号：12YJC820048）

变革与重构：
集体土地征收程序研究

李春燕／著

法律出版社 | LAW PRESS

目录

导　论

中国的土地制度，是中国社会、经济、政治的根源。中国的治乱，基于土地制度的兴废，国民生活的安危，也基于土地制度的整理与否。①

——[日]长野郎

一、研究旨趣：寻找预防和减少集体土地征收纠纷的法治之路

人类区别于其他动物之处在于人类能够思考。对同一问题，经过思考，当存在不同认识时，争议及由争议演化而成的冲突就在所难免。不过，历史上没有争议的事情之一是人类对粮食的依赖，"民以食为天"的谚语正是对这一事实的精准表达。当进一步追问"粮食从何而来"时，人类对土地以及从事农业生产的农民便有了深深地敬畏。于是乎，与土地或农民相关的争议或冲突以及相关信息就格外引人注意——

2011年9月21日，广东汕尾陆丰发生的"乌坎村事件"，起因是土地征收和村委会选举；

2012年9月8日凌晨，云南彝良县发界村村民梁永兰拦截前来视察地震灾情的时任国务院总理温家宝的车辆，后被当地警方行政拘留，而她要向总理反映的是当地的征地问题；②

2014年3月21日，山东平度凤台街道杜家疃村发生纵火案，起因是土地征收；

……

① [日]长野郎著：《中国土地制度的研究》，强我译，中国政法大学出版社2004年版，原序。

② 参见李超：《彝良农妇跪访总理两月后被拘》，载《新京报》2012年11月22日。

除有图、有真相的个案新闻报道外,相关数据的披露也让笔者震撼。如在2005年,有学者调查发现,给中央某媒体近2万封的群众来信中,“涉及农村土地争议的占30.8%;在有关土地争议的上访信中,涉及征地问题的占60.1%;在对720名进京上访农民进行的专项问卷调查中,上访原因涉及土地问题的占有效问卷的73.2%;在课题组收到的172封农民控告信件中,涉及土地问题的占63.4%;课题组收集的130起农村群体性突发事件中,有87起因土地而发生了警农冲突,占总数的66.9%”。[①] 中国社会科学院2013年发布的《社会蓝皮书》指出,近年来,每年因各种社会矛盾而发生的群体性事件多达数万起甚至十余万起。其中,征地拆迁引发的群体性事件占一半左右。[②]

……

数字本身没有温度,但数字之后的征地者、被征地者以及用地者之间因土地而频繁上演的悲剧不仅让社会公众无法平静,更让中共中央和国务院无法平静——“加快土地征用制度改革”[③]“加快推进农村土地征收、征用制度改革”[④]“加快修改土地管理法,完善农村集体土地征收有关条款,健全严格规范的农村土地管理制度”[⑤]“加快推进征地制度改革”[⑥]“加快推进征地制度改革”[⑦]“稳步推进农村土地制度改革试点……分类实施农村土地征收、集体经营性建设用地入市、宅基地制度

---

① 于建嵘:《土地问题已成为农民维权抗争的焦点——关于当前我国农村社会形势的一项专题调研》,载《调研世界》2005年第3期。

② 参见小文:《社科院:征地拆迁引发的群体性事件占总数一半》,载南都网:http://ndnews.oeeee.com/html/201212/18/10129.html,2017年5月10日访问。

③ 《中共中央、国务院关于促进农民增加收入若干政策的意见》,载《人民日报》2004年2月9日,第1版。

④ 《中共中央、国务院关于进一步加强农村工作提高农业综合生产能力若干政策的意见》,载《人民日报》2005年1月31日,第1版。

⑤ 《中共中央、国务院印发〈关于加快推进农业科技创新持续增强农产品供给保障能力的若干意见〉》,载《人民日报》2012年2月2日,第1版。

⑥ 《中共中央、国务院关于加快发展现代农业进一步增强农村发展活力的若干意见》,载《人民日报》2013年2月1日,第1版。

⑦ 《中共中央、国务院印发〈关于全面深化农村改革加快推进农业现代化的若干意见〉》,载《人民日报》2014年1月20日,第1版。

改革试点”[①]“推进农村土地征收、集体经营性建设用地入市、宅基地制度改革试点”[②]“统筹协调推进农村土地征收、集体经营性建设用地入市、宅基地制度改革试点”[③]等语句出现在“中央一号文件”中；[④]“改革征地制度，提高农民在土地增值收益中的分配比例”[⑤]“缩小征地范围，规范征地程序，完善对被征地农民合理、规范、多元保障机制”等语句写入中国共产党的报告；[⑥]同时，农村土地管理制度改革问题被国务院政府工作报告反复提及，如“加快改革土地征收、征用制度，完善土地征收、征用程序和补偿机制，确保占补平衡”；[⑦]“坚持实行最严格的土地管理制度……严格控制农用地转为建设用地”；[⑧]“促进土地集约利用”；[⑨]“坚决实行最严格的土地管理制度……禁止擅自将农用地转为建设用地”；[⑩]“努力解决土地征收征用、房屋拆迁、企业改制、环境保护等方面损害群众利益的问题”；[⑪]“有序推进农村土地管理制度改革”；[⑫]“制定出台农村集体土地征收补偿条例”；[⑬]“慎重稳妥进行农村土地制度改革试点”；[⑭]“做好土地确权登记颁证工作，审慎开展农村土地征收、集体经营性建设

① 《中共中央、国务院印发〈关于加大改革创新力度加快农业现代化建设的若干意见〉》，载《人民日报》2015年2月2日，第1版。

② 《中共中央、国务院关于落实发展新理念加快农业现代化实现全面小康目标的若干意见》，载《人民日报》2016年1月28日，第1版。

③ 《中共中央、国务院关于深入推进农业供给侧结构性改革加快培育农业农村发展新动能的若干意见》，载《人民日报》2017年2月6日，第1版。

④ 中共中央、国务院每年发布的第一份文件，被称为“中央一号文件”。自1982年1月1日至2017年2月5日，中共中央、国务院已经发布19份“中央一号文件”，它们的主题都与农村、农业和农民相关。现在，“中央一号文件”已经成为中共中央、国务院重视“三农问题”的代名词。

⑤ 《坚定不移沿着中国特色社会主义道路前进，为全面建成小康社会而奋斗》（胡锦涛在中国共产党第十八次全国代表大会上的报告）。

⑥ 《中共中央关于全面深化改革若干重大问题的决定》（2013年11月12日中国共产党第十八届中央委员会第三次全体会议通过）。

⑦ 《2004年国务院政府工作报告》。

⑧ 《2005年国务院政府工作报告》。

⑨ 《2006年国务院政府工作报告》。

⑩ 《2007年国务院政府工作报告》。

⑪ 《2008年国务院政府工作报告》。

⑫ 《2011年国务院政府工作报告》。

⑬ 《2012年国务院政府工作报告》。

⑭ 《2014年国务院政府工作报告》。

用地入市、宅基地制度、集体产权制度等改革试点”。①

可见,包括集体土地征收在内的农村土地管理制度备受中共中央和国务院的关注,而且是持续性关注。同时,集体土地纠纷似乎并没有显著减少。这从侧面揭示了该问题的复杂性,也引发了笔者的思考:在“依法治国,建设社会主义法治国家”“国家尊重和保障人权”已经入宪十余年的中国,是否存在预防和减少集体土地纠纷的法治之路?诚如马克思所言:“人们奋斗所争取的一切,都同他们的利益有关。”②集体土地征收纠纷最终是利益之争,那么,号称“利益关系的调节器”的法律,在其间能够扮演怎样的角色?而且,在“推进国家治理体系和治理能力现代化”③的语境之下,预防和减少集体土地征收纠纷更具有了别样的意蕴。

二、研究对象:集体土地征收程序

土地问题,包括土地征收问题,是学术界的研究热点。不过,本书中,笔者仅研究集体土地征收程序的变革与重构。或者说,笔者拟通过对集体土地征收程序的观察与反思,试图通过重构征收程序,来预防和减少集体土地征收纠纷。从词语构成角度看,准确界定“集体土地征收程序”,离不开对“集体土地”“土地征收”和“土地征收程序”等概念的梳理。

(一)集体土地概念的形成

“集体土地”不是一个法律概念,它是“集体所有土地”的简称,是从土地的所有权人角度对土地的类型化划分——与“国有土地”“农民所有土地”等概念相并列。集体土地概念的形成,与土地所有制度的改革与发展密不可分,主要经历如下历程:

1. 土地改革运动:从封建土地所有制到土地的农民所有制和国家所有制

众所周知,中国是农业大国,人均土地资源比较少。同时,农民对土地的依附性非常强,甚至视土地为自己的“命根子”。中国共产党能够领

---

① 《2015年国务院政府工作报告》。

② 《马克思恩格斯全集》(第1卷),人民出版社1956年版,第82页。

③ 《中共中央关于全面深化改革若干重大问题的决定》(2013年11月12日中国共产党第十八届中央委员会第三次全体会议通过)。

导中国人民取得新民主主义革命的胜利，与其准确把握了农民的革命诉求——“耕者有其田”[①]——不无关系。早在井冈山革命时期，毛泽东就开始了土地改革的尝试。1947 年 9 月 13 日通过的《中国土地法大纲》[②]第 1 条明确规定：“废除封建性及半封建性剥削的土地制度，实行耕者有其田的土地制度。”这是法律文件中首次对“耕者有其田”作出明确规定。1949 年 9 月 29 日，中华人民共和国成立前夕通过的《中国人民政治协商会议共同纲领》第 27 条规定：“土地改革为发展生产力和国家工业化的必要条件。凡已实行土地改革的地区，必须保护农民已得土地的所有权。凡尚未实行土地改革的地区，必须发动农民群众，建立农民团体，经过清除土匪恶霸、减租减息和分配土地等项步骤，实现耕者有其田。”这部在中华人民共和国历史上发挥了“临时宪法”作用的纲领性文件成为新中国成立后国家开展土地改革的最高依据。

1950 年 6 月 14 日～23 日，全国政协一届二次会议讨论由中共中央建议的《中华人民共和国土地改革法（草案）》。刘少奇代表中共中央作的《关于土地改革问题的报告》指出：中国原来的土地制度极不合理，[③]而“这就是我们民族被侵略、被压迫、穷困及落后的根源，是我们国家民主化、工业化、独立、统一及富强的基本障碍……而要改变这种情况，就必须按照土地改革法草案第一条的规定：废除地主阶级封建剥削的土地所有制，实行农民的土地所有制，借以解放农村生产力，发展农业生产，为新中国的工业化开辟道路”。1950 年 6 月 30 日，《中华人民共和国土地改革法》（以下简称《土地改革法》）正式颁布，成为在全国新解放区实行土地改革的法律依据。《土地改革法》第 1 条将土地改革的目的确定

---

① 1924 年，孙中山先生首次提出“耕者有其田”这一主张，即“解决农民的痛苦，归纳是要耕者有其田”，“要耕者有其田，才算是彻底的革命”。孙中山：《孙中山全集》（第 10 卷），中华书局 1986 年版，第 556 页。不过，“耕者有其田”的最早实践者是毛泽东同志。

② 1947 年 9 月 13 日，中国共产党在河北省平山县西柏坡举行全国土地会议，通过《中国土地法大纲》，并于 1947 年 10 月 10 日由中共中央公布。

③ 这种“极不合理”，指的是：“就旧中国一般的土地情况来说，大体是这样：占乡村人口不到百分之十的地主和富农，占有约百分之七十至八十的土地，他们借此残酷地剥削农民。而占乡村人口百分之九十以上的贫农、雇农、中农及其他人民，却总共只占有约百分之二十至三十的土地，他们终年劳动，不得温饱。”刘少奇：《关于土地改革问题的报告》，载《新黄河》1950 年第 5 期。

为"废除地主阶级封建剥削的土地所有制,实行农民的土地所有制,藉以解放农村生产力,发展农业生产,为新中国的工业化开辟道路",并通过"土地的没收与征收""土地的分配""特殊土地问题的处理""土地改革的执行机关和执行方法"和"附则"等章节,比较详细地规定了土地改革的步骤。同时,为配合《土地改革法》的实施,政务院还通过了《农民协会组织通则》、[①]《人民法庭组织通则》[②]和《关于划分农村阶级成分的决定》[③]等一系列法律文件。

根据前述法律文件,土地改革从1950年冬开始到1952年年底,除西藏等少数地区外,土地改革在全国农村基本完成。连同老解放区的土地改革,全国大约有3亿多无地和少地的农民分得了大约7亿亩土地和其他一些生产资料。土地改革的胜利,彻底消灭了封建土地所有制,建立起土地的农民所有制和国家所有制。[④]

2. 农业社会主义改造:土地集体所有制的出现

获得土地等基本生产资料、并摆脱人身束缚的农民爆发出极大的劳动热情,促进农村经济迅速恢复和发展。但是,这种建立在农民土地私有制基础上的小农经济不仅与中国革命的目标——建立社会主义社会背道而驰,而且具有天然的局限性。[⑤] 基于此,1953年2月15日,中共

---

① 1950年7月14日政务院第四十一次政务会议通过,同年7月15日公布施行。

② 1950年7月14日政务院第四十一次政务会议通过,报请中央人民政府主席批准,1950年7月20日公布施行。

③ 1950年8月4日政务院第四十四次政务会议通过,同年8月20日公布施行。

④ 《土地改革法》除将没收和征收的土地分配给农民外,还将一部分土地收归国有。例如,第19条规定:"使用机器耕种或有其他进步设备的农田、苗圃、农事试验场及有技术性的大竹园、大果园、大茶山、大桐山、大桑田、大牧场等,由原经营者继续经营,不得分散。但土地所有权原属于地主者,经省以上人民政府批准,得收归国有。"又如,第25条规定:"沙田、湖田之属于地主所有或为公共团体所有者,均收归国家所有,由省以上人民政府另定适当办法处理之。"对于国家所有的土地,该法第27条规定:"国家所有的土地,由私人经营者,经营人不得以之出租、出卖或荒废。原经营人如不需用该项土地时,必须交还国家。"因此,就土地改革的结果而言,不仅是农民实现了"耕者有其田",国家也获得了进行国家建设所需要的土地。

⑤ 一是分散生产使农民无力采用先进的农业机械、农业技术和抵御自然灾害,对生活水平的改善缺乏持久性;二是土地改革保留了富农经济,并允许土地在私人间自由出租、买卖和转让,为形成新的贫富分化埋下了隐患;三是生产效率低,无法满足广大城市居民和工业建设对粮食和其他农副产品的需求,限制了工业化的进一步发展。参见孙鹤汀著:《征地纠纷的政治学分析——以Y市Z区城郊村为例》,知识产权出版社2011年版,第51~52页。

中央通过《关于农业生产互助合作的决议》,要求农民在生产上逐步联合起来,而其具体道路“就是经过简单的共同劳动的临时互助组和在共同劳动的基础上实行某些分工分业而有某些少量公共财产的常年互助组,到实行土地入股、统一经营而有较多公共财产的农业生产合作社,到实行完全的社会主义的集体农民公有制的更高级的农业生产合作社(也就是集体农庄)。这种由具有社会主义萌芽、到具有更多社会主义因素、到完全的社会主义的合作化的发展道路,就是我们党所指出的对农业逐步实现社会主义改造的道路”。

在性质上,互助组是农民自愿组成的松散组织,是“逐步引导农民走向社会主义改造的一种初级的过渡的形式”。[①] 与互助组不同,“农业生产合作社是劳动农民的集体经济组织,是农民在共产党和人民政府的领导和帮助下,按照自愿和互利的原则组织起来的;它统一地使用社员的土地、耕畜、农具等主要生产资料,并且逐步地把这些生产资料公有化;它组织社员进行共同的劳动,统一地分配社员的共同劳动的成果。发展农业生产合作社的目的,是要逐步地消灭农村中的资本主义剥削制度,克服小农经济的落后性,发展社会主义的农业经济,适应社会主义工业化的需要。也就是说,要逐步地用生产资料的劳动群众集体所有制代替生产资料的私人所有制,逐步地用大规模的、机械化的生产代替小生产,使农业高度地发展起来,使全体农民共同富裕起来,使社会对于农产品的不断增长的需要得到满足。”[②]其中,“初级合作社是在私有的基础上,实行土地入股、统一经营的。高级合作社实行主要生产资料的完全集体所有制,这是初级合作社同高级合作社的根本区别。农业生产的主要生产资料,就是土地、耕畜和大型农具(包括集体经营副业所需要的副业工具)。”[③]简单地说,“初级社与高级社的区别在于,前者是以土地等主要

① 《中国共产党中央委员会关于发展农业生产合作社的决议》(1953 年 12 月 16 日中共中央通过,1954 年 1 月 8 日发布)。

② 《农业生产合作社示范章程草案》第 1 条(1955 年 11 月 9 日全国人民代表大会常务委员会第二十四次会议通过)。

③ 1956 年 6 月 15 日,时任农业部部长之职的廖鲁言受国务院委托,在第一届全国人民代表大会第三次会议上所做的《关于〈高级农业生产合作社示范章程(草案)〉的说明》,载《人民日报》1956 年 6 月 17 日,第 2 版。

生产资料作为农民的股份参加合作社,但生产资料的所有权仍为个人所有,产品分配按所占生产资料与社员劳动工分的比例进行分红;而高级社,农民则需要把生产资料的所有权交给合作社,在分配中生产资料不参与分红,而是完全按社员的劳动工分进行分配。"①

在中共中央的积极推动下,1956 年 4 月 29 日,新华社向全世界宣布:中国农村基本上实现了初级农业合作化。到 1956 年 12 月,全国农村 96.3% 农户加入了农业生产合作社,其中,初级社者占农户总数的 8.5%,高级社者占 87.8%,这意味着全国农村基本实现了高级农业合作化。② 到 1957 年,参加高级社的农户所占比例又进一步增加到了 96%。③ 高级农业合作化的实现,意味着农村土地的集体所有制已经基本形成。同时,在高级社阶段,"社员原有的坟地和房屋地基不必入社。社员新修房屋需用的地基和无坟地的社员需用的坟地,由合作社统筹解决,在必要的时候,合作社可以申请乡人民委员会协助解决"。④ 因此,就土地所有制形式而言,即便在高级社阶段,依然还有少量土地归农民私有。

3. 人民公社运动:农民彻底失去土地

随着农田水利化、耕作机械化程度的提高和"文化大革命"的发展,规模比较小的农业生产合作社在组织生产和发展方面显现出不足。于是,1958 年 3 月,中共中央提出,在有条件的地方,"把小型的农业合作社有计划地适当地合并为大型的合作社是必要的"。⑤ 随后,1958 年 8 月 29 日,中共中央在北戴河召开的政治局扩大会议通过了《中共中央关于在农村建立人民公社问题的决议》,认为"人民公社是形势发展的必然趋势"。1958 年 9 月 3 日,《人民日报》发表社论《高举人民公社的红旗

---

① 罗平汉:《1956—1957 年农民闹社闹粮事件》,载《党史文苑》2014 年第 23 期。

② 转引自罗平汉:《1956—1957 年农民闹社闹粮事件》,载《党史文苑》2014 年第 23 期。

③ 丛进著:《1949 ~ 1989 年的中国曲折发展的岁月》,河南人民出版社 1989 年版,第 68 页。

④ 《高级农业生产合作社示范章程》(1956 年 6 月 30 日第一届全国人民代表大会第三次会议通过,同日中华人民共和国主席公布)第 16 条第 2 款。

⑤ 《中共中央关于把小型的农业合作社适当地合并为大社的意见》,1958 年 3 月 20 日成都会议通过,1958 年 4 月 8 日政治局会议批准。

前进》,将人民公社的特点概括为“一大二公”。[①] 实践中,原来一二百户的合作社被合并成四五千户乃至一二万户的人民公社,几十个甚至上百个经济条件、贫富水平不同的合作社被合并,包括社员的自留地、家畜、果树等在内的一切财产上交公社,在全社范围内统一核算,统一分配。

“一大二公”的人民公社制度并没有沿着中共中央预想的轨道发展,而是在普及数月后就暴露出严重的制度缺陷,[②]这迫使中共中央进行深刻反思。这场反思从1958年年底开始,一直持续到改革开放前夕。在这一过程中,中共中央先后发布了《农村人民公社工作条例(草案)》(1961年3月29日下发,以下简称《农业六十条》)、《中共中央关于讨论农村人民公社工作条例草案给全党同志的信》(1961年3月29日下发)、《农村人民公社工作条例(修正草案)》(1961年6月15日下发)、《关于讨论和试行〈农村人民公社工作条例(修正草案)〉的指示》(1961年6月15日下发)、《关于农村基本核算单位问题的指示》(1961年10月7日下发)、《关于改变农村人民公社基本核算单位问题的指示》(1962年2月13日下发)、《农村人民公社工作条例修正草案(修改稿)》(1962年8月6日下发)、《关于讨论〈农村人民公社工作条例修正草案(修改稿)〉的指示》(1962年8月6日下发)等文件,其最终结果是在中国农村确立了以生产大队的集体所有制为基础的三级集体所有制。具体来说,人民公社一般分为公社、生产大队和生产队三级。人民公社是各生产大队的联合组织;生产大队是实行独立核算、自负盈亏的独立经营单位;生产队是直接组织生产和组织集体福利事业的单位。生产大队范围内的土地包括宅基地,都归生产大队所有,一律不准出租和买卖,并要固定给生产队使用。20世纪70年代初,中共中央曾经启动对《农村人民公社工作条例修正草案(修改稿)》的修改程序,

---

① “大”,是指公社规模大,便于进行大规模综合生产建设;“公”是指人民公社比农村生产合作社更具社会主义化、集体化。

② 人民公社制度的缺陷主要表现在三个方面:一是其所有制建立在无偿剥夺公社辖区内生产资料和社员部分生活资料的基础之上,导致“共产风”肆虐;二是实行政社合一,人民公社掌控了辖区内所有的政治经济资源、生产活动和农民生活,推行组织军事化、行动战斗化、生活集体化的管理体制;三是人民公社的分配制度即供给制和公共食堂,造成乡村粮食的浪费与饥荒的蔓延。参见辛逸:《〈农业六十条〉修订与人民公社的制度变迁》,载《中共党史研究》2012年第7期。

形成《农村人民公社工作条例(试行草案)》,并于1978年12月22日党的十一届三中全会通过。但随着举世瞩目的农村家庭联产承包责任制的推行,该条例并未真正发挥作用。

4. 1982年《宪法》:土地二元所有制获得宪法认可

在客观上,经过人民公社化运动之后,中国的土地就形成了集体所有制与全民所有制两种所有制形式。不过,这种二元所有制在法律上的正式确立始于1982年《宪法》。

1982年《宪法》第6条第1款规定:"中华人民共和国的社会主义经济制度的基础是生产资料的社会主义公有制,即全民所有制和劳动群众集体所有制。"随后,第10条对土地这一生产资料的归属及利用限制作出规定:"城市的土地属于国家所有。农村和城市郊区的土地,除由法律规定属于国家所有的以外,属于集体所有;宅基地和自留地、自留山,也属于集体所有。国家为了公共利益的需要,可以依照法律规定对土地实行征用。任何组织或者个人不得侵占、买卖或者以其他形式非法转让土地。一切使用土地的组织和个人必须合理地利用土地。"这一条文明确了集体所有的土地的范围:(1)法律未规定属于国家所有的农村和城市郊区的土地;(2)宅基地与自留地、自留山。

同时,1982年《宪法》还对"政社合一"的人民公社制度进行了改革:一是在行政区划上将县、自治县分为乡、民族乡、镇,并在乡、民族乡、镇设立人民代表大会和人民政府作为基层政权组织;①二是在农村设立村民委员会,作为基层群众性自治组织。② 随后,1982年12月10日,第五届全国人民代表大会第五次会议通过《关于修改〈中华人民共和国地方各级人民代表大会和地方各级人民政府组织法〉的若干规定的决议》,将原条文中的"人民公社"修改为"乡、民族乡",将"人民公社管理委员会"

---

① 1982年《宪法》第30、95条。

② 1982年《宪法》第111条规定:"城市和农村按居民居住地区设立的居民委员会或者村民委员会是基层群众性自治组织。居民委员会、村民委员会的主任、副主任和委员由居民选举。居民委员会、村民委员会同基层政权的相互关系由法律规定。居民委员会、村民委员会设人民调解、治安保卫、公共卫生等委员会,办理本居住地区的公共事务和公益事业,调解民间纠纷,协助维护社会治安,并且向人民政府反映群众的意见、要求和提出建议。"

改为"乡、民族乡人民政府",并在重新公布的《中华人民共和国地方各级人民代表大会和地方各级人民政府组织法(修正)》中明确规定了乡人民政府的职权。① 1982年12月31日,中共中央政治局讨论通过《当前农村经济政策的若干问题》,明确提出,人民公社的体制要从两方面进行改革,即"实行生产责任制,特别是联产承包制;实行政社分设"。1983年10月12日,中共中央、国务院发出《关于实行政社分开建立乡政府的通知》,将"把政社分开,建立乡政府"作为当前的"首要任务"。至1984年年底,全国基本完成了对人民公社的体制改革,即便保留了人民公社,也仅仅是保留其经济组织的身份,而不再承担任何行政职能。②

综上,在中国,集体土地的概念与高级农业生产合作社同时产生。检索显示,中国第一个高级农业生产合作社产生于1950年。但就全国范围而言,1956年年底农业社会主义改造结束时,全国才普遍建立起集体土地所有制。同时,集体土地所有制的形成过程,也正是土地农民所有制逐渐消亡的过程。

(二)土地征收与集体土地征收

真正的对话与沟通,源自对同一概念的相同理解。在中国,语言的运用比较复杂,即便同一词汇,置于不同语境,其所指就有可能不同;同

① 该法第61条规定:"乡、民族乡、镇的人民政府行使下列职权:(一)执行本级人民代表大会的决议和上级国家行政机关的决定和命令,发布决定和命令;(二)执行本行政区域内的经济和社会发展计划、预算,管理本行政区域内的经济、教育、科学、文化、卫生、体育事业和财政、民政、公安、司法行政、计划生育等行政工作;(三)保护社会主义的全民所有的财产和劳动群众集体所有的财产,保护公民私人所有的合法财产,维护社会秩序,保障公民的人身权利、民主权利和其他权利;(四)保护各种经济组织的合法权益;(五)保障少数民族的权利和尊重少数民族的风俗习惯;(六)保障宪法和法律赋予妇女的男女平等、同工同酬和婚姻自由等各项权利;(七)办理上级人民政府交办的其他事项。"

② "人民公社"作为法律概念的消失是在1993年。1993年3月29日第八届全国人民代表大会第一次会议通过的《中华人民共和国宪法修正案》第6条规定:宪法第8条第1款:"农村人民公社、农业生产合作社和其他生产、供销、信用、消费等各种形式的合作经济,是社会主义劳动群众集体所有制经济。参加农村集体经济组织的劳动者,有权在法律规定的范围内经营自留地、自留山、家庭副业和饲养自留畜。"修改为:"农村中的家庭联产承包为主的责任制和生产、供销、信用、消费等各种形式的合作经济,是社会主义劳动群众集体所有制经济。参加农村集体经济组织的劳动者,有权在法律规定的范围内经营自留地、自留山、家庭副业和饲养自留畜。"这样,《宪法》中不再有"人民公社"的提法。

时,不同历史时期,也可能采用不同词汇来描述同一事实。

就本书的研究主题"集体土地征收"而言,即便在形成集体土地所有制以后,法律上也没有使用该术语。因此,对该概念的理解,必须从"土地征收"入手。

在新中国成立以后的法律文献中,《土地改革法》最早使用"征收"概念。在使用该概念时,《土地改革法》主要规定了两个问题:一是征收的对象。根据该法第3~6条的规定,征收的对象包括:(1)祠堂、庙宇、寺院、教堂、学校和团体在农村中的土地及其他公地,但靠上述土地收入来维持费用的学校、孤儿院、养老院、医院等事业除外;(2)工商业家在农村中的土地和原由农民居住的房屋;(3)革命军人、烈士家属、工人、职员、自由职业者、小贩以及因从事其他职业或因缺乏劳动力而出租小量土地者们拥有的超过"当地每人平均土地数百分之二百"的部分,但对以其本人劳动所得购买该土地,或系鳏、寡、孤、独、残疾人等依靠该项土地为生的,应酌情予以照顾;(4)半地主式富农超过其自耕和雇人耕种的土地的出租部分,以及某些特殊地区,经省以上人民政府的批准,富农出租土地的一部或全部。二是对征收对象的处置方式,即该法第10条规定:"所有没收和征收得来的土地和其他生产资料,除本法规定收归国家所有者外,均由乡农民协会接收,统一地、公平合理地分配给无地少地及缺乏其他生产资料的贫苦农民所有。对地主亦分给同样的一份,使地主也能依靠自己的劳动维持生活,并在劳动中改造自己。"与此同时,《土地改革法》还使用了"没收"概念,而没收的对象是"地主的土地、耕畜、农具、多余的粮食及其在农村中多余的房屋"。① 对没收的对象的处置方式也规定在第10条之内,与对征收的处置方式完全相同。可见,在《土地改革法》中,"征收"与"没收"的指向对象都包括"土地",并且最终的法律效果相同——土地所有权由地主等特定群体转移至国家和农民个人;两者的区别仅在于,"没收"适用于地主,指向对象广泛,除生产资料外,还包括部分生活资料;"征收"适用于地主之外的其他群体,主要指向土地,还包括部分房屋。

在同一时期,与国家取得特定群体的土地所有权相关的词汇还有

① 参见《土地改革法》第2条。

"收买"、"征购"和"征用",例如,《铁路留用土地办法》[①]第 6 条规定:"铁路因建筑关系,原有土地不敷应用或有新设施需要土地时,由铁路局通过地方政府收买或者征购之。"[②]又如,《城市郊区土地改革条例》[③]第 14 条规定:"国家为市政建设及其他需要征用私人所有的农业土地时,须给予适当代价,或以相等之国有土地调换之。对耕种该项土地的农民亦应给予适当的安置,并对其在该项土地上的生产投资(如凿井、植树等)及其他损失,予以公平合理的补偿。"而且,中央人民政府政务院还于 1953 年 12 月 5 日公布了《关于国家建设征用土地办法》,系统规定了征用土地的审批程序及其补偿原则。随后,涉及国家建设用地取得方式的立法都沿用了"征用"概念。[④] 此外,1954 年《宪法》、1975 年《宪法》和 1978 年《宪法》使用的是"征用"、"征购"和"收归国有"等概念。[⑤]

1982 年《宪法》不仅在宪法上确立了土地国家所有与集体所有的二元所有制,而且明确国家可以通过"征用"的方式取得集体土地所有权。[⑥] 1986 年 6 月 25 日,第六届全国人民代表大会常务委员会第十六次会议通过《中华人民共和国土地管理法》(以下简称《土地管理法》)。该法总计 39 次使用"征用"概念,而对"征用"的性质表述最清楚的是第

---

① 1950 年 6 月 24 日中央人民政府政务院颁布。

② 1950 年 9 月 16 日,中央人民政府政务院发布《关于〈铁路留用土地办法〉的几点解释》,在使用"收买"和"征购"的同时,还使用了"征用",例如:"三、上海路局现辖已通车及未通车制已测定线路,可照原界保留,如系新测线路,其尺度应照新办法办理。至于地价问题,凡接收国民党政府时期之路基地产,经过征用程序有案可稽者,一般地不予补发低价,对确实穷困之原所有权人,可酌情补助;其未办征用程序以及新占者在未进行土改前,应照原办法第六条由路局通过地方政府收买或征购之。"这是法律文件中首次使用"征用"。

③ 1950 年 11 月 21 日中央人民政府政务院颁布。

④ 1958 年 1 月 6 日,国务院经全国人民代表大会常委会批准,对《关于国家建设征用土地办法》进行修正,并重新公布施行《国家建设征用土地办法》(修正);1982 年 5 月 4 日国务院经第五届全国人民代表大会常委会批准,重新发布实施《国家建设征用土地条例》,废止《国家建设征用土地办法》(修正)。这两部立法都使用了"征用"这一词汇。

⑤ 1954 年《宪法》第 13 条规定:"国家为了公共利益的需要,可以依照法律规定的条件,对城乡土地和其他生产资料实行征购、征用或者收归国有。"1975 年《宪法》第 6 条第 3 款规定:"国家可以依照法律规定的条件,对城乡土地和其他生产资料实行征购、征用或者收归国有。"1978 年《宪法》第 6 条第 3 款规定:"国家可以依照法律规定的条件,对土地实行征购、征用或者收归国有。"

⑥ 1982 年《宪法》第 10 条第 3 款规定:"国家为了公共利益的需要,可以依照法律规定对土地实行征用。"

2 条第 3 款:“国家为了公共利益的需要,可以依法对集体所有的土地实行征用。”此后,在 1988 年 12 月 29 日和 1998 年 8 月 29 日修改《土地管理法》时,“国家为了公共利益的需要,可以依法对集体所有的土地实行征用”这一规定一直未作改变。[①] 另外,在土地管理领域,除“征用”外,《土地管理法》还规定了对土地的“临时使用”制度,此时,国家仅取得土地的使用权。[②] 至此,在土地管理领域,“征用”已经成为国家取得集体土地所有权的代名词。

不过,值得关注的是,除土地管理领域的立法外,中国还有其他立法也在使用“征用”概念。而且,这些立法,有的是“在合法剥夺集体土地等自然资源的所有权意义上使用征用”,如《中华人民共和国草原法》《中华人民共和国森林法》《中华人民共和国渔业法》;有的是“在合法剥夺公民、法人地上建筑等改良物的所有权意义上使用征用”,如《中华人民共和国邮政法实施细则》和《中华人民共和国归侨侨眷保护法》;有的是“在暂时性剥夺公民、法人财产的占有权、使用权意义上使用征用”,包括国防征用、救灾与防疫征用以及国家安全和社会安全征用等,如《中华人民共和国国防法》《中华人民共和国传染病防治法》《中华人民共和国国家安全法》等。[③] 这样,就形成了在同一法律体系内部,相同词汇具有不同内涵的现象。这一现象不仅给执法机关带来诸多困惑,也使相关财产的所有权人和使用权人如坠云雾之中,法律的实施和法律的威信都受

---

① 区别在于,该规定在 1988 年《土地管理法》中位于第 2 条第 3 款,在 1998 年《土地管理法》中位于第 2 条第 4 款。

② 例如,1986 年《土地管理法》第 33 条规定:“工程项目施工,需要材料堆场、运输通路和其他临时设施的,应当尽量在征用的土地范围内安排。确实需要另行增加临时用地的,由建设单位向批准工程项目用地的机关提出临时用地数量和期限的申请,经批准后,同农业集体经济组织签订临时用地协议,并按该土地前三年平均年产值逐年给予补偿。在临时使用的土地上不得修建永久性建筑物。使用期满,建设单位应当恢复土地的生产条件,及时归还。架设地上线路、铺设地下管线、建设其他地下工程、进行地质勘探等,需要临时使用土地的,由当地县级人民政府批准,并按照前款规定给予补偿。建设单位为选择建设地址,需要对土地进行勘测的,应当征得当地县级人民政府同意;造成损失的,应当给予适当补偿。”1988 年和 1998 年修正的《土地管理法》也有相同规定。

③ 杨士林:《宪法修改对我国行政征用制度的影响——兼与行政征收制度的比较》,载李晓安主编:《首都法学论坛》(第 1 辑),北京大学出版社 2005 年版,载中国宪政网:http://www.calaw.cn/article/default.asp? id =3721,2017 年 5 月 10 日访问。

到不同程度的影响。

与此同时,“征收”概念也没有淡出法律文件之外。例如,《中华人民共和国税收征收管理法》①和包括《中华人民共和国个人所得税法》②在内的涉及不同税种的单行立法都使用了“征收”概念。这样,“征收”与“征用”之间的区别亟待厘清。

“征收”与“征用”的区别在2004年得到权威阐释。2004年3月14日第十届全国人民代表大会第二次会议通过了对1982年《宪法》的第四次修改,修改之后的《宪法》第10条第1~3款规定:“城市的土地属于国家所有。农村和城市郊区的土地,除由法律规定属于国家所有的以外,属于集体所有;宅基地和自留地、自留山,也属于集体所有。国家为了公共利益的需要,可以依照法律规定对土地实行征收或者征用并给予补偿。”对于这一修改,特别是“征收”与“征用”的区别,时任全国人民代表大会常务委员会副委员长的王兆国在《关于〈中华人民共和国宪法修正案(草案)〉的说明》中指出:“宪法修正案(草案)将宪法第十条第三款‘国家为了公共利益的需要,可以依照法律规定对土地实行征用。’修改为:‘国家为了公共利益的需要,可以依照法律规定对土地实行征收或者征用,并给予补偿。’这样修改,主要的考虑是:征收和征用既有共同之处,又有不同之处。共同之处在于,都是为了公共利益需要,都要经过法定程序,都要依法给予补偿。不同之处在于,征收主要是所有权的改变,征用只是使用权的改变。宪法第十条第三款关于土地征用的规定,以及依据这一规定制定的土地管理法,没有区分上述两种不同情形,统称‘征用’。从实际内容看,土地管理法既规定了农村集体所有的土地转为国有土地的情形,实质上是征收;又规定了临时用地的情形,实质上是征用。为了理顺市场经济条件下因征收、征用而发生的不同的财产关系,区分征收和征用两种不同情形是必要的。”同年8月28日,全国人民代

① 1992年9月4日第七届全国人民代表大会常务委员会第二十七次会议通过,后于1995年2月28日、2001年4月28日、2013年6月29日进行修正和修订。

② 1980年9月10日第五届全国人民代表大会第三次会议通过,后于1993年10月31日、1999年8月30日、2005年10月27日、2007年6月29日、2007年12月29日和2011年6月30日进行修正。

表大会常务委员会通过并公布《关于修改〈中华人民共和国土地管理法〉的决定》，除将第2条第4款由“国家为公共利益的需要，可以依法对集体所有的土地实行征用”修改为“国家为了公共利益的需要，可以依法对土地实行征收或者征用并给予补偿”外，还将第43条第2款、第45～47条、第49条、第51条、第78条、第79条中的“征用”修改为“征收”。至此，至少在土地管理领域，“征收”与“征用”的界限已经非常明晰——前者是国家取得集体土地所有权的过程，后者是国家取得集体土地使用权的过程。

本书研究的集体土地征收，正是国家取得集体土地所有权的过程，与相关立法是使用“征收”抑或“征用”概念没有必然联系。当然，在法律条文的援引上，遵循尊重历史的原则，凡法律文本使用“征用”的，一律继续使用“征用”。[①] 而在正文的叙述过程中，将使用“征收”概念。也就是说，本书认同的“土地征收”概念的核心特征是土地所有权从一方转移到国家。在当下，中国实行土地国家所有制与集体所有制的二元所有制，因此，土地征收特指土地由集体所有转为国家所有的过程。在这一过程中，土地的承包经营权人、宅基地使用权人等土地使用权人的合法权益必然受到影响。不过，土地使用权是土地所有权的权能之一，土地征收对土地使用权人权益的影响，建立在剥夺土地所有权人的土地所有权的基础之上。因此，没有必要在土地征收的内涵中刻意强调对土地使用权的影响，否则将再次把“土地征收”与“土地征用”混为一谈。

（三）集体土地征收程序：程序在规制土地征收行为中的作用

如前所述，集体土地征收争议是社会公众关注的焦点，也是学界讨论的热点。学界对集体土地征收的研究，主要着眼于三个方面：一是集体土地征收的目的；二是集体土地征收的程序；三是集体土地征收的补偿安置。从性质上看，征收目的试图从源头上控制住集体土地征收行为——不符合征收目的，不得进行土地征收；征收程序是对集体土地征

---

① 在集体土地所有制形成之后直至2004年修改《宪法》，有关土地征收的立法使用的都是“征用”概念。或者说，本书所涉及的有相当一部分是集体土地所有制形成之后名为“征用”实为“征收”的行为。

收的过程性控制——即便符合征收目的,也要遵循正当程序;补偿安置是集体土地征收的附加条件,或者说是结果性控制——如果必须进行集体土地征收,那么必须给予补偿安置。毫无疑问,三者密切配合,才能对集体土地征收行为进行有效规制,才能维护公共利益,才能不侵犯集体土地的所有权人、使用权人以及其他相关利害关系人的利益,才能实现对土地的合理利用,才能确保粮食的充足供应。

不过,本书仅研究集体土地征收程序。这并不是否认对土地征收目的及征收补偿安置研究的价值,而是基于如下考虑:

1. 土地征收目的的研究困境

研究土地征收目的的学者,大体有两种进路:一是介绍美国等域外国家和地区对土地征收目的的限制,要么是“公共利益”(public interest),要么是“公共使用”(public use),并结合司法案例阐释个案中对公共利益、公共使用的认定标准;二是结合域外立法与实践,阐释中国现行《宪法》、《土地管理法》以及《物权法》中用于限制土地征收目的的“公共利益”的内涵,并提出立法建议,如建议采用概括式立法,对公共利益的表现形式进行列举。

这些研究都有其积极意义,但却忽略了一个事实:争议的产生源自相关当事人没有达成“共识”。而“共识”的形成,需要相关当事人反复交涉,而不是单方命令。即便立法已经对“公共利益”的表现形式做出列举,成文法挂一漏万的可能性和社会发展的不可预测性,也都决定了程序交涉的必要性。而且,借助法院通过个案来阐释“公共利益”的内涵,在当下的中国,其约束力非常有限:中国尚未确立“遵循先例”原则,法院的裁判对其他法院不必然具有约束力;而且,法院的裁判充其量对法院具有约束力,而对拥有集体土地征收决定权的行政机关不具有约束力;即便通过司法程序能够“倒逼”行政机关慎重对待公共利益的认定,但在“诉讼不停止执行原则”之下,法院的裁判对个案中当事人的保护往往具有滞后性。

因此,我们需要一种机制,一种能够为集体土地征收相关当事人达成共识提供机会的机制,而“把价值问题转换为程序问题来处理也是打破政治僵局的一个明智的选择”。[①] 本书虽然不关注“公共利益”的内涵和外延,但关注集体土地征收过程中如何认定公共利益,预防因对集体土地征收是否符合公共利益有不同认识而发生的纠纷,进而避免司法裁判的滞后性对相关当事人合法权益的损害。

2. 补偿安置的研究困境

案例检索发现,在集体土地征收纠纷中,争议焦点大多是补偿安置问题——被征收方认为补偿安置标准低,或者没有获得应得的补偿金额。可以预测,学术界如果能够把该问题研究透彻,并且获得立法机关和与集体土地相关权利主体的认可,那么集体土地征收纠纷将大大减少。

学术界也确实在集体土地征收的补偿安置标准上倾注了许多心血,研究范围非常广泛,包括:补偿应达到什么效果——是不低于原有生活水平,还是原有生活水平应该得到持续性保障和改善;应补偿哪些项目;是全额补偿还是合理补偿;如何确定损失情况和评价被征收土地及其附着物的价值……这些研究对规范集体土地征收补偿安置的意义是不言自明的。

不过,从纠纷产生的角度看,补偿安置标准的高低是否与集体土地征收纠纷的数量成反比,即是否补偿安置标准越高,集体土地征收纠纷越少?对此,笔者没有获得相关数据支撑。笔者的认知是:(1)国家,或者说立法机关,在确定集体土地征收的补偿安置标准时,不仅要考虑被征收人的利益受损情况,还要考虑国家的财政情况。而且,论及包括土地征收在内的财产征收的理论基础时,财产权的相对性理论居于优势地位。或者说,在能够证明征收是基于“公共利益的需要”而发生的情况下,财产的所有权人需要“忍受”某些损失。因此,所谓的全额补偿和按市场价值补偿,在一定意义上是对财产征收行为性质的误读。当然,争取全额补偿和按市场价值补偿并非不可以,但那应当是立法努力的目标。至于在补偿安置标准已经确定的情况下,如何实现立法效益的最大

---

① 季卫东:《法律程序的意义——对中国法制建设的另一种思考》,载《中国社会科学》1993年第1期。

化才是最重要的。(2)对集体土地征收补偿安置有异议的集体经济组织或者集体土地使用权人,他们之所以提出异议,更多地源自纵向或横向相对剥夺感的存在与增强,而非单纯的补偿安置金额的高低。所谓“相对剥夺感”(Relative Deprivation),如泰得·罗伯特·格尔(Ted Robert Gurr)在其名著《人们为什么要造反》中所言,它“是人们对于他们的价值期望与价值能力之间的差异的主观感知。价值期望是人们认为他们理应得到的物品和生活条件。价值能力是指他们认为自己能够得到并保持的物品和生活条件”。[①] 判断人们是否正在“沦入相对剥夺地位”,可以从两个方面考察:一是人们是否丧失了传统社会条件下的既得利益;二是人们是否得到了期望得到的改革收益。就集体土地征收而言,集体土地所有权人和使用权人期待得到的补偿安置情况就是“价值期望”,而实际获得的补偿安置情况就是“价值能力”。当后者低于前者时,集体土地所有权人或使用权人的主观感觉就被称为“相对剥夺感”。在法律对补偿安置作出明确规定的情况下,“价值能力”是相对稳定的。这样,集体土地所有权人或使用权人的“价值期望”越高,他们的相对剥夺感就越强烈。在集体土地征收中,集体土地所有权人或使用权人之所以会产生强烈的相对剥夺感,与以下两个事实密不可分:一是纵向角度,他们将丧失集体土地的所有权或使用权,而这与历史上政府的做法存在很大区别——土地改革时期,政府是把没收与征收得来的土地分配给无地和少地的农民;人民公社化运动时期,政府支持土地的集体所有制。二是横向角度,代表国家实施土地征收的政府大多是先低价征收土地,然后以高价出让给用地方,其间产生的土地收益全部落入了政府的口袋;用地方通过对土地的开发建设,利用市场机制,也能获利,而这部分收益同样与集体土地所有权人和使用权人无缘。这样,经过纵向和横向对比,集体土地所有权人和使用权人就会产生深深地被剥夺感,就会对当下的集体土地征收补偿安置提出异议,甚至上升为群体性事件。

可见,若想预防和减少集体土地征收纠纷,在补偿安置方面,重点是

① 转引自胡润忠:《论相对剥夺感与政治稳定》,载《复旦政治学评论》2003 年第 2 辑。

降低集体土地所有权人和使用权人的相对剥夺感。如前所述,相对剥夺感是一种"主观感受"。这就意味着,补偿安置标准的提高虽然能够发挥一定作用,但并不能解决全部问题;况且,在法治的框架之下,补偿安置标准的提升空间是有限的,而集体土地所有权人和使用权人的"价值期望"却是无限的。在这种情况下,除在法治框架内尽力提高补偿安置标准外,还必须辅以正当程序。补偿安置程序的公开、透明和可参与性,不仅能让集体土地所有权人和使用权人释放不满情绪,而且也能让他们获知提高补偿安置标准的正当途径,最终能够预防和减少集体土地征收纠纷。

3. 集体土地征收程序在规制土地征收中的地位

前述分析表明,集体土地征收的目的性规制和结果性规制都具有重要意义,但它们的最终实现,都需要借助程序的力量。这正是集体土地征收程序在规制集体土地征收中不可替代的作用。

而且,学界对程序的研究表明,程序具有双重价值:一是工具主义价值,即有助于达致好结果,实现实体正义;二是功能主义价值,或者说过程性价值,即通过正当程序的设置和运行,能够使程序参与者获得主体认同和尊严感,进而增强对决策结果的可接受性。

集体土地征收程序的价值同样在结果与功能两个维度展开,而且两者交织在一起。

从立法角度看,集体土地征收的发生,并不是国家的恣意,而是为了满足"公共利益的需要"。无疑,"公共利益的需要"的满足这一结果的达致,就为公共利益的实现奠定了基础。例如,改革开放之初,某些农村交通落后,导致当地的资源优势无法转化成经济优势,而生存又是农民最执著的需要。此时,改善当地的交通状况,进而改善经济状况和农民的生活水平成为"公共利益",而征收民集体所有的土地来修建公路就是符合"公共利益的需要"的选择。而且,修路的最终结果是村村通汽车或家门口不远就有火车站,农民切实感受到出行方便了,并且也分享到了农特产品推向市场的甜头。在这一时期,"要想富,先修路"成为国家和社会公众的共识,土地征收程序的作用并不明显。

然而今天,同样是因修路而征收集体土地,却可能受到被征地农民的抵制。例如,修建的是城际高速铁路,车速快,票价高,沿途不设立任何停靠站。此时,高速铁路确实为奔走于两座城市之间的商务人士提供了便利,但对沿途的农民而言,除了因土地被征收而领取到有限的安置补偿款外,他们无法体会到修路行为与"公共利益"的关联。或者说,在农民眼里,这时的安置补偿款就是"卖地钱";而既然是买卖关系,那就应当遵循自愿原则,买卖双方自然可以讨价还价。于是乎,因不满补偿安置标准而抵制征地也就不足为奇了。

这时,如果运用正当程序,征地的进程或许就会顺畅许多。对于征地的"正当程序"的构成要素,后文详述。在此,仅仅分析一下"正当程序"的核心之一——听取意见在中国的特殊功效。表面上,"听取意见"的过程是一个代表国家决定和实施征地行为的行政机关听取被征地农民倾诉的过程。不过,对于深受"官贵民轻"观念影响的农民而言,"倾听"这一过程本身就弥足珍贵,因为它具有浓厚的"官民平等"色彩,是农民的一种"奢望"。同时,在朴实的农民心中,"人敬我一尺,我敬人一丈;人敬我一丈,我敬人至天上"。现在,看到行政机关"屈尊"来听取自己的意见,被征地农民大多已经做好了让步的心理准备。此时,行政机关就有机会向农民宣讲国家的法律——土地是集体的,不是农民个人的;土地集体所有制属于土地公有制的组成部分,国家是予以保护的,公民个人的合法财产也是受国家保护的——同时更有机会向农民解释"公共利益"的内涵及本次征地行为与公共利益的关联。在反复的质疑与答疑过程中,农民感受到的是"主人"般的礼遇,而这种"主人"意识的复苏,能够激活农民的"责任意识"和"使命感",甚至是"舍小家为大家"的家国情怀。可以预测,当这样的信息拉家常般传递给农民时——征收集体土地是"公共利益的需要";在近期,农民的生活水平不会下降;在远期,农民能够享受到"公共利益"的增值收益——那么,农民抵制征地行为的概率将大大降低。①

在笔者看来,正当程序的最大魅力就是能够缔造出如下样态:拥有

① 即便有少数农民"狮子大开口",他们也会在同村人的耻笑声中改变选择。毕竟,农村还是"熟人社会"。

决定权的行政机关必须把处于行政权另一端的利害关系人视作与自己平等的法律关系的主体来对待,尊重他们,相信他们的判断,与他们共同分析各种决策方案的得失。或者说,尊严、平等是每个人深埋心底的渴望。正当程序触动了这道“机关”,它收获的不仅是利害关系人对特定行政行为的理解与支持,更是行政机关与社会公众良性互动的春天。

此外,集体土地征收程序更多的是对行政机关的要求,因此能够规范行政权的运行,杜绝和压缩“暗箱操作”、权力“寻租”等权力腐败的空间。

三、研究内容与分析思路

(一)研究内容

本书的研究内容是集体土地征收程序的变革与重构。

“变革”决定了本书不是对特定时点集体土地征收程序的静态考察,而是对一定历史时期集体土地征收程序的动态考察。鉴于集体土地概念形成于农业社会主义改造时期,因此,本书对集体土地征收程序的考察始于1956年。当然,其间可能会涉及颁布于1956年之前、但效力持续到1956年及之后的法律文本。

具体来说,本书主要研究以下问题:

第一,迄今为止,中国的集体土地征收程序经历了怎样的变革?这种变革,不仅表现在立法层面还更为生动地展现在现实生活中。两者都是本书的关注对象。

第二,以建设法治中国、法治政府及实现国家治理体系和治理能力现代化的视角审视当下的集体土地征收程序,它应该向什么方向发展?立足当下,应该如何对未来的集体土地征收程序进行重构?

第三,域外国家或地区的土地征收程序立法与实践,能够为中国提供怎样的借鉴?

(二)分析思路

一方面,在分析集体土地征收程序的变革时,以程序的构成要素为切入点。对程序的定义,学术界虽有不同表述,但最终都立足于做某事的“方法、步骤和时限”。本书在分析集体土地征收程序时,围绕着程序的构成要素展开，并特别关注以下要素：(1)程序的主体。作为法律意义上的法律关系的主体，必然是享有一定权利和承担一定义务的公民、法人和组织，而且不同主体之间的权利和义务或许不同。本书关注的是，在不同历史时期的集体土地征收程序中，哪些主体曾经"登场"过？在这个取得集体土地所有权的舞台上，谁是主角，谁是跑龙套的？(2)程序的运行过程，即谁是程序的启动者、推进者、旁观者和终结者？一定意义上，这是主体的权利与义务的动态呈现。(3)程序的约束力，即遵循或不遵循某一程序，对最终决策结果是否有影响，对决策者是否有影响？

另一方面，在尝试重构集体土地征收程序时，重点关注三个问题：(1)指导重构的价值理念与基本原则。集体土地征收程序从属于集体土地征收制度，土地征收制度是土地管理制度的内容之一，土地管理制度与生产资料的社会主义公有制、国家的经济发展以及公民的基本权利保障不无关联。这样，在重构集体土地征收的程序规则时，必须有正确的价值定位和遵循适当的基本原则。(2)从程序的构成要素入手，确保形成具有可操作性的完整的程序规则。(3)汲取域外国家或地区土地征收程序立法中经实践证明符合人类需要和社会发展方向的某些做法。

四、研究方法

(一)规范分析

对土地征收程序立法的解析，主要运用了规范分析方法。作为分析对象的法律文本，除法律外，还包括行政法规、地方性法规和部门规章。为后文行文简洁，现对主要的法律、法规和部门规章统一做一说明。

1.《国家建设征用土地办法》与《国家建设征用土地办法》(修正)

1953年11月5日，中央人民政府政务院第一百九十二次政务会议通过、同年12月5日公布实行《中央人民政府政务院关于国家建设征用土地办法》(以下简称《国家建设征用土地办法》)。1957年10月18日，国务院全体会议第五十八次会议对《国家建设征用土地办法》进行修正。1958年1月6日，全国人民代表大会常务委员会第九十次会议决议，"原则批准国家建设征用土地办法"。同日，国务院总理周恩来签署并公布《国家建设征用土地办法》。下文将经修正的《国家建设征用土地办法》

称为"《国家建设征用土地办法》(修正)"。1982 年 5 月 14 日,国务院发布实施《国家建设征用土地条例》(国发〔1982〕80 号),同时废止了《国家建设征用土地办法》(修正)。

2.《国家建设征用土地条例》

1982 年 5 月 4 日,第五届全国人民代表大会常务委员会第二十三次会议通过《全国人民代表大会常务委员会关于批准〈国家建设征用土地条例〉的决议》。同年 5 月 14 日,国务院以国发〔1982〕80 号文发布该条例。1987 年 1 月 1 日,《中华人民共和国土地管理法》实施,同时废止该条例。

3.《中华人民共和国土地管理法》

1986 年 6 月 25 日,第六届全国人民代表大会常务委员会第十六次会议通过《中华人民共和国土地管理法》,自 1987 年 1 月 1 日生效。随后,1988 年 12 月 29 日,第七届全国人民代表大会常务委员会第五次会议通过《关于修改〈中华人民共和国土地管理法〉的决定》,对其进行修正;1998 年 8 月 29 日,第九届全国人民代表大会常务委员会第四次会议对其进行修订,同日以中华人民共和国主席令(九届第 8 号)发布,并自 1999 年 1 月 1 日起施行;2004 年 8 月 28 日,第十届全国人民代表大会常务委员会第十一次会议通过《关于修改〈中华人民共和国土地管理法〉的决定》,再次对其进行修正。后文对前述《中华人民共和国土地管理法》依次简称《土地管理法》(1986 年)、《土地管理法》(1988 年)、《土地管理法》(1998 年)和《土地管理法》(2004 年)。

4.《中华人民共和国土地管理法实施条例》

1991 年 1 月 4 日,国务院发布《中华人民共和国土地管理法实施条例》(国务院令第 73 号),同年 2 月 1 日实施。1998 年 12 月 27 日,国务院发布《中华人民共和国土地管理法实施条例》(国务院令第 256 号),自 1999 年 1 月 1 日实施。2011 年 1 月 8 日和 2014 年 7 月 29 日,国务院先后公布《国务院关于废止和修改部分行政法规的决定》(国务院令第 588 号)和《国务院关于修改部分行政法规的决定》(国务院令第 653 号),对《中华人民共和国土地管理法实施条例》(国务院令第 256 号)进行部分修订。后文对前述《中华人民共和国土地管理法实施条例》依次简称《土地管理法实施条例》(1991 年)、《土地管理法实施条例》(1998 年)、《土地管理法实施条例》(2011 年)和《土地管理法实施条例》(2014 年)。

5.《征收土地公告办法》

2001 年 10 月 22 日,国土资源部公布《征用土地公告办法》(国土资源部令第 10 号),自 2002 年 1 月 1 日起施行。2010 年 11 月 30 日,国土资源部发布并实施《国土资源部关于修改部分规章的决定》(国土资源部令第 49 号),对《征用土地公告办法》进行修订,特别是将其名称更改为《征收土地公告办法》。

6.《国土资源听证规定》

2004 年 1 月 9 日,国土资源部发布《国土资源听证规定》(国土资源部令第 22 号),自 2004 年 5 月 1 日起施行。

7.《建设用地审查报批管理办法》

1999 年 3 月 2 日,国土资源部发布并实施《建设用地审查报批管理办法》(国土资源部令第 3 号)。2010 年 11 月 30 日,国土资源部发布并实施《国土资源部关于修改部分规章的决定》(国土资源部令第 49 号),对其进行修正。

(二)实证分析

实证分析,旨在揭示"生活中的规则"对"纸面上的规则"的吻合和背离。事实上,这种吻合和背离,可以揭示多种事实:两者相吻合,可能是因为"纸面上的规则"是"良法",或者"纸面上的规则"虽是"恶法",但法律实施机关严格执法,或者社会公众的守法意识浓厚;两者相背离,则意味着"纸面上的规则"可能是"恶法",或者"纸面上的规则"虽然是"良法",但法律实施机关执法不严,或者社会公众的守法意识淡薄。可见,"生活中的规则"对"纸面上的规则"的遵从或背离,并不能说明"纸面上的规则"的性质——"恶法"抑或"良法"。不过,"生活中的规则"对"纸面上的规则"的遵从或背离,确实可以展示法律实施机关和社会公众对"纸面上的规则"的基本态度——"信仰"抑或"不信仰"。同时,这种基本态度,又影响着对"纸面上的规则"进行修改和完善的期待程度。譬如说,如果违背"纸面上的规则"不会产生不利后果,那么无论是法律实施机关,还是社会公众,都会对是否修改和完善“纸面上的规则”无所谓,因为“纸面上的规则”客观上只是一种摆设。任其发展,其结果就是法律实施机关将承担规则的制定者与实施者的双重角色。然而,而“当立法权力、行政权力集中在同一个人或同一个机关之手,自由便不复存在了”。[①] 因此,如果期待自由,就应当关注“生活中的规则”与“纸面上的规则”的关系。这正是法律实证分析的意义所在。

本书对集体土地征收程序立法实施情况的实证分析,主要借助以下文献资料展开:

1. 权力机关的法律文件

(1)权力机关对《土地管理法》的执法检查报告。在《土地管理法》实施过程中,全国人大常委会曾多次组织全国范围内的执法检查,并提交执法检查报告。在执法检查报告中,包含一些有关集体土地征收程序立法的实施情况的信息。

(2)权力机关在制定《土地管理法》过程中形成的法律文件,主要是审议报告和立法说明。这些法律文件在阐释制定或修改《土地管理法》的必要性时,多提及以往集体土地征收程序立法的实施情况。

2. 行政机关的法律文件

(1)行政机关对集体土地征收立法实施情况的检查报告,如政务院内务部以及部分省级人民政府对《国家建设征用土地办法》实施情况开展调查,并撰写调查报告。

(2)国土资源部的法律文件,如《国土督察公告》(1~9号)、《国土资源部挂牌督办案件处理情况通报》(2009~2016年)、《中国国土资源公报》(2001~2016年)和《国土资源部政府信息公开年度报告》(2008~2016年),等等。这些法律文件对集体土地征收程序立法实施情况,不仅提供了一些有意义的数字,而且提供了大量案例。

(3)行政机关在实施集体土地征收程序立法过程中形成的法律文书,如征收土地批复、征收土地预公告、征收土地公告和征地补偿、安置公告等。这些法律文件最真实地反映了集体土地征收程序立法的实施

① [法]孟德斯鸠著:《论法的精神》(上册),张雁琛译,商务印书馆1982年版,第156页。

情况。

3. 人民法院的裁判文书

诚然,诉讼不是解决集体土地征收争议的主要途径。不过,人民法院的相关裁判文书还是能够反映出集体土地征收程序立法的实施情况的。

笔者通过三种途径收集相关裁判文书:一是北大法宝数据库;二是北大法意数据库;三是最高人民法院主办的中国裁判文书网。在遴选法律文书时,一是以二审裁判文书为主,二是裁判文书援引了《国家建设征用土地办法》、《国家建设征用土地条例》《土地管理法》或《土地管理法实施条例》的相关条款,特别是关于程序性规定的条款。

(三)比较分析

比较分析包括两个层面:一是纵向比较分析,即中国不同历史时期的集体土地征收程序立法的比较分析;二是横向比较分析,即中国与其他国家和地区的土地征收程序立法的比较分析。

(四)历史分析

借助历史文献,再现了集体土地征收程序立法的形成和变革历程,并发掘隐藏其后的力量。

第一章　1982 年以前的集体土地征收程序

俄国思想家亚·伊·赫尔岑认为:“充分地理解过去,我们可以弄清楚现状;深刻认识过去的意义,我们可以揭示未来的意义;向后看,就是向前进。”①第一章至第三章将以时间为序,借助立法及其实践,透视中国不同历史时期的集体土地征收程序。本章关注的是 1982 年以前的集体土地征收程序。

一、集体土地征收的立法概况

这一时期关于土地征用的立法适用于集体土地征收。具体来说,主要是《国家建设征用土地办法》《国家建设征用土地办法》(修正)以及相关的一些规范性文件。

《国家建设征用土地办法》在第 1 条中将其制定目的规定为“适应国家建设的需要,慎重地妥善地处理国家建设征用土地问题”,并在第 2 条以列举的方式明确了“国家建设”的范围,即“兴建国防工程、厂矿、铁路、交通、水利工程、市政建设及其他经济、文化建设等”。随后,它对国家批准征用土地的程序、征用土地的补偿方案的确定及其实施、征用土地过程中的临时用地以及办法在地方及少数民族自治区的适用问题作出具体规定。《国家建设征用土地办法》全文并没有出现“集体土地”和“征收”字样,但其第 18 条明确规定:“凡征用之土地,产权属于国家。

① 转引自金锦虎:《析东欧共产党社会民主党化》,载《今日东欧中亚》1995 年第 5 期。

用地单位不需用时，应交还国家，不得转让。”由此可以看出，这里的“征用”具有使土地所有权人发生变化的功能，而当时的土地所有制是国家所有制、集体所有制和农民个人所有制相并存。因此，可以推知，国家因“国家建设”的需要而征收集体土地时，适用的也是《国家建设征用土地办法》。

随后，在《国家建设征用土地办法》的实施过程中，针对地方以及各部门提出的问题，政务院（国务院）先后于1954年9月22日、1955年2月8日作出《关于变更国家建设征用土地办法中部分审核批准权限问题的通知》和《关于变更国防建筑工程用地的审核批准权限的规定》，内务部先后于1954年4月27日和1955年11月16日作出《关于执行国家建设征用土地办法中几个问题的综合答复》（内地〔54〕字第30号）和《关于对执行国家建设征用土地办法中几个问题的第二次综合答复》（内民〔55〕字第235号）。直至1957年10月18日，国务院全体会议第五十八次会议对《国家建设征用土地办法》进行了修正，并经1958年1月6日全国人民代表大会常务委员会第九十次会议批准，形成《国家建设征用土地办法》（修正）。

当然，在这期间，1954年9月20日第一届全国人民代表大会第一次会议通过的《中华人民共和国宪法》（以下简称1954年《宪法》）对土地征收也有所关注。1954年《宪法》在序言中肯定了土地改革的作用，认为它与抗美援朝、镇压反革命分子、恢复国民经济等大规模的斗争一道，“为有计划地进行经济建设、逐步过渡到社会主义社会准备了必要的条件”。同时，第5条列举了中国生产资料所有制的类型，即国家所有制（全民所有制）、合作社所有制（劳动群众集体所有制）、个体劳动者所有制和资本家所有制。这里的“生产资料”，无疑包括土地。随后，第13条规定：“国家为了公共利益的需要，可以依照法律规定的条件，对城乡土地和其他生产资料实行征购、征用或者收归国有。”这一条文虽然没有界定“征用”的内涵，但从法制统一角度出发，其内涵应当与此时有效的《国家建设征用土地办法》相同，即“凡征用之土地，产权属于国家”；这里的“城乡土地”，包括劳动群众集体所有的土地，也包括个体劳动者所有的土地。就土地征收而言，本条的意义在于对征收的目的“公共利益的需要”和征收的实施规则“依照法律规定的条件”作出限制性规定。至于其客观上所发挥的限制作用,则另当别论。

此外,各地为了实施《国家建设土地征用办法》,也出台了一些规范性文件,如山西省人民政府《关于实施〈中央人民政府政务院关于国家建设征用土地办法〉的若干具体规定》[经华北行政委员会1954年6月1日行民白字第15号批复批准,1954年6月21日省政民高(代)字第58号命令颁发];《江西省人民政府关于国家建设征用土地实施办法》(1954年8月23日〔54〕府办政字第212号颁发);《湖南省人民委员会关于国家建设征用土地报批手续和必附材料的通知》(1962年7月10日会民字第201号);等等。

“文革”期间,国家建设步伐放缓,没有对《国家建设征用土地办法》(修正)进行修改,也没有出台新的立法。同时,1975年《宪法》第6条第3款规定:“国家可以依照法律规定的条件,对城乡土地和其他生产资料实行征购、征用或者收归国有。”1978年《宪法》第6条第3款规定:“国家可以依照法律规定的条件,对土地实行征购、征用或者收归国有。”这意味着这一时期的集体土地征收仍然按照《国家建设征用土地办法》(修正)的规定进行。

二、集体土地征收的程序:立法考察

《国家建设征用土地办法》和《国家建设征用土地办法》(修正)对集体土地征收程序的规定并不完全相同,下文分别介绍。

(一)《国家建设征用土地办法》关于集体土地征收程序的规定

《国家建设征用土地办法》主要规定了如下集体土地征收程序:

1. 征收程序的前置程序

用地单位基于特定的国家建设目标而征收土地,因此被征收的土地应符合一定要求。为此,在正式启动土地征收程序前,用地单位可能需要进行测量和钻探等工作。对此,《国家建设征用土地办法》第6条规定:“在土地未确定征用前,为勘查该土地是否适用,须进行测量、钻探等工作时,亦应由用地单位视勘测范围,分别报经省、市、县人民政府核准后,协同当地人民政府和中共党委向人民解释清楚(有些小的单位则直接在当地党政领导下)，取得人民同意后始得进行。……”也就是说，此时，用地单位需要做两件事：一是报经省、市、县人民政府核准；二是协同当地人民政府和中共党委向被征地人民做些解释工作。而且，只有在获得人民的同意之后，用地单位才可以进入土地进行测量、勘探等工作。

特别值得一提的是，在山西，“凡未经政府批准征用之土地，用地单位在勘测期间，不得随意向群众宣布征用”。①

2. 土地征收的批准程序

土地征收的批准程序是土地征收程序的核心内容。对此，《国家建设征用土地办法》主要规定了以下事项：

第一，享有土地征收批准权的主体及其权限。

根据《国家建设征用土地办法》第 4 条的规定，中央人民政府政务院或大行政区行政委员会或省、市、县人民政府都享有土地征收的批准权，但它们的权限并不相同：(1)全国性的建设事业用地，经中央人民政府国家计划委员会核定，由中央人民政府政务院批准。(2)地方性建设事业，用地在 5000 亩以上或迁移居民 300 户以上者，由大行政区行政委员会批准；用地不足 5000 亩而在 1000 亩以上者或迁移居民不足 300 户而在 50 户以上者，由省(市)人民政府批准；用地不足 1000 亩或迁移居民不足 50 户者，由县人民政府批准。(3)国防建筑工程，分别大小，经中央人民政府人民革命军事委员会、大军区或省军区核定，移送政务院或地方人民政府批准。

可见，在划分政务院与其他地方人民政府的批准权限时，“全国性的建设事业用地”与“地方性的建设事业用地”的区分是关键。对此，内务部先后于 1954 年 4 月 27 日作出《关于执行国家建设征用土地办法中几个问题的综合答复》(内地〔54〕字第 30 号)，认为应当“依该项事业的领导系统和业务性质来区分”。

同时，1954 年 6 月 19 日，中央人民政府发布《关于撤销大区一级行

① 山西省人民政府：《关于实施〈中央人民政府政务院关于国家建设征用土地办法〉的若干具体规定》，1954 年 6 月 21 日颁布。

政机构和合并若干省、市建制的决定》,表示将次第撤销各大区行政委员会。这样,《国家建设征用土地办法》规定的各大区行政委员会的土地征收审批权由谁承接就成为问题。于是,同年 9 月 22 日,政务院发布《关于变更国家建设征用土地办法中部分审核批准权限问题的通知》,指出在大区行政委员会正式撤销后,原由其行使的"地方性建设事业,用地在五千亩以上或迁移居民三百户以上者"的土地征收审批权,由"省、中央直辖市人民政府审核批准,并报中央人民政府内务部备案"。

此外,1955 年 2 月 8 日,国务院作出《关于变更国防建筑工程用地的审核批准权限的规定》,将基于国防建筑工程的土地征收的审批权修改为:"应分别大小经国防部、大军区或省军区核定移报国务院或送省(市)人民委员会批准。"较《国家建设征用土地办法》相比,审批权有所回收。

第二,土地征收的具体批准程序。

《国家建设征用土地办法》对土地征收的具体批准程序的规定集中于第 4 条内,包括以下要点:(1)用地单位征求用地所在的地方政府的意见,并根据节约用地的原则制定征收土地计划书。征收土地计划书应详细说明用地的属境、位置(附图标明)和数量,用地所涉及的户数和人口数,用地上的附着物和农作物,以及对土地被征收者的补偿安置计划。(2)用地单位将征收土地计划书和用地所在的地方政府的意见,按业务系统,报经其上级领导机关批准。上级机关在审批时,亦须掌握节约用地的精神,仔细核实。(3)用地单位的上级领导机关批准后,按审批权限,分别转请中央人民政府政务院、大行政区行政委员会或省、市、县人民政府核准公布征用。

可见,土地征收的批准程序因用地单位的申请而启动。同时,《国家建设征用土地办法》虽要求用地单位征求用地所在的地方政府的意见,但没有规定用地所在的地方政府是否可以说"不"。

在各地的实施性规范性文件中,对土地征收审批程序的规定更为具体。如陕西省不仅制定了《陕西省国家建设征用土地实施办法》,而且出台了《陕西省人民委员会关于国家建设征用土地审批程序及其有关问题的通知》(1956 年 9 月 6 日)。根据它们的规定,建设单位申请征收土地时，首先向省城市建设局提出申请，由其审查建设单位的有关批准文件是否完备，并核定其建设用地的地区、位置和面积。城市建设局向建设单位下发的关于审核意见的复函，应同时抄送民政厅和文化局。民政厅根据城市建设局核定的建设用地文件和用地单位的征收土地计划书进行审核后，提请省人民委员会发布征收土地迁移居民的文件。在征收土地过程中，有关补偿、安置等具体工作，由民政厅负责指导。为确保文物古迹不遭受损坏，城市建设局在审核征用土地时，应会同省文化局办理。

江西省的规定颇为有趣。《江西省人民政府关于国家建设征用土地实施办法》第4条规定："凡征用土地，应由用地单位提出业经其上级批准的计划任务书，或有关证明文件，先经县（市）人民政府审核同意其需用土地的地点，再由用地单位会同县（市）各有关部门及当地区、乡人民政府前往实地查勘。查勘时，须向当地人民进行解释，用地单位不得迳与原所有人或原使用人接洽。查勘过程中，若因钻探或测量等工作使当地人民蒙受损失时，应予适当补偿。经查勘，初步确定其用地范围后，当地政府应协助查明用地所涉及的户数和人口数，用地上的附着物和农作物之现状，择定房屋迁建和坟墓迁葬的地点，由用地单位据以拟定征用土地计划书，送交县（市）人民政府审查。"①

3. 土地征收批准后的实施程序

根据《国家建设征用土地办法》第5条的规定，完成土地征收的批准程序后，用地单位应当协同当地人民政府和中共党委（有些小的单位则直接在当地党政领导下），"向当地人民进行解释工作，宣布对土地被征用者补偿安置的各项具体办法，并给群众以必要的准备时间，使群众在当前切身利益得到适当照顾的条件下，自觉地服从国家利益，服从人民的长远利益，然后始得确定征用，进行施工"；如果征用大量土地，需要迁移大量居民甚至迁移整个村庄的，应先在当地人民中切实做好准备工作，然后召开人民代表大会讨论解决。

在实施程序中，最引人关注的是"补偿安置的各项具体办法"是如何

---

① 《江西省人民政府关于国家建设征用土地实施办法》（1954年8月23日〔54〕府办政字第212号颁发）。

确定的。对此，《国家建设征用土地办法》第8条和第13条给出了答案：(1)被征收土地的补偿费，“一般土地以其最近三年至五年产量的总值为标准，特殊土地得酌情变通处理之”，具体补偿标准应由当地人民政府会同用地单位、农民协会及土地原所有人（或原使用人）或由原所有人（或原使用人）推出的代表来评议商定。(2)被征收土地上的房屋、水井、树木等附着物及种植的农作物等的补偿费，均应根据当地人民政府、用地单位、农民协会及土地原所有人和原使用人（或原所有人和原使用人推出之代表）会同勘定的现状，按公平合理的代价予以补偿。(3)安置问题，农民耕种的土地被征用后，当地人民政府必须负责协助解决其继续生产所需之土地或协助其转业，不得使其流离失所。用地单位也应协同政府劳动部门和工会在条件许可的范围内，尽可能吸收其参加工作。可见，关于补偿标准的规定是法定标准和裁量标准相结合，并且裁量过程中有被征收人或其利益代言人的参与。在计划经济体制之下，安置工作的难度比较小。

那么，“补偿安置的各项具体办法”是何时形成的？对此，《国家建设征用土地办法》第5条规定，在征收土地计划书经批准后，“用地单位应协同当地人民政府和中共党委（有些小的单位则直接在当地党政领导下），向当地人民进行解释工作，宣布对土地被征用者补偿安置的各项具体办法”。此处的“宣布”说明“补偿安置的各项具体办法”是对批准机关批文的传达。同时，从第4条的规定来看，用地单位向其上级机关提交的土地征收计划书中应当包含“补偿安置计划”这一内容。由此可知，用地单位在制定土地征收计划书时，当地人民政府、农民协会及土地原所有人和原使用人（或原所有人和原使用人推出的代表）都已经参与其中了。

另外，前述补偿费都由用地单位承担，被征收土地及其附着的房屋等的原所有人或其合法的代理人应凭所有权的证状或当地乡以上人民政府的证明，向用地单位领取补偿费，也可由当地人民政府代发。如果证状遗失或在用地单位发补偿费期间未能提出证状而当地乡以上人民政府又不能证明的，以及在用地单位发补偿费期间无人前来领取的，用地单位应将补偿费送交当地人民政府代为保管一年。如原所有人或其合法的代理人在一年内前来领取,或补提证状经地政机关认可或乡人民政府证明的,可以予以补发;逾期无人申请领取或不能提交证状的,当地人民政府即将所代管的补偿费报缴国库,并通知用地单位。

另外,对于因征收土地而需要迁移坟墓的,《国家建设征用土地办法》规定了更为慎重的程序:必须事前通知坟主迁移,发给适当的迁葬费用,并应照顾当地的风俗习惯妥善处理;对无主坟墓,用地单位要代迁;对无地迁葬的,用地单位要协助找地迁葬;对烈士的坟墓,应妥善迁移,并应通知当地县(市)人民政府。

此外,各地方对土地征收的实施也有一些要求。例如,陕西省人民委员会要求,"建设单位在征用土地时,对施工日期应合理安排。除特殊情况外,一般工程应尽量俟农作物收割后施工,以免损坏庄稼,影响农业生产。如因工程紧急,确需在农作物生长季节施工,必须铲毁部分庄稼时",根据面积及庄稼是否即将成熟,分别报省人民委员会、西安市人民委员会批准。①

(二)《国家建设征用土地办法》(修正)关于集体土地征收程序的规定

关于修改《国家建设征用土地办法》的原因和目的,国务院原副秘书长陶希晋在《关于国家建设征用土地办法修正草案的说明》中指出,《国家建设征用土地办法》"公布施行以来,对于国家建设征用土地和处理被征用土地者的生产、生活问题,都起了积极的保证作用。近几年来,由于社会主义建设和社会主义改造突飞猛进,高级农业生产合作社已普及全国,生产资料所有制发生了根本变化,原办法对于当前在征用土地工作中所发生的许多新的问题已不能完全适应;与此同时,有些中央国家机关和省、市,为了解决这些新的问题,根据原办法的基本精神,先后发布了一些规范性文件,现在看来,其中也存在有些抵触和不切实际的现象。因此,国务院认为原办法的许多规定有作统一修改的必要。"同时,"这次对原办法的修改,首先着眼的是节约用地。"而实践中"浪费土地的原因,

① 《陕西省人民委员会关于补充修正〈陕西省国家建设征用土地实施办法〉的通知》,1957年9月10日颁布。

固然同大规模进行社会主义建设经验不足有关，而原办法对于节约用地、防止土地浪费，规定得不够具体细致，特别是缺乏明确的监督检查制定，也有很大关系。”①

因此，从土地征收程序角度看，《国家建设征用土地办法》（修正）是对《国家建设征用土地办法》的承继与发展，尤其关注土地征收的监督检查程序。具体表现在：

1. 保留土地征收的前置程序

即“用地单位对准备申请征用的土地进行测量、勘探的时候，应该先征得当地人民委员会和土地所有者的同意”②，但无须就测量、勘探的范围“报经省、市、县人民政府核准”。③

2. 土地征收审批权的回收与适度下放

国家认识到，“审批程序的确当与否，是控制用地、防止土地浪费的关键。原办法关于征用土地的批准权，一则中央集中的较多，二则以全国性或者地方性的建设事业用地来区别中央或者地方政府批准的权限，也不很合理……”。④ 因此，这次修改时，规定拥有土地征收审批权的仅限于土地所在的省级人民委员会和县级人民委员会，其中，建设工程用地在300亩以下和迁移居民在30户以下的，由土地所在地的县级人民委员会审批。⑤

不过，1962年10月13日，国务院发布《对广西处理征用土地中有关问题的批复》，要求“今后国家建设征用土地的审批权限，原则上应当统一归自治区人民委员会掌握，审批权限不宜下放市、县”。1964年7月20日，国务院又发布《关于国家建设征用土地审批权限适当下放的通知》（〔64〕国内字336号），认为“一九六二年国务院规定暂时将征用土地的审批权收归省、自治区、直辖市掌握以来，严格了国家建设征用土地的审批，对克服浪费土地的现象起了积极作用，这在当时是完全必要的。

① 陶希晋：《关于国家建设征用土地办法修正草案的说明》，载《山西政报》1958年第2期。

② 《国家建设征用土地办法》（修正）第11条。

③ 《国家建设征用土地办法》第6条。

④ 陶希晋：《关于国家建设征用土地办法修正草案的说明》，载《山西政报》1958年第2期。

⑤ 《国家建设征用土地办法》（修正）第4条。

但从目前建设用地较前增多的情况来看，不论征用土地多少，仍归省统一审批，不仅难以做到件件准确及时，增加不必要的公文往返，而且影响集中精力办好大面积用地的审批工作。为此决定：征用土地十亩以下和迁移居民五户以下的（不包括水利、水电工程移民），可分别城市和农村、城市的近郊和远郊以及土地好坏等情况，将审批权适当下放。至于在这一规定权限内具体下放几亩、几户，下放到县、州还是县、市，请各省、自治区、直辖市自行确定后报内务部备案"。① 至此，土地征收审批权再次下放。如根据征地和需要迁移人口的数量，陕西省人民委员会将审批权限下放到西安市人民委员会和各专署，②山西省人民委员会将审批权限下放到各专署和市，③湖南省人民委员会将审批权限下放到专署和市（县）、自治州人民委员会。④

3. 细致规定土地征收批准程序

根据《国家建设征用土地办法》（修正）第 4 条的规定，首先，需要由有权批准本项建设工程初步设计的机关批准用地的数量。其次，用地单位向拥有土地征收审批权的国家机关申请征收土地，并送交征收土地申请书（详细注明土地的属境、位置和经批准的数量），同时附对被征收土地者的补偿、安置计划，以及经批准的建设工程初步设计文件（附平面布置图）、施工时间文件和土地所在地的县级或者乡、镇人民委员会的书面意见。不过，申请征收铁路、公路路线用地和国防工程用地，送交上述某些附件确有困难时，经批准用地数量的机关的同意，可以免交或者以后补交。

为了"避免因备办手续不全而造成审批困难"，湖南省人民委员会就报批手续和必附材料专门发布通知，指出："一、用地单位应本节约用地

① 《国务院关于国家建设征用土地审批权限适当下放的通知》[1964 年 7 月 20 日颁布，国务院(64)国内字 336 号]，载《中华人民共和国国务院公报》1964 年第 13 期。

② 《陕西省人民委员会关于下放国家建设征用土地审批权限的通知》，1964 年 8 月 26 日发布，载《陕西政报》1964 年第 8 期。

③ 《山西省人民委员会关于国家建设征用土地审批权限适当下放的通知》（1964 年 8 月 11 日，晋民字第 149 号），载《山西政报》1964 年第 9 期。

④ 《湖南省人民委员会关于国家建设征用土地审批权限适当下放和应注意事项的通知》，载《湖南政报》1964 年第 10 期。

的原则,尽量利用荒地、空地,不征或少征耕地良田,不拆或少拆民房,慎重选择基建场地,并向所在市、县人民委员会提出征用土地申请报告(预定用地范围涉及两个市、县者,应向所隶属的专署、自治州人民委员会提出申请报告),由市、县人民委员会(专署、自治州人民委员会)认真审查(必要时,应派员深入实地进行审查),同意后,向本会提出申请报告。二、向本会的征用土地的申请报告中,必附材料是:1.用地单位征用土地计划书。详载用地的属境、位置范围(附工程平面布置图标明之)、数量、用地所涉及的户数、人口数、地面建筑物、耕作物及其他附着物情况。如有名胜古迹、革命烈士墓、少数民族墓、外侨墓,应特别注明其现状和沿革;对土地被征用者的补偿安置计划及施工期限等。对征用地区涉及范围很大、情况复杂者,需加附征用地区情况调查书。2.基建工程批准书。包括上一级主管部门和计委批准的基建任务书、财务部门的拨款通知书。3.市、县人民委员会(专署、州人民委员会)的审核意见和实地勘查报告。4.被征用土地的人民公社和生产队的意见。5.对易燃品、有毒品的库房、厂房的基建,应有公安和卫生部门的意见。6.其他有关必附的证明文件。"①

江西省人民委员会则在《关于国家建设征用土地问题的通知》(1964年12月30日)中直接提供了一份"国家建设征用土地申请书(式样)",并要求"在审批工作中,各级主办征用土地部门应与同级农业主管部门会同办理,并与计划部门、用地单位的上级业务主管部门密切联系,认真审查建设工程是否列入本年基本建设计划,是否精打细算,并根据基建、施工安排采取分期分批征用土地,是否尽量利用荒地、劣地、空地,需要迁移的居民的计划安排是否落实;等等。特别是对于需要迁移居民要妥善安置,安置计划没有落实的,应待落实后再行报批征用,或者另行择地征用。各县、市在审核、审批征用土地时,都必须派人深入现场实地勘查,认真审核,严格控制。对征用旱涝保收、稳产高产的农田,更应从严

① 《湖南省人民委员会关于国家建设征用土地报批手续和必附材料的通知》(1962年7月10日颁布,会民刘字第201号),载《湖南政报》1962年第7期。

控制”。[①]

4. 土地征收批准后向群众进行解释的规定保持不变

《国家建设征用土地办法》(修正)要求用地单位在实施征地前,必须向群众进行解释。[②] 这一规定与《国家建设征用土地办法》的规定几乎完全相同,这是因为,“原办法第五条关于征用土地必须向群众进行解释的规定,几年来执行的经验证明很好,所以修正草案仍保留这规定。我们认为像处理征用土地这样直接关系到群众生产和生活的大事,必须认真贯彻群众路线,使群众在当前切身利益得到适当照顾的条件下,自觉地服从国家利益和人民的长远利益,才能做好。事实上,我们国家因建设而征用土地,同广大群众的利益是一致的,只要向群众充分地解释清楚,就会取得群众的同意和支持。因此,坚决贯彻群众路线是保证做好土地征用工作的一个重要关键”。[③]

5. 微调土地征收补偿费的确立规则

《国家建设征用土地办法》(修正)依然规定了法定标准与裁量标准,并“由当地人民委员会会同用地单位和被征用土地者共同评定”,[④]而非“由当地人民政府会同用地单位、农民协会及土地原所有人(或原使用人)或由原所有人(或原使用人)推出之代表评议商定之”。[⑤]

6. 首次规定土地征收的监督检查程序

《国家建设征用土地办法》(修正)科予县级以上人民委员会和用地单位的上级机关对已被征收土地“经常进行监督检查”的职责,并且在发现用地单位和施工单位有浪费土地和损害群众利益的现象时,应该及时

① 《江西省人民委员会关于国家建设征用土地问题的通知》(1964年12月30日发布),载《江西政报》1964年第12期。

② 《国家建设征用土地办法》(修正)第5条规定:“土地经核拨以后,用地单位应该协同当地人民委员会向群众进行解释,宣布对被征用土地者补偿安置的各项具体办法,并给他们以必要的准备时间,使群众在当前切身利益得到适当照顾的情况下,自觉地服从国家利益和人民的长远利益,然后才能正式确定土地的征用,进行施工。如果征用大量土地,迁移大量居民甚至迁移整个村庄的,应该先在当地群众中切实做好准备工作,然后把有关征用土地的问题,提交当地人民代表大会讨论解决。”

③ 陶希晋:《关于国家建设征用土地办法修正草案的说明》,载《山西政报》1958年第2期。

④ 《国家建设征用土地办法》(修正)第7条。

⑤ 《国家建设征用土地办法》(修正)第8条。

予以纠正,情节严重的,应该追究责任,严肃处理;对征而不用和多余的土地,在不妨碍建设用途的情况下,必须及时收回。县级以上人民委员会,应该将征用土地的情况和问题,定期综合上报。①

三、集体土地征收的程序:实践考察

集体土地征收立法,包括关于土地征收程序的规定,在实践中的实施情况如何,可以从国务院及各地的检查报告以及法院裁判文书窥见一斑。

(一)国家建设征用土地检查报告揭示的信息

1956年1月24日,国务院发布《关于纠正与防止国家建设征用土地中浪费现象的通知》(〔56〕国一内习字第十二号),指出,《国家建设征用土地办法》实施后,各地"浪费土地的现象已经有所纠正",但"目前不少地区的建设单位还没有很好地节约用地,浪费土地的现象依然严重存在。据武汉、长沙、北京、杭州、成都和河北等五市一省部分地区的不完全统计,几年来共征用土地十万一千多亩,浪费的即达四万一千多亩,占征用土地总数的40%以上"。这样浪费土地的结果,不仅"消耗了国家资金,造成了粮食减产,而且不必要地使农民由于土地发生变化,增加了转业安置的困难"。究其原因,国务院归纳为两个方面:"一方面是建设单位制定的用地计划书不妥当,盲目地多要土地,怕征用少了影响自己的发展;或者不分轻重缓急,不顾实际需要而提前征用土地;或者建筑物布置分散,大量浪费土地。有的建设单位甚至不经政府批准就按照制定的计划占用了农民的土地,这就造成了征用土地的混乱现象。另一方面是主管征用土地机关对于征用土地工作管理不严,缺乏健全制度。在审核批准征用土地计划时,往往迁就建设单位,要多少给多少,要哪里给哪里;有时甚至在建设单位还没有提出征用土地计划以前,就先期批准了用地。对于已征用土地的使用情况,也缺乏经常的检查,致使浪费土地

① 《国家建设征用土地办法》(修正)第21条。

的现象不能及时得到防止和纠正。”[①]透过这份通知,我们可以发现,《国家建设征用土地办法》在实践中并没有得到普遍遵守。就程序方面而言,无论是用地单位,还是审批主体,都有违法之处。

《国家建设征用土地办法》颁行后,国务院同样非常重视其实施情况,尤其关注土地浪费和被征地农民的安置问题。1962年3月17日,内务部向国务院提交的一份《内务部关于北京、天津两市国家建设征用土地使用情况的报告》指出,“建国十二年来,两市征用了大量的土地进行国家建设。北京市征用了五十三万五千多亩,其中一九五八年到一九六零年三年征用的占百分之五十二。天津市征用了二十五万亩,其中一九五八年到一九六零年三年征用的占百分之六十。这两个城市征用的土地大部分是近郊区的耕地,其中有一部分是菜地。征用土地保证了大跃进中国家建设用地的需要。但是,也存在着较为严重的问题。北京市存在的问题主要是:(一)征而未用和征多用少的土地达三万五千多亩,其中:荒芜闲置的有一千一百多亩;由建设单位自种的有一万一千亩(多数是半种半荒);仍由生产队耕种的一万四千多亩;建筑中途停止,但由于已经打了桩、挖了地基,土地不能耕种的有二千七百余亩。(二)未经申请批准而擅自占用土地的有一百零七个单位,占地五千七百多亩。这些单位占用的土地,有的是以轮胎和建筑材料等国家物资同社队搞‘协作’换来的,有的是没有和社队商量就硬占的。(三)在郊区有迁移农民一千二百五十一户,缺房二千七百多间,没有得到解决。天津市征而未用的土地也有三万八千多亩。北仓工业区是有名的高(级)、精(密)、大(型)工业区,一九五八年计划建设八个大工厂,征地九千九百多亩,至一九六零年减并为三个厂,未用的土地达四千多亩,占原征地的百分之四十九”。[②]

这份报告引起了国务院的高度重视。1962年4月10日,国务院批转了该报告,指出:“报告所反映的情况,虽不是全部的、确切的调查,但

① 《国务院关于纠正与防止国家建设征用土地中浪费现象的通知》,载《江西政报》1956年第3期。

② 《内务部关于北京、天津两市国家建设征用土地使用情况的报告》,载《安徽政报》1962年第4期。

是已经可以看出占用浪费土地的情况是严重的，有些地区和城市可能更为严重。这几年来，由于基本建设占地过多，浪费了大量的好地，给农业生产和群众生活带来了很大的困难。现在有些地方对征而不用的土地还不坚决退回，对于被迁移群众的居住和生产还不很好安置，这是非常脱离群众的，也是不利于农业生产的。各地应当立即对基本建设征用的土地使用情况和对迁出群众的安置情况，进行一次检查，并按以下规定，严肃处理：（一）对于征而不用、多征少用、早征迟用的土地，应当一律退还当地的人民公社和生产队，处理得愈快愈好，不要耽误生产。多占的土地不许用来搞机关副食品生产，已经用了的也必须退还。（二）因征用土地被迁移群众的居住和生产，还未作适当安置的，限期由用地单位会同当地人民委员会妥善处理。（三）为了严格控制征用土地，目前基本建设征用土地的审批权，可暂时统一收归各省、自治区、直辖市人民委员会掌握。各地对征用土地的检查和处理情况，应于三月下旬报告国务院。"①

随后，各地开始对征收土地情况进行检查，责令用地单位退还征而未用的土地，并对被征地农民进行妥善安置。1962 年 6 月 6 日，《人民日报》发表社论《应当迅速解决的一个问题》，认为"仍有一部分土地掌握在基本建设单位手里，没有退回去。这是一个应当迅速解决的问题"。这是因为，"由于连续几年的自然灾害，农业生产的减产较大，因而影响了工业的发展。当前，国民经济的各项工作中，首要任务，是坚决贯彻执行以农业为基础的方针，大力地有计划地恢复和发展农业"。②

1962 年 9 月 22 日，内务部根据已收到的云南、甘肃等 18 个省（区）、市和冶金部、化工部等 26 个部门提交的检查材料，向国务院提交了《内务部关于各地方各部门检查征用土地使用情况的综合报告》。这份报告显示，征收土地浪费情况相当严重，征而未用的土地占已征用土地的 30% 以上。其中，浙江省杭州市的金星、望江和萧山三县的施家桥、高

① 《国务院批转内务部关于北京、天津两市国家建设征用土地使用情况的报告》，载《安徽政报》1962 年第 4 期。

② 社论：《应当迅速解决的一个问题》，载《人民日报》1962 年 6 月 6 日，第 1 版。

田、荣联等五个生产队原有耕地共 6082 亩，自 1958 年以来，共被征用土地 3600 亩，减少耕地 60%，而人口却增加了 12%，平均每人占有耕地从一亩一分减少到四分，“严重地影响了社员的生产和生活”。同时，在国务院转发《内务部关于北京、天津两市国家建设征用土地使用情况的报告》之后，各地认真地作了处理：据 15 个省（区）、市不完全统计，已经退回社队耕种的土地达 1，885，203 亩，占征而未用土地的 87.9%；据中央国家机关 11 个部门的不完全统计，现已退回和准备退回社队耕种的土地有 61，099 亩，占征而未用土地的 88.6%。不过，依然“有些用地单位仍然有抵触思想，不愿把多余土地退回社队耕种”。这“已引起群众很大反感”，并“已出现抢收、打架等现象”。而建设单位坚持不退土地“主要是由于他们对退地工作的意义认识不足，没有全面地从国家的整体利益出发，而只是片面地从本单位的局部利益上考虑”。对此，“应该耐心地对他们进行说服教育工作，务使他们认识到，我国人口多，耕地不足，并且近年来又连续遭受严重自然灾害，农业生产迫切要求恢复发展，在这种情况下，对于这些征而未用的土地还不坚决退回，是会脱离群众的。这不仅影响到用地单位与社、队的关系，而且影响到党和政府同人民群众的关系，影响到工农联盟的进一步巩固。因此，任何借口不退征而未用的土地，都是不对的。建议当地人民委员会和有关部门，对于那些坚持不退回征而未用的土地的单位，应当采取负责的态度，严肃处理”。①

1962 年 10 月 30 日，国务院再次批转了内务部《关于各地方各部门检查征用土地使用情况的综合报告》，重申要退回征而不用的土地和妥善安置被征地农民，“对于那些坚持不退还的部门、单位，应当查明情况，予以严肃处理。请国务院各部门和各省、自治区、直辖市于十一月三十日以前，将办理结果报告国务院”。②

除内务部对国家建设用地征用情况的检查报告和国务院的相关文件外，各省的检查报告也揭示了相似的问题。

---

① 《内务部关于各地方各部门检查征用土地使用情况的综合报告》，载《陕西政报》1962 年第 8 期。

② 《国务院批转内务部〈关于各地方各部门检查征用土地使用情况的综合报告〉》，载《陕西政报》1962 年第 8 期。

"一九六四年,我省国家建设征用土地共计六百零二起,一万一千四百一十亩,迁移居民二百一十一户,拆除房屋七百二十间。……从来源上看,新征用集体的有八千三百三十九亩,收回原征用的有二千三百一十亩,拨用国有(包括城市空地)的有七百六十一亩,新征用土地占用地总数的百分之七十三……在当前的工作中,也还存在不少问题。这主要是:一、有些单位未经批准,即擅自占用生产队的土地。其中有的是边施工、边申请,有的是完工后才办理征地手续,有的甚至完工后也不办理征地手续。据不完全统计,在一九六四年,即有省公路局工程三队、汾阳县农林局、汾西矿务局、大同市赵家窑水库、二四一地质队、闻喜县粮食局等二十一个单位,未经批准,擅自占地五百零一亩。二、有些单位在申请用地时,不从国家建设的全局出发,只图自己方便,盲目多征土地。也有的在建设的布局上,讲排场、图阔气,或者强调是长远规划,申请征用的土地,大大超过了当前的实际需要。如长治市农业机械供应站原申请征用土地十八亩三分六厘,经过审查,实际只需要八亩九分。又如孝义县石油商店原申请征用土地十一亩,经过审查,实际只需要六亩。还有的单位在批准征用土地后,又随意改变和增加修建项目,多占土地。如阳泉市供销社上级批准建设仓库一百平方米、营业室六十平方米,但在施工中未经请示批准又兴建了办公室八十八平方米。三、有些单位在征用土地后,未能及时办理补偿手续。如垣曲县在一九六四年共征用土地五百零九亩,有四百多亩至今还未向生产队进行补偿。四、有些地区的承办部门,对征用土地的审批工作还重视不够,他们在接到建设单位的申请后,不加审查,即照抄照转,或者是报送文件不全,情况叙述不清,以致使上级部门无法进行审批,公文往返,费时误事。"①

"今年第二季度,我们两厅联合派人到上饶、吉安、赣州、抚州专区所属12个县、市,深入到被征用土地社、队和52个用地单位,对近年来国家建设征用土地的情况,进行了一次检查。……各地在征用土地中也还存在一些问题,主要是:一、少征多用,早征迟用,先用后征和未经批准擅

① 《山西省人民委员会批转民政厅关于一九六四年国家建设征用土地情况及今后意见的报告》(1965年3月7日发布,晋民字第40号)。

自占用土地的现象仍然存在。据这次所到地区的检查,近年来未经报批擅自占用土地的有14个单位,共占用耕地393.36亩(占用荒山、荒地未计算在内)。例如安乐县森工局修筑一条长达25.8公里通往林区的谷乐公路,占用当地社、队耕地180余亩,至今未办征用手续,也未给土地补偿费。先用后征的有11个单位,已用耕地329.11亩。少征多用和早征迟用的有12个单位,多用土地51.27亩,占批准征用数(54.75亩)的百分之九十三点六。如华东608队第一队,批准征用土地6亩,实际却用了15亩。交通部驻上饶市第三工程处,近期基建面积为4587平方米,去年却一次征用了土地34亩,征用后又把多余土地交群众耕种,浪费国家资金。二、征而不用,浪费土地。在这次检查的用地单位中,有20个单位仍保留过去征而未用的土地三百余亩,既不交回社、队耕种,自己又种不好。……三、不按审批权限,擅自批准用地。乐安县公溪饭店1964年征用水田22.5亩,未报省人民委员会批准,县里就擅自同意。抚州镇1964年批准征用土地21起,不但没有按规定上报省人委审批,而且大多数是镇里擅自授权民政局批的。还有一些县在审核征用土地时,抱着不负责任的态度,认为审核权在省、专,自己既不实地查看,也不仔细审核,层层照转。另外大多数县的农业部门没有积极参加审核工作。……"①

由此可见,虽然中央和地方对国家建设征收土地进行检查的重点是因多征少用、早征迟用、征而不用、未批先征等导致的土地浪费情况以及对被征收土地的农民的安置情况,以便保护耕地,恢复和发展农业生产,但也发现了土地征收中的程序违法行为。这种程序违法主要包括:(1)超越批准权限批地;(2)无批准权限而批地;(3)审批程序走过场,如未深入实地进行勘查。当然,对程序法制最大的蔑视是未批先征和擅自占用土地而不补办征地手续。

(二)人民法院裁判文书揭示的信息

从内务部的调查情况看,建设单位违法占用农民土地,或坚决不退

① 《江西省人民委员会批转省民政厅、农业厅"关于国家建设征用土地情况的检查报告"》(1965年8月6日发布),载《江西政报》1965年第11期。

回多征用的土地,与被征地农民曾经发生纠纷。例如,“安徽省农业机械学院在蜀山湖庵区占用三十亩土地,当地生产队曾多次要求退回,该院坚持不退,双方便发生殴斗,群众被捆打的六人,学生也有三人被打。湖南省湘潭市立二中的学生与农民争地时,被打伤的农民三人,学生二人”。[①] 那么,在这期间,是否有建设单位、被征地的社队和农民以及负责审批土地征收的国家机关通过启动诉讼程序来解决这类纠纷?目前,笔者尚未发现有相关文献论及这一事项。

不过,当前已生效的某些关于土地登记和土地确权的裁判文书从侧面反映了《国家建设征用土地办法》等集体土地征收程序立法被遵循的情况。

案例一:凤凰县麻冲乡上麻村8组诉凤凰县人民政府土地行政登记案

上诉人(原审原告):凤凰县麻冲乡上麻村8组

被上诉人(原审被告):凤凰县人民政府

原审第三人:凤凰县市场管理局

与集体土地征收相关的事实:1981年3月13日,为了落实《全州市场管理工作会议纪要》,凤凰县市场管理局根据凤凰县县委、县政府的要求,在本县麻冲乡人民公社管理委员会的组织下,山江工商行政管理所与凤凰县麻冲乡上麻村8组队管会三位代表签订了《山江麻冲公社市场基地契约》。约定将该队位于麻冲街上的六分田征用作为建设市场基地,补偿三年产量,现金为400元。经麻冲乡人民公社批准后建成了农贸市场。[②]

案例二:雷州市沈塘镇沈塘村民委员会石板村民小组诉雷州市人民政府、雷州市国土资源局核发国有土地使用证案

上诉人(原审原告):雷州市沈塘镇沈塘村民委员会石板村民小组

① 《国务院批转内务部“关于各地方各部门检查征用土地使用情况的综合报告”》,载《陕西政报》1962年第8期。

② 参见湖南省湘西土家族苗族自治州中级人民法院[(2011)州行终字第3号]行政判决书。

被上诉人(原审被告):雷州市人民政府

被上诉人(原审被告):雷州市国土资源局

原审第三人:雷州市沈塘供销合作社

与集体土地征收相关的事实:涉案争议土地原属雷州市沈塘镇沈塘村民委员会石板村民小组集体所有。20世纪70年代,雷州市沈塘供销社因生产经营的需要,在沈塘镇党委、政府的协调下,向石板村征用涉案争议土地作为油库建设用地,并向石板村支付了征地补偿款(包括迁坟补偿款70元和树苗补偿款250元)。随后,沈塘供销社在涉案土地上建有油库、油池和房屋等建筑物。1989年10月,雷州市国土部门对沈塘供销社使用涉案争议土地进行了清查清理,对沈塘供销社作出按每平方米罚款1元,同意补办国有土地手续的处理。①

案例三:贵港市港南区八塘镇大新村下吴生产队诉贵港市人民政府土地行政登记案

上诉人(一审原告):贵港市港南区八塘镇大新村下吴生产队

被上诉人(一审被告):贵港市人民政府

一审第三人:贵港市八塘供销合作社

与集体土地征收相关的事实:1979年3月5日,贵港市八塘供销合作社因扩大业务需要,通过协商与贵港市港南区八塘镇大新村下吴生产队达成征地协议,使用后者3.71亩旱地,并支付1669.5元补偿款给后者。之后,贵港市八塘供销合作社在征用的土地上建起仓库,并于1988年4月17日向原贵县土地局申请补办征用、划拨土地手续。②

如前所述,根据《国家建设征用土地办法》的规定,集体土地征收程序包含若干环节,并且每个环节的参与者并不相同,各自的权利义务也不相同。因此,毫无疑问,仅仅凭借人民法院的裁判文书是无法对特定案件中的土地征收程序是否合法进行细致评判的。不过,以下评判点是

① 参见广东省高级人民法院[(2013)粤高法行终字第499号]行政判决书。

② 参见贵港市中级人民法院[(2011)贵行终字第9号]行政判决书。

例外：建设单位征收集体土地是否经过审批？对这一问题，“是”或“否”的评判比较简单——是否有相关批准文件，而只要选择了“否”，那就意味着是“未批先征”。“未批先征”是典型的程序违法行为。

截至2017年3月22日，笔者通过法意数据库和中国裁判文书网搜集到新中国成立以来曾经援引过《国家建设征用土地办法》的29则案例，包括一审裁判文书和二审裁判文书。对二审裁判文书的梳理发现，正如前述三则裁判文书所揭示的那样，建设单位确实有“未批先征”的情形。不过，从法院的裁判来看，这种“未批先征”并未阻挡住土地由集体所有向国家所有的转化，或者说即便未经过任何土地征收审批程序，国家还是获得了原本归集体所有的土地。对此，我们不能简单地质疑法院，因为法院的裁判依据是非常充分的——

依据一：国家土地管理局《关于确定土地权属问题的若干意见》（〔1989〕国土［籍］字第73号，1989年7月5日）

“八、凡一九六二年九月《农村人民公社工作条例修正草案》（以下称《六十条》）公布以前，全民所有制单位、城市集体所有制单位和集体所有制的华侨农场使用的原农民集体所有的土地（含合作化之前的个人土地），一九六二年九月《六十条》公布后迄今没有退给农民集体的，属于国家所有。凡一九六二年九月《六十条》公布时起至一九八二年五月《国家建设征用土地条例》公布时止，全民所有制单位、城市集体所有制单位使用的原农民集体所有的土地，有下列情形之一的，属于国家所有：

1. 签订过土地转让等有关协议的；

2. 经县级以上人民政府批准使用的；

3. 进行过一定补偿或安置劳动力的；

4. 接受农民集体馈赠的；

5. 由农民集体所有制企事业单位转为全民所有制的。凡属上述情况以外使用的农民集体土地，由县级以上地方人民政府根据具体情况，或按当时规定补办征地手续，或退还农民集体。”

依据二：国家土地管理局《确定土地所有权和使用权的若干规定》（〔1995〕国土〔籍〕字第26号，1995年3月31日）

“第十六条 1962年9月《六十条》公布以前，全民所有制单位、城市集体所有制单位和集体所有制的华侨农场使用的原农民集体所有的土地（含合作化之前的个人土地），迄今没有退给农民集体的，属于国家所有。

《六十条》公布时起至1982年5月《国家建设征用土地条例》公布时止，全民所有制单位、城市集体所有制单位使用的原农民集体所有的土地，有下列情形之一的，属于国家所有：

1. 签订过土地转移等有关协议的；

2. 经县级以上人民政府批准使用的；

3. 进行过一定补偿或安置劳动力的；

4. 接受农民集体馈赠的；

5. 已购买原集体所有的建筑物的；

6. 农民集体所有制企事业单位转为全民所有制或者城市集体所有制单位的。

1982年5月《国家建设征用土地条例》公布时起至1987年《土地管理法》开始施行时止，全民所有制单位、城市集体所有制单位违反规定使用的农民集体土地，依照有关规定进行了清查处理后仍由全民所有制单位、城市集体所有制单位使用的，确定为国家所有。

凡属上述情况以外未办理征地手续使用的农民集体土地，由县级以上地方人民政府根据具体情况，按当时规定补办征地手续，或退还农民集体。1987年《土地管理法》施行后违法占用的农民集体土地，必须依法处理后，再确定土地所有权。”

简言之，对这一时期的集体土地征收程序立法，司法实践中几乎可以不予考虑。因为，只要用地单位与农民签订过相关转让协议，或者经县级以上人民政府批准使用（而不考虑当时该人民政府是否拥有相应的审批权限），或者对农民进行过补偿，或者安置过农村劳动力，或者在规定期限内补办了土地征收手续，人民法院就应当判定土地归国家所有。

如此一来,一方面,国家获得了集体所有的土地,增加了可供支配的国有土地的面积;另一方面,相伴随的,恐怕还有建设单位、国家机关乃至农民对土地征收程序性立法的嗤之以鼻。

四、小结

这一时期的集体土地征收程序立法,从内容上看,包括征收前的勘查程序、征收审批程序、征收批准后实施程序以及征收监督程序。

用地单位、被征收土地所在的地方人民政府以及被征收土地的社队或农民参与了征收前的勘查程序,而且,从立法规定来看,被征收土地的社队或农民对是否允许用地单位进入土地实施勘查拥有一定的决定权。

在征收审批程序中,用地单位、用地单位的上级主管部门、拥有审批权的行政机关都是重要的参与者。用地单位在提出土地征收申请前,需要制定详细的土地征收计划书。土地征收计划书的核心内容——补偿与安置计划的形成,都有被征收土地的社队或农民的声音。基于国家建设和节约土地需要,土地征收审批权既有集中到中央人民政府和省级人民政府的时候,也有下放到县(市)人民政府的时候。同时,城市建设部门、民政部门、农业部门和文化部门都会不同程度地参与土地征收审批工作。从审核内容来看,主要关注的是征收土地的数量、所征收的土地的性质(如是否是耕地、劣地、荒地)、对被征收土地的农民的补偿与安置计划是否合理。至于审批机关是否一定要实地勘查,各地方的立法有所不同。而且,实践中,确实存在只管“照批照转”而不做认真审查的现象,最终导致土地浪费。在这一阶段,“内部性”色彩浓厚,几乎完全是行政机关之间的公文流转过程,用地单位可能还会被要求补充文件,而被征收土地的社队和农民根本没有参与机会,也不了解任何信息。

土地征收申请被批准后的实施程序中,最突出的是用地单位协同用地所在地方人民政府或党委向被征收土地的农民宣布土地补偿和安置办法,进行耐心地解释,充分保障被征收土地农民的合法权益的情况下,才可以进入土地开始施工。不过,从实践来看,补偿安置未落实之前,也有用地单位强行征收土地和开始施工的情形。而且,若仔细品味,就会发现,“宣布”二字已经使最终结果尘埃落定,“解释”过程中,“动之以情”的成分高于“晓之以理”。不过,庆幸地是,安置补偿计划在最初制定时,被征收土地社队和农民已经“发声”,这也降低了实施阶段再次提出质疑的可能性。

第二章　1982 ~ 1998 年的集体土地征收程序

一、集体土地征收立法概况

(一)《国家建设征用土地条例》

这一时期，关于集体土地征收的立法首先是《国家建设征用土地条例》(以下简称《土地条例》)。论及制定该条例的原因，时任国家基本建设委员会副主任的吕克白在代表国务院向全国人大常委会所作的报告《关于〈国家建设征用土地条例(草案)〉的说明》(1982 年 4 月 28 日在第五届全国人大常委会第二十三次会议上)中指出："二十多年来，随着我国经济的发展和人口的增长，国家建设征用土地出现了一些新的情况。一九五八年公布的《国家建设征用土地办法》早已不能适应变化了的情况，致使近年来国家建设征地工作实际上处于'无法可依'的状态。宪法所规定的国家依法征用土地的原则得不到贯彻，节约用地的国策遭到了破坏，建设用地出现了'自由议价'，甚至出现了变相买卖土地和出租土地的现象，给国家建设和工农关系带来了许多困难和一系列的问题。"[1]定位于解决如上问题的《土地条例》，与《国家建设征用土地办法》(修正)相比，主要做了六个方面的修改和补充：一是强调国家依法征地原则；二是坚决贯彻节约用地的国策；三是适当提高土地的补偿费标准；四是妥善安置被征地生产队的生产生活，保护农民的正当利益；五是加

---

① 吕克白：《关于〈国家建设征用土地条例(草案)〉的说明》(1982 年 4 月 28 日第五届全国人大常委会第二十三次会议)，载《中华人民共和国国务院公报》1982 年第 10 期。

强管理；六是加强法制。[①]

具体来看，《土地条例》的以下规定在集体土地征收立法中都具有开创性：

(1)首次在立法上使用"征用集体所有的土地"一词，明确了国家建设土地征收的对象。《土地条例》第2条规定："国家进行经济、文化、国防建设以及兴办社会公共事业，需要征用集体所有的土地时，必须按照本条例办理。……"

(2)明确规定被征地者的服从义务。《土地条例》第4条规定："国家建设征用土地，凡符合本条例规定的，被征地社队的干部和群众应当服从国家需要，不得妨碍和阻挠。"同时，《土地条例》第25条还规定，"在征地过程中，煽动群众闹事，阻挠国家建设……构成犯罪的，由司法机关依法追究刑事责任；情节轻微、不构成犯罪的，分别给以治安管理处罚或经济制裁、行政处分"。这一规定，奠定了土地征收关系中国家、用地单位和被征地社队、农民之间的关系基础。

(3)首次使用"土地管理机关"概念。在规定集体土地征收程序时，《土地条例》首次使用"土地管理机关"概念，并多次使用，但对其设置和职责的规定尚不清晰。

(4)土地补偿标准与安置补助标准的法定化与行政化。例如，根据《土地条例》第9条的规定，征用耕地(包括菜地)的土地补偿费标准，为该耕地年产值的三至六倍，年产值按被征用前三年的平均年产量和国家规定的价格计算，而各类耕地的具体补偿标准由省、自治区、直辖市人民政府在此范围内制定；青苗补偿费和被征用土地上的房屋、水井、树木等附着物补偿费的标准，由省、自治区、直辖市人民政府制定。在这一过程中，我们突然看不到被征地者的身影。同时，《土地条例》在规定土地补偿费和安置补助费的补偿标准之后，在第10条第3款规定："个别特殊情况，按照上述补偿和安置补助标准，尚不能保证维持群众原有生产和生活水平的，经省、自治区、直辖市人民政府审查批准，可以适当增加安

① 吕克白：《关于〈国家建设征用土地条例(草案)〉的说明》(1982年4月28日第五届全国人大常委会第二十三次会议)，载《中华人民共和国国务院公报》1982年第10期。

置补助费,但土地补偿费和安置补助费的总和不得超过被征土地年产值的二十倍。”这一规定不仅说明中国实行的是限制最高额的补偿标准,而且揭示了补偿安置所欲实现的目标——维持“原有生产和生活水平”。

(5)严格法律责任。《土地条例》第25条对以非法手段骗取批准征用土地、超越审批权限批准征收土地、侵占集体土地、占用临时用地期满不归还、买卖土地、租赁土地、变相买卖或租赁土地、不执行征地协议并致使对方遭受经济损失、挪用或占用补偿费和安置补助费以及煽动群众闹事等各类行为,规定了具体的法律责任形式和内容,包括给予经济制裁、行政处分,直至追究刑事责任,而且规定了各类法律责任的追究方法。借助这一规定,该条例的威慑力大大增强。

1983年6月9日,国家计划委员会、农牧渔业部、城乡建设环境保护部印发《〈国家建设征用土地条例〉若干问题的说明》(计土字〔1983〕819号),对土地补偿费和安置补助费中年产值的计算、安置补助费的计算、土地补偿费和安置补助费的总和不得超过被征土地年产值20倍的理解等十二个问题作出规定,提高了《土地条例》的可操作性。同时,《土地条例》第32条虽仅授权省、自治区、直辖市人民政府制定实施办法,但实践中,很多省、自治区、直辖市都模仿《土地条例》的立法思路,即先由人民政府通过,然后提请人大常委会审议,最后由人民政府公布,如《山西省贯彻执行〈国家建设征用土地条例〉的实施办法》(1984年1月24日山西省第六届人民代表大会常务委员会第五次会议原则批准)、《江西省关于贯彻执行〈国家建设征用土地条例〉的若干规定》(1983年7月9日江西省第六届人民代表大会常务委员会第二次会议通过,江西省人民政府1983年7月18日公布)、《福建省贯彻执行〈国家建设征用土地条例〉实施办法》(1984年9月29日福建省第六届人民代表大会常务委员会第九次会议批准,1984年11月4日省人民政府公布施行),等等。这些地方性立法对推动《土地条例》的实施,发挥了重要作用。

(二)《土地管理法》(1986年)与《土地管理法》(1988年)

《土地管理法》(1986年)是新中国成立以来第一部关于土地问题的综合性立法。该法酝酿于20世纪60年代,最初名称是“中华人民共和国土地法”，其指导思想是“综合运用行政、经济、法律手段，贯彻落实十分珍惜每寸土地，合理利用每寸土地，切实保护耕地，以及维护我国社会主义土地公有制”，因此，对土地所有权和使用权问题、非农业建设占用耕地问题和土地管理机构问题尤为关注。[①] 全国人大法律委员会对国务院提交的《中华人民共和国土地法（草案）》进行了仔细审议，提出了许多修改意见，包括同意有些常务委员和地方提出的将本法的名称改为“土地管理法”的建议——因为“本法主要是加强土地管理，解决乱占耕地、滥用土地的问题，关于国土规划、国土整治、国土开发等问题，由于实践经验不够，草案未作规定”。[②] 在此基础上，形成了《中华人民共和国土地管理法（草案修改稿）》，并在再次修改之后提请全国人大常委会审议。[③] 1986年6月25日，第六届全国人民代表大会常务委员会第十六次会议通过《土地管理法》（1986年），并于第57条中规定自其施行之日——1987年1月1日起，《土地条例》废止。

《土地管理法》（1986年）包括总则、土地的所有权和使用权、土地的利用和保护、国家建设用地、乡（镇）村建设用地、法律责任和附则等七章，总计57条。其中，与集体土地征收最相关的第四章“国家建设用地”有16条，足见集体土地征收在整部法律中的地位。

《土地管理法》（1986年）中，除“国家建设用地”一章外，与集体土地征收相关的以下规定颇具特色：

（1）对集体土地征收进行限制，但限制功能的发挥需要其他立法的支撑。《土地管理法》（1986年）第2条第3款规定：“国家为了公共利益的需要，可以依法对集体所有的土地实行征用。”在此，一方面，明确了集体土地征收的目的是“公共利益的需要”，但并未具体解释什么是“公共利益”。同时，第21条规定：“国家进行经济、文化、国防建设以及兴办社

---

① 相重扬：《关于〈中华人民共和国土地法（草案）〉的说明》，1986年3月15日第六届全国人民代表大会常务委员会第十五次会议。

② 宋汝棼：《全国人大法律委员会对〈中华人民共和国土地法（草案）〉审议结果的报告》，1986年6月16日第六届全国人民代表大会常务委员会第十六次会议。

③ 宋汝棼：《全国人大法律委员会关于〈中华人民共和国土地管理法（草案修改稿）〉修改意见的说明》，1986年6月24日第六届全国人民代表大会常务委员会第十六次会议联组会。

会公共事业,需要征用集体所有的土地或者使用国有土地的,按照本章规定办理。”这看似从一定程度上填充了“公共利益”的空间——“经济、文化、国防建设”和“社会公共事业”,但事实上,后者依然属于具有非常强的包容性的概念。另一方面,本款明确了集体土地征收的依据是“法”。例如,它虽没有明确规定征收集体所有的土地必须给予补偿,但也没有表示不给予补偿。而最终的结局,将由“法”来决定。此时,“法”的范围就成为非常关键的问题。因为,在没有确立法律保留的范围的情形下,“法”的泛化可能使本条款走向反面——本条款的直接目的是限制集体土地征收,最终目的是实现《土地管理法》(1986 年)第 1 条所明示的立法目的,即“加强土地管理,维护土地的社会主义公有制,保护、开发土地资源,合理利用土地,切实保护耕地,适应社会主义现代化建设的需要”;而当“法”泛化时,泛化的“法”的制定者的意志可能会渗透其中,就可能偏离《土地管理法》(1986 年)第 1 条设定的方向。

(2)明确国有土地和集体所有土地的范围以及集体所有土地的所有者。根据《土地管理法》(1986 年)第 6 条规定,城市市区的土地属于全民所有,即国家所有,而法律未规定属于国家所有的农村和城市郊区的土地,以及宅基地和自留地、自留山,属于集体所有。这一规定为判断某一行为是否是集体土地征收提供了便利。

就集体土地的所有者而言,《土地管理法》(1986 年)第 8 条规定,“集体所有的土地依照法律属于村农民集体所有,由村农业生产合作社等农业集体经济组织或者村民委员会经营、管理。已经属于乡(镇)农民集体经济组织所有的,可以属于乡(镇)农民集体所有。村农民集体所有的土地已经分别属于村内两个以上农业集体经济组织所有的,可以属于各该农业集体经济组织的农民集体所有。”由此可知,集体所有的土地归农民集体所有,但其经营、管理者是“村农业生产合作社等农业集体经济组织或者村民委员会”。也就是说,土地的所有权人和经营管理人可以相分离。

(3)设置专门的土地管理部门,并明确其职责。《土地管理法》(1986 年)第 5 条规定:“国务院土地管理部门主管全国土地的统一管理工作。县级以上地方人民政府土地管理部门主管本行政区域内的土地的统一管理工作，机构设置由省、自治区、直辖市根据实际情况确定。乡级人民政府负责本行政区域内的土地管理工作。”这对解决以往土地管理（含土地征收）中多部门参与、职责混乱具有重要意义。

（4）法律责任部分的思路非常清晰。例如，《土地管理法》（1986年）第48条规定：“无权批准征用、使用土地的单位或者个人非法批准占用土地的，超越批准权限非法批准占用土地的，批准文件无效，对非法批准占用土地的单位主管人员或者个人由其所在单位或者上级机关给予行政处分；收受贿赂的，依照《刑法》有关规定追究刑事责任。非法批准占用的土地按照非法占用土地处理。”这一规定，不仅对“非法批准占用土地的单位主管人员或者个人”进行法律制裁，而且明确规定相应行为形成的“批准文件无效”，相关结果，即“非法批准占用的土地按照非法占用土地处理”。而以往立法，如《土地条例》第25条规定：“采取非法手段骗取批准征用土地的，超越审批权限批准征用土地的，征地协议无效；情节严重的，对主管人员和直接责任人员给予行政处分，可以并处罚款。”这里未规定批准文件的法律效力，也没有涉及对已批准土地的处置，从法律责任的周延性角度看，远没有《土地管理法》（1986年）周延。

1988年《宪法修正案》对土地制度进行了重要改革。与之相适应，《土地管理法》（1986年）的修改也被提上日程。不过，在1988年8月29日第七届全国人民代表大会常务委员会第三次会议上，时任国家土地管理局局长的王先进表示，“《〈中华人民共和国土地管理法〉修正案（草案）》[以下简称修正案（草案）]是根据宪法修正案以及土地管理法实施过程中遇到的一些实际问题提出的。修正案（草案）只涉及土地管理法的某些条款，不是对该法的全面修订”。[①] 具体来说，其修改的重点是土地有偿使用制度和土地使用权出让、转让制度。最终，第七届全国人民代表大会常务委员会第五次会议于1988年12月29日修正的《土地管理法》（1988年）未对集体土地征收做实质性修改。

---

① 王先进：《关于〈中华人民共和国土地管理法〉修正案（草案）的说明》，1988年8月29日第七届全国人民代表大会常务委员会第三次会议。

(三)《关于国家建设用地审批工作的暂行规定》和《土地管理法实施条例》(1991 年)

为加强国家建设用地管理,严格审批制度,合理利用土地,1988 年 11 月 22 日,国家土地管理局发布了《关于国家建设用地审批工作的暂行规定》。它以《土地管理法》(1986 年)为依据,对国家建设用地的审批程序作出细致规定,包括国家建设征收土地的程序,也包括国家建设划拨国有土地的程序。

另外,国务院于 1991 年 1 月 4 日发布《土地管理法实施条例》(1991 年)。该实施条例的出台时间距《土地管理法》(1986 年)的生效时间有四年之久。随后,国家土地管理局根据各地的请示,对《土地管理法实施条例》(1991 年)的理解和适用做了许多批复。其中,与土地征收相关的是 1992 年 6 月 13 日国家土地管理局政策法规司作出的《关于对〈土地管理法〉有关问题请示的答复》。该批复表示赞同山东省土地管理局对《土地管理法》第 8 条第 2 款中"农业集体经济组织"的理解,即"农业集体经济组织"必须有一定组织机构、管理人员、资金,具有一定的民事权利能力和民事行为能力,能够以自己的名义独立承担民事责任。同时,在论及村民小组是否拥有土地所有权时,该批复认为,《土地管理法》第 8 条规定,"村农民集体所有的土地已经分别属于村内两个以上农业集体经济组织所有的,可以属于各该农业集体经济组织的农民集体所有",根据上述规定,"在生产队解体改为村民小组后,原生产队所有的土地,可以属于该村民小组相应的农业集体经济组织的农民集体所有,不应理解为村民小组拥有土地所有权"。

二、集体土地征收的程序:立法考察

这一时期,集体土地征收程序立法以《土地条例》与《土地管理法》(1986 年)为核心,并辅以《土地管理法实施条例》(1991 年)和《关于国家建设用地审批工作的暂行规定》。

(一)《土地条例》中的集体土地征收程序

《土地条例》中与集体土地征收程序相关的规定主要如下:

1. 征收土地的审批权限

《土地条例》确立的依然是分级审批制——国务院、省(自治区、直辖

市)、县、市人民政府都拥有审批权,但审批权限不同,具体如下:

(1)国务院的审批权限:征收耕地、园地一千亩以上,其他土地一万亩以上。

(2)省(自治区、直辖市)的审批权限:征收直辖市郊区的土地,由直辖市人民政府批准;征收 50 万人口以上城市郊区的土地,由所在市人民政府审查,报省、自治区人民政府批准;征收其他地区耕地、园地 3 亩以上,林地、草地 10 亩以上,其他土地 20 亩以上,由所在县、市人民政府审查,报省、自治区人民政府批准。

(3)县、市人民政府的审批权限:前述限额以下的情形。不过,省、自治区、直辖市人民政府可以根据本地区实际情况,适当放宽或缩小县、市人民政府审批征地数额的权限。

由此可见,在确定审批权限时,主要考虑了四个因素:一是被征收土地的性质,如耕地、园地、林地、草地、其他土地;二是被征收土地的数量;三是被征收土地所在的位置,如城市郊区、其他地区;四是城市的人口数量。

2. 征收土地的审批程序

根据《土地条例》第 7 条的规定,土地征收应遵循以下程序:

(1)申请选址

用地单位持经批准的建设项目设计计划任务书或上级主管机关的有关证明文件,向拟征地所在地的县、市土地管理机关提出申请,经县、市人民政府审查同意后,进行选址。在城市规划区范围内选址,还应当取得城市规划管理部门同意。

至于申请选址前,用地单位可否进入土地现场进行测量,以及若进行测量,是否需要审批,《土地条例》未作规定。

(2)协商征地数量和补偿、安置方案

建设地址选定后,由拟征地所在地的县、市土地管理机关组织用地单位、被征地单位以及有关单位,商定预计征收的土地面积和补偿、安置方案,签订初步协议。

“商定”意味着初步协议是用地单位和被征地单位之间通过协商进行确定,而非一方强制另一方接受某种结果。不过,“商定”的事项是预计征收的“土地面积和补偿、安置方案”。也就是说,双方对征收多少土地以及如何进行补偿与安置进行“商定”,而至于能不能“不”征收土地,并不在“商定”的事项之内。① 同时,对于被征地单位如何在其内部成员之间进行沟通,《土地条例》也未作规定。

(3)核定用地面积

建设项目的初步设计经批准后,用地单位持有关批准文件和总平面布置图或建设用地图,向所在地的县、市土地管理机关正式申报建设用地面积,按审批权限经县、市、省(自治区、直辖市)人民政府或国务院审批核定后,在土地管理机关主持下,由用地单位与被征地单位签订协议。

在此,《土地条例》只要求用地单位申报建设用地面积,而未具体说明是否需要同时提交征地补偿安置初步协议等文件。同时,即便是用地面积,逻辑上,县、市、省(自治区、直辖市)人民政府或国务院在审批时,也有三种选择——同意、缩减面积、增加面积。依据《土地条例》的规定,无论何种情形,用地单位与被征地单位都只能在土地管理机关主持下签订协议,而不能进行申辩。

(4)划拨土地

征地申请经批准后,由所在地的县、市土地管理机关根据计划建设进度一次或分期划拨土地,并督促被征地单位按时移交土地。

在此,《国家建设征用土地办法》(修正)所规定的向被征地群众进行“解释”“并给他们以必要的准备时间,使群众在当前切身利益得到适当照顾的情况下,自觉地服从国家利益和人民的长远利益,然后才能正式确定土地的征用,进行施工”②等内容,荡然无存。

3. 补偿、安置标准的确定程序

如前所述,《土地条例》对土地补偿标准与安置补助标准的确定采用的是法定标准与行政裁量相结合的方式。至于省、自治区、直辖市人民

① 对此,可资比较的是《国家建设征用土地办法》(修正)第3条第1款的规定:“国家建设征用土地,既应该根据国家建设的实际需要,保证国家建设所必需的土地,又应该照顾当地人民的切身利益,必须对被征用土地者的生产和生活有妥善的安置。如果对被征用土地者一时无法安置,应该等待安置妥善后再行征用,或者另行择地征用。”

② 《国家建设征用土地办法》(修正)第5条。

政府等在法定标准范围内裁量时，究竟考虑了哪些因素，如是否需要征求集体土地所有者和使用者的意见，不得而知。

4. 土地征收的监督检查程序

《土地条例》第 24 条要求各级人民政府的土地管理机关和用地单位的上级主管部门，应当对已征用土地的使用情况和安置方案的落实情况及时进行监督检查。

5. 土地征收协议的裁决程序

根据《土地条例》第 25 条的规定，对批准征收的土地，一方当事人坚持无理要求，拒不签订征地协议的，由土地管理机关裁决。当事人任何一方不执行征地协议，致使对方遭受经济损失的，责令赔偿；情节严重的，对主管人员和直接责任人员处以罚款。

这一规定的进步意义在于建立了征地协议的裁决机制，为争议的平稳解决提供了可能。不过，如前所述，征地协议仅仅是用地单位与被征地之间就征地补偿、安置达成的协议，因此，该争议解决机制并不能改变对征地审批的效力。同时，该规定也没有明确土地管理机关的裁决的法律效力——争议双方当事人是否必须服从和执行该裁决？换句话说，争议双方当事人若对该裁决不服，是否还可以寻求其他纠纷解决途径？

6. 程序违法的法律后果

《土地条例》第 25 条规定了各种违法情形下的法律责任，其中与程序违法相关的是："采取非法手段骗取批准征用土地的，超越审批权限批准征用土地的，征地协议无效；情节严重的，对主管人员和直接责任人员给予行政处分，可以并处罚款。"这里规定了征地协议无效的两种情形：一是采取非法手段骗取批准征收土地的；二是超越审批权限批准征收土地的。前一种情形比较容易理解，因为征地协议的签订者是用地单位和被征地单位，而"采取非法手段骗取批准征用土地的"多为用地单位，用地单位应当为自己的违法行为承担不利后果。但后一种情形中，"超越审批权限批准征用土地的"是国务院、省（自治区、直辖市）、市人民政府，在这一过程中，用地单位和被征地单位未必有过错，而由两者来承担"征地协议"无效的法律后果未免有失公平。同时，"征地协议"仅仅是用地单位和被征地单位就征地补偿、安置达成的协议，它的无效，并不能导致征地审批行为无效。于是,便产生一个问题:“超越审批权限批准征用土地”的审批行为是否依然有效?对此,《土地条例》语焉不详。

前文已述,《土地条例》实施后,各省(自治区、直辖市)曾出台了一些实施性立法。作为实施性立法,相比较而言,许多规定更加明确具体。不过,某些规定是否与《土地条例》相抵触,也值得分析。

比如说,根据《广东省国家建设征用土地实施办法》(广东省人民代表大会常务委员会1983年11月22日颁布)第7条的规定,建设地址选定后,征地所在地的征地管理工作机构要组织用地单位、被征地单位和有关单位,初步划定征地范围“红线”,“商订征地补偿和安置协议书”,然后用地单位向所在地的县、市人民政府正式申报。在按审批权限批准征地后,由所在地的管理征地工作机构发给用地单位使用土地通知书,而用地单位与被征地单位签订的“补偿、安置协议书同时生效”。在此,用地单位与被征地单位只签署过一次补偿、安置协议,并且是附条件生效的协议——征地申请被批准后生效。然而,根据《土地条例》第7条的规定,用地单位与被征地单位在征地申请被批准前后,就补偿安置事宜签订了两次协议:一次是“初步协议”,一次是正式协议。可以发现,对被征地单位来说,《广东省国家建设征用土地实施办法》的规定较《土地条例》的规定更加苛刻。

又如,根据《天津市实施〈国家建设征用土地条例〉试行办法》第7条的规定,市、区征地办公室是“市、区、县人民政府管理国家建设征用土地的工作机构,是组织实施各项基本建设征地工作的领导机关,负责贯彻执行国家制定的有关征地方针政策和本实施办法,并对征地安置方案的落实情况进行监督检查”。随后,第8条规定:“……在市区、郊区征用土地,由市征地办公室批准。在塘沽、汉沽、大港区征用土地十亩以上的,报市征地办公室批准……”这就把征地审批权由市人民政府转给了市人民政府的工作机构——市征地办公室。这显然与《土地条例》的规定相抵触。

此外,《福建省贯彻执行〈国家建设征用土地条例〉实施办法》第8条的如下规定,也颇令人玩味:“国家建设征地拆迁事宜,实行由当地市、县人民政府责任包干的办法,建设用地单位不直接与被征地单位(包括土地承包户和拆迁户)协商。"类似规定也出现在《湖南省国家建设征地办法》[①]之中。该办法第4条规定:"用地单位不得与被征地拆迁单位或个人直接洽商征地拆迁条件,被征地拆迁单位和个人也不得直接向用地单位提出征地拆迁条件或其他要求。"前述两个法律条文的目标是相同的,就是割断用地单位与被征地单位之间的私下联系和交易;两者即便签订征地补偿安置协议,也必须在土地管理部门的主持下进行。然而,这样,在信息不对称情况下,用地单位与被征地单位之间越来越疏离甚至产生矛盾也就不足为怪了。

(二)《土地管理法》(1986年)与《土地管理法》(1988年)中的集体土地征收程序

《土地管理法》(1988年)是对《土地管理法》(1986年)的局部修改,并且土地征收程序部分未进行任何修改。因此,下文仅介绍《土地管理法》(1986年)中的集体土地征收程序。

1. 选址勘测程序

根据《土地管理法》(1986年)第33条的规定,建设单位为选择建设地址,需要对土地进行勘测的,应当征得当地县级人民政府同意;造成损失的,应当给予适当补偿。也就是说,建设单位只须征得当地县级人民政府的同意,而无须征得被征地单位的同意。

2. 征地审批权主体及其权限

《土地管理法》(1986年)第25条确立了土地征收分级审批制度,国务院、省、自治区、直辖市、县、省辖市、自治州的区人民政府拥有土地征收审批权,具体审批权限如下:

(1)国家建设征收耕地1000亩以上,其他土地2000亩以上的,国务院审批。

(2)征收省、自治区行政区域内的土地,由省、自治区人民政府批准;征收耕地3亩以下,其他土地10亩以下的,由县级人民政府批准;省辖市、自治州人民政府的批准权限,由省、自治区人民代表大会常务委员会

---

① 1983年10月19日湖南省第六届人大常委会第三次会议原则批准,1984年5月30日湖南省人民政府颁布执行。

决定。

（3）征收直辖市行政区域内的土地，由直辖市人民政府批准；直辖市的区人民政府和县人民政府的批准权限，由直辖市人民代表大会常务委员会决定。

《土地管理法》（1986年）在确定各审批主体的审批权限时，除与以往相同，考虑征收土地的性质和面积外，还把省辖市、自治州人民政府以及直辖市的区人民政府和县人民政府的批准权限的决定权授予了省、自治区、直辖市人民代表大会常务委员会，而非省、自治区、直辖市人民政府。

3. 土地征收审批程序

《土地管理法》（1986年）对土地征收审批程序的规定非常简洁，集中于第22条、第23条，即"按照国家规定，列入国家固定资产投资计划的或者准许建设的国家建设项目，经过批准，建设单位方可申请用地"。"国家建设征用土地，建设单位必须持国务院主管部门或者县级以上地方人民政府按照国家基本建设程序批准的设计任务书或者其他批准文件，向县级以上地方人民政府土地管理部门提出申请，经县级以上人民政府审查批准后，由土地管理部门划拨土地。国家建设征用土地，被征地单位应当服从国家需要，不得阻挠。"由此可知，从建设单位角度讲，土地征收审批程序如下：

（1）建设单位提出申请，将自己的建设项目列入国家固定资产投资计划的或者准许建设的国家建设项目。

（2）建设单位向国务院主管部门或者县级以上地方人民政府提出申请，取得设计任务书或者其他批准文件。

（3）建设单位持国务院主管部门或者县级以上地方人民政府按照国家基本建设程序批准的设计任务书或者其他批准文件，向县级以上地方人民政府土地管理部门提出用地申请。

（4）县级以上地方人民政府土地管理部门审核后，报请县级以上人民政府审查批准。

（5）县级以上人民政府进行审查，批准征收土地。

（6）土地管理部门划拨土地。

在前述土地征收批准程序中，被征地单位始终没有走上前台。不消说能否质疑土地征收，就算是土地征收后的补偿安置，似乎也不予考虑了。而且，“国家建设征用土地，被征地单位应当服从国家需要，不得阻挠”这样一个毫无温度的条款，足见对被征地单位的忽略。

4. 土地征收程序违法的后果

《土地管理法》(1986年)第48条规定：“无权批准征用、使用土地的单位或者个人非法批准占用土地的，超越批准权限非法批准占用土地的，批准文件无效，对非法批准占用土地的单位主管人员或者个人由其所在单位或者上级机关给予行政处分；收受贿赂的，依照《刑法》有关规定追究刑事责任。非法批准占用的土地按照非法占用土地处理。”除此之外，在法律责任部分，再没有关于程序违法的规定。或许正是由于对土地征收审批程序的规定简洁到几乎“无”程序，所以，无法就程序违法的法律责任进行细致规定。不过，该条文对“无权”和“超越批准权限”批准征收土地的法律后果的规定还是很全面的——从批准文件的效力，到对相关人员的惩治，再到对已占用土地的处理，可谓面面俱到。

（三）《关于国家建设用地审批工作的暂行规定》中的集体土地征收程序

或许正是因为《土地管理法》(1986年)对集体土地征收程序的规定欠缺操作性，1988年11月22日，国家土地管理局出台了《关于国家建设用地审批工作的暂行规定》，让集体土地征收程序中的核心内容——审批程序逐渐明晰起来。

根据《关于国家建设用地审批工作的暂行规定》的规定，集体土地征收审批过程如下：

1. 建设项目建址申请

建设单位持批准的建设项目设计任务书或县级以上人民政府批准的有关文件，向县级以上人民政府土地管理部门提出项目建址申请。土地管理部门会同有关部门进行审查。建址在城市规划区内，应征得城市规划管理部门同意；用地涉及其他部门，还应征求有关部门意见。

2. 初步设计及其审批

建设单位根据确定的项目建址，委托有资格的设计单位进行初步设计等事宜,并按照规定报请相关机关审批。

3. 提出正式用地申请

项目初步设计通过审批后,建设单位向县级以上政府土地管理部门正式提出用地申请。同时,按土地审批权限抄报上级土地管理部门。

建设单位在提出正式用地申请时,需向土地管理部门报送下列附件:(1)经批准的建设项目设计任务书或其他批准文件;(2)建设项目的初步设计批准文件及文字说明;(3)建设项目总平面布置图和地理位置图;(4)扩建、续建项目的原批准用地文件、平面布置图、土地利用现状和有关文字说明;(5)建设项目资金来源的证明材料及年度投资计划;(6)环保等有关部门的审查意见;(7)经建设用地咨询服务部咨询的项目,须同时报送咨询论证报告。

4. 土地征收方案的拟定和审批

县、市土地管理部门组织建设单位和被征地单位及有关部门拟定土地补偿安置方案,并主持签订征地初步协议,报同级政府审批。对国家和省的重点项目等,有条件的可按国家有关规定,实行征地费用包干。

土地管理部门在报批建设项目用地时,应向同级人民政府或上级土地管理部门加送下列附件:(1)建设项目征收土地呈报表;(2)征收土地的补偿安置方案和征地费用包干协议(附征地费用计算依据);(3)建设用地征求意见书或有关部门证明材料;(4)对建址在城市规划区内的项目应附城市规划管理部门的审查意见;(5)土地管理部门对建设用地的审查意见。

5. 审批用地

县、市人民政府或上级土地管理部门对申请用地项目进行审查:复核用地计划指标,核定用地数量,审定征地协议等。按《土地管理法》(1986年)和省、自治区、直辖市的土地审批权限规定,需报上级人民政府批准的,由土地管理部门提出审查报告,报人民政府审批。

6. 划拨土地

建设单位的用地申请经县级以上人民政府依法批准后,由项目所在地土地管理部门根据批准用地文件,核发建设用地许可证,并通知建设单位依照国家规定和批准的征地协议，缴纳、支付各项税、费，并会同有关部门落实安置措施。土地管理部门按工程建设进度，一次或分期划拨土地，督促被征地单位按时移交土地。

与《土地管理法》（1986 年）相比，《关于国家建设用地审批工作的暂行规定》对集体土地征收程序的规定确实详细了许多。不过，依然有不甚明确之处。例如，《关于国家建设用地审批工作的暂行规定》要求，在建设项目建址申请阶段，土地管理部门会同有关部门进行审查，对于“用地涉及其他部门，还应征求有关部门意见”。而且，土地管理部门在向同级人民政府或上级土地管理部门报批建设项目用地时，必须提交“建设用地征求意见书或有关部门证明材料”。那么，“有关部门”是否包括被征地单位？土地管理部门是通过何种方式向“有关部门”征求意见的？土地管理部门提交的“建设用地征求意见书”是否真实反映了“有关部门”的意见？同时，对被征地单位的忽视充斥其中。如土地征收申请获得批准后，项目所在地土地管理部门仅通知建设单位依照国家规定和批准的征地协议，缴纳、支付各项税、费，并会同有关部门落实安置措施，而并不通知被征地单位。在整个集体土地征收审批程序中，可以确信的是，只有在与建设单位签订征地初步协议时，被征地单位应当到场。

（四）《土地管理法实施条例》（1991 年）中的集体土地征收程序

《土地管理法》（1986 年）和《土地管理法》（1988 年）第 56 条第 1 款的规定相同：“国务院土地管理部门根据本法制定实施条例，报国务院批准施行。”不过，直至 1991 年 1 月 4 日，国务院才颁布《土地管理法实施条例》（1991 年），自 1991 年 2 月 1 日起施行。

《土地管理法实施条例》（1991 年）对集体土地征收程序的规定主要集中在第四章“国家建设用地”的第 17、18 条，而且蕴藏于国家建设用地的审批程序之中。

1. 建设单位报批建设项目设计任务书

按照节约用地、合理用地的原则，建设单位因进行经济、文化、国防建设以及举办社会公共事业需要建设用地的，在报批建设项目设计任务书时，必须附具土地管理部门的意见。

2. 建设单位申请建设用地

建设单位持经批准的设计任务书或者初步设计、年度基本建设计划等有关文件,向被征收土地所在的县级以上地方人民政府土地管理部门申请建设用地。

3. 土地管理部门审核建设用地申请,并报请审批

县级以上地方人民政府土地管理部门对建设用地申请进行审核,划定用地范围,并组织建设单位与被征地单位以及有关单位依法商定征收土地的补偿、安置方案,报县级以上人民政府批准。

4. 建设用地申请的批准及建设用地批准书的颁发

建设用地的申请,依照法定批准权限经县级以上人民政府批准后,由被征用土地所在的县级以上人民政府发给建设用地批准书。

5. 划拨土地

土地管理部门根据建设进度一次或者分期划拨建设用地。

与《土地管理法》(1988 年)对集体土地征收审批程序的规定相比,《土地管理法实施条例》(1991 年)的不同之处在于:一是要求建设单位在报批建设项目设计任务书时,必须附具土地管理部门的意见。这可以说是土地预审制度的萌芽。二是明确了土地管理部门在审核建设用地申请时需要做的工作,包括划定用地范围,组织建设单位与被征地单位以及有关单位依法商定征收土地的补偿、安置方案。值得注意的是,《土地管理法实施条例》(1991 年)并未要求建设单位与被征地单位在这一阶段签订土地征收补偿安置初步协议或协议,双方商定的是征收土地的"补偿、安置方案"。三是要求审批通过后,向建设单位颁发建设用地批准书。

另外,《土地管理法实施条例》(1991 年)第 21 条规定:"《土地管理法》第二十五条第一款所称征用其他土地二千亩以上,包括一个建设项目同时征用耕地一千亩以下和其他土地一千亩以上合计为二千亩以上。《土地管理法》第二十五条第二款所称征用其他土地十亩以下,包括一个建设项目同时征用耕地三亩以下和其他土地十亩以下合计为三亩以上十亩以下。"这对明确土地征收审批权限分工具有重要意义。

三、集体土地征收的程序：实践考察

（一）来自行政机关的观察

1983年1月21日，国务院发布《关于严格贯彻执行〈国家建设征用土地条例〉的通知》指出："《国家建设征用土地条例》公布实施以来，许多地方和单位认真贯彻执行这个条例，积极做好征地拆迁和安置工作，既保证了国家建设必需的土地，又妥善安置了被征地单位群众的生产和生活。但是，也有不少地方没有很好执行《国家建设征用土地条例》中的规定，有的索价过高，敲国家竹杠；有的互相扯皮，长期达不成征地协议；有的甚至无理阻拦施工，影响了国家建设项目的进行。"这一概括性描述虽然揭示了《土地条例》的实施情况，但其所论及的违法或不当行为的实施者要么是用地单位，要么是被征地单位，而不包括参与集体土地征收程序的行政机关。

1986年3月15日，农牧渔业部原副部长相重扬在第六届全国人民代表大会常务委员会第十五次会议上代表国务院做《关于〈中华人民共和国土地法（草案）〉的说明》时，对"非农业建设占用耕地问题"作出专门说明，认为《土地条例》对制止乱占耕地起了一定的作用，"但从全国看，乱占滥用耕地问题并未解决，一些地方又出现了猛增的势头，有些省、市、自治区一年减少相当于一个中等县的耕地面积"。为此，需要"切实加强土地管理"，其中措施之一是"健全土地法制，严格依法管地，做到有法必依，违法必究，特别是各级政府必须严格执行法律规定的土地审批权限"。对前述说明进行逆向推理，可以得出结论：各级政府没有严格执行法律规定的土地审批权限。

同年3月21日，中共中央、国务院发布《关于加强土地管理、制止乱占耕地的通知》（中发〔1986〕7号），再次强调，"从全国来看，城乡非农业建设乱占滥用土地的问题仍然普遍存在，有的地方甚至出现了猛增的势头"，并且认为，"这种情况如果继续发展下去，将会给国家建设和人民生活造成严重后果，贻害子孙后代"。之所以出现这种情况，原因包括但不限于，"一些干部和群众在土地使用上，考虑当前利益和局部利益多，考虑长远利益和全局利益少。在国家建设征用土地中，有些单位不注意节约用地,多征少用、早征迟用或征而不用的情况相当普遍"。为此,"凡非农业建设占用土地,必须按照国家有关规定,严格履行申请和审批手续。各级政府不得擅自下放审批权限,已经下放的,要立即纠正。申请和审批用地,不准化整为零、弄虚作假,不准越权审批"。

1992 年 11 月 18 日,国务院发布《关于严格制止乱占、滥用耕地的紧急通知》(国发明电〔1992〕13 号),表示中共中央、国务院《关于加强土地管理、制止乱占耕地的通知》和《土地管理法》发布以后,中国耕地面积锐减的势头初步得到控制,耕地减少和净减少数从 1985 年的 160 万公顷和 100 万公顷,下降到 1990 年的 46 万多公顷和 6 万多公顷。然而,"近两年来,乱占、滥用耕地及违法用地、批地的现象又重新抬头,1991 年全国净减少耕地又回升到 23 万多公顷(350 万亩)"。为此,为严格制止乱占、乱用耕地,必须"严格依法审批土地"。具体来说,"地方各级人民政府不得越权审批土地,也不得将审批权层层下放,否则,要依法追究当事人及有关领导的责任。各地政府领导审批土地要坚持集体讨论、一支笔审批,由土地管理部门办理手续的做法。各级土地管理部门要提高办事效率、简化用地审批手续。土地部门发现违法用地现象要及时报告并予制止,各级政府对违法用地的责任者要坚决查处,依法办理。"①

《关于加强土地管理、制止乱占耕地的通知》(中发〔1986〕7 号)和《关于严格制止乱占、滥用耕地的紧急通知》(国发明电〔1992〕13 号)都提到了越权审批和擅自下放审批权两类程序违法行为。两文件虽然没有提供例证,但不可能是空穴来风。《关于严格制止乱占、滥用耕地的紧急通知》(国发明电〔1992〕13 号)发布后,湖北省人民政府于 1993 年 7 月 31 日发布《关于当前土地管理工作若干问题的通知》(鄂政发〔1993〕78 号),要求"要严格按照《湖北省土地管理实施办法》规定的审批权限审批建设用地,个别地方擅自下放的土地审批权限一律无效"。1995 年 7 月 10 日,湖北省人民政府再次发布《关于重申严格依法审批土地加强

① 国务院:《关于严格制止乱占、滥用耕地的紧急通知》(1992 年 11 月 18 日,国发明电〔1992〕13 号),载《四川政报》1992 年第 12 期。

耕地保护的通知》(鄂政发〔1995〕87号),“各地凡未经法定程序擅自下放土地审批权限的文件一律无效。已按下放权限审批的建设用地原审批文件不具有法律效力,必须到土地管理部门重新办理审查报批手续”。① 这可以说明,至少在湖北省,擅自下放土地审批权限是不争的事实。而且,即便《关于加强土地管理、制止乱占耕地的通知》(中发〔1986〕7号)和《关于严格制止乱占、滥用耕地的紧急通知》(国发明电〔1992〕13号)颁行后,依然有下放土地审批权限的情形。例如,1995年1月16日,山东省人民政府发布《关于加强建设用地管理和下放部分土地审批权限的通知》,在重申国务院和省人民政府的土地审批权限之后,规定:“三、省政府授权省土地管理局代省政府审批耕地200亩、非耕300亩以下(不含市地县权限范围)的建设用地。四、省土地管理局使用‘鲁政土字〔19××〕××号’的文件字号审批省政府授权范围内的建设用地,审批文件由局长签发,按照省政府办公厅的统一要求印制后,到省政府鉴印。”试问,山东省人民政府是否是“擅自”下放土地审批权限?

1997年4月15日,中共中央、国务院再次联合发布《关于进一步加强土地管理切实保护耕地的通知》(中发〔1997〕11号),认为“近年来,一些地方乱占耕地、违法批地、浪费土地的问题没有从根本上解决,耕地面积锐减,土地资产流失,不仅严重影响了粮食生产和农业发展,也影响了整个国民经济的发展和社会的稳定”。因此,必须“进一步严格建设用地的审批管理”。第一,对农地和非农地实行严格的用途管制。“自本通知下发之日起,冻结非农业建设项目占用耕地1年,确实需要占用耕地的,报国务院审批。解决城镇中低收入家庭住房困难户住房和安居工程以及经国家批准的重点建设项目用地,仍按原规定报批。”第二,各项建设用地都必须严格按照法定权限和程序报批。“在建设项目可行性研究报告评审阶段,土地管理部门就要对项目用地进行预审。凡不符合土地利用总体规划的、城市内的建设项目不符合城市总体规划的、未纳入年

① 湖北省人民政府:《关于重申严格依法审批土地加强耕地保护的通知》(1995年7月10日发布,鄂政发〔1995〕87号),载《湖北政报》1995年第9期。

度土地利用计划的,以及不符合土地管理法规和建设用地有关规定的建设项目,都不得批准用地,项目不得开工建设。"与前述其他通知相比,本通知具有强烈的建设性,一是将建设用地占用耕地时的审批权限集中于国务院,二是建立建设用地预审制度。后者可以视作创新,而前者则是对《土地管理法》的变相修改。这虽是无奈之举,但也透露出对法律的敬畏之心尚不充分。

从总体上看,前述行政机关的文件对集体土地征收程序立法的实施情况的展示是粗线条的,大体是越权审批,擅自下放土地征收审批权限,其最终形成的审批文件可以归入越权审批的范畴。另外,行政机关对越权审批的遏制,植根于防止违法占用和滥用耕地,与保护被征地单位的合法权益没有直接关系。

(二)来自权力机关的观察

文献检索显示,上海市人大常委会是最早开展《土地管理法》执法检查的权力机关。1988 年 12 月下旬 ~ 1989 年 1 月上旬,上海市人大市政建设委员会根据市人大常委会的安排,组织部分市人大代表对上海市、区、县各级政府执行《土地管理法》的情况进行了视察。视察后认为,"执行《土地管理法》,加强土地管理工作取得初步成效",包括健全土地管理机构、加强对建设用地的计划管理和建立建设用地勘丈定界制度、依法处理已清查的违法占地案件、积极开展围垦造地和还耕复垦工作、加强地籍管理、征收耕地占用税与土地复垦基金等税费等,同时认为,"乱占滥用土地的违法、浪费现象十分突出",包括"擅自出租、乱占滥用带征地""多征少用、征而不用等浪费土地的现象相当严重"等。最后,"关于国家建设征用土地的问题"和"关于带征土地的管理问题"都被列为"当前急需研究解决的一些政策性问题"。对于前者,认为,"目前,国家建设征地中涉及的撤销生产队建制依据、核减财政包干数和征购任务等有关问题,由于政策不配套、调整不及时、管理不统一、措施跟不上,因而使地方政府在征地工作上造成较大被动。"对于后者,"建议对已有的带征土地进行一次清理;新建项目的规划选址尽可能利用带征地,暂时不能安排项目的带征地可安排给有关单位临时使用;在今后的征地中要严格控制,减少带征地数量"。[①]

1990年11月中旬～12月中旬,全国人大常委会土地管理法实施情况视察组(由全国人大财经委员会、全国人大常委会办公厅和法工委以及国家土地管理局的有关同志组成)到山东、江苏、浙江、福建、广东、海南等六省进行视察。视察组发现,一方面,《土地管理法》实施后,六省"在严肃依法查处违法占地的同时,各省加强了建设用地的审批管理,使占地面积逐步减少"。另一方面,"越权批地、违法占地仍然比较严重"。同时,"土地管理部门与城市规划、城市建设、房地产管理、林业、矿产等部门之间的分工、协作关系尚未理顺,经常发生矛盾,需要及时协调解决,但目前还没有一个权威的协调机构"。此外,沿海开放城市"盲目搞开发区,摊子铺得大,项目落实少,大片土地征而未用,造成土地荒芜"。[②]

1991年,全国人大财经委员会会同国家土地管理局,又对四川、河南、辽宁三省实施《土地管理法》的情况进行了视察。论及实施《土地管理法》的基本情况,视察组认为,三省"严格土地执法,全面清理违法占地和越权批地,加强土地监督检察,基本上刹住了乱占滥用耕地的歪风"。不过,"土地管理的任务仍相当艰巨",包括执法难、城市土地尚未实现统一管理、《土地管理法》某些条款可操作性差等。其中,执法难表现为,"一些干部特别是领导干部的土地法制观念还比较淡薄,违法案件继续发生,查处工作仍面临不小的阻力。有些单位只顾眼前和本位利益,征而不用,造成荒芜;农村非农业用地超过批准面积的随处可见,尤其在修建公路、兴办乡镇企业占地中,很多是不依法办理手续"。[③]

此后,直至《土地管理法》(1998年)实施,未检索到全国人大常委会对《土地管理法》实施情况进行执法检查的相关记录。

---

① 上海市人大市政建设委员会屠永良:《关于视察本市〈土地管理法〉执行情况的报告》,载《上海市人大常委会公报》1989年第2期。

② 《全国人大常委会委员视察组关于六省土地管理法实施情况的报告》(1991年),载中国人大网:http://www.npc.gov.cn/wxzl/gongbao/2000-11/30/content_5002530.htm。

③ 张根生:《全国人大财政经济委员会关于视察四川、河南、辽宁三省实施〈中华人民共和国土地管理法〉情况的汇报(摘要)》,1991年12月26日第七届全国人民代表大会常务委员会第二十三次会议,载中国人大网:http://www.npc.gov.cn/wxzl/gongbao/2000-12/28/content_5002663.htm。

或许是因为《土地管理法》实施不久,或许因《土地管理法》内容比较丰富,前述对《土地管理法》实施情况的执法检查报告,并未专门论述集体土地征收程序立法的实施情况,触及的问题依然是越权审批,乱占耕地。同时,土地管理机构的建立健全,以及它与其他机构之间的职责分工,成为加强土地管理的热门话题。

(三)人民法院裁判文书认定的事实

通过北大法意数据库的法条案例联想功能,笔者搜寻到的人民法院援引《国家建设征用土地条例》、《土地管理法》(1986年)、《土地管理法》(1988年)和《土地管理法实施条例》(1991年)进行裁判的案例虽然不是很多,但也能部分还原那一时期的土地征收程序。具体举例如下:

案例一:漳州市长途汽车运输总公司与李水牛土地纠纷案

原告(被上诉人):漳州市长途汽车运输总公司

被告(上诉人):李水牛,住漳浦县深土镇山边村

第三人(上诉人):游托夫,住漳浦县绥安镇麦市街41号

与集体土地征收相关的事实:1985年7月23日,游托夫之父游子拔经申请,取得地址在深土镇山边的村宅基地二块。1986年3月,游子拔全家迁居绥安镇。同年6月30日,游子拔立具"奉送书"一份,将其申请的两块宅基地送给该村村民李水牛使用。1987年3月26日,漳州市长途汽车运输总公司为拟建代办站,与深土镇山边村委会签订征用土地协议书,征收地址在深土镇山边村的耕地一亩,原游子拔申请的宅基地被划入征收范围。随后,漳州市长途汽车运输总公司提出用地申请。1989年7月15日,漳浦县人民政府下发关于同意征收的浦政〔1989〕综字125号批复文件。不久,漳浦县土地管理局下发划拨土地通知书。1990年12月,漳州市长途汽车运输总公司在征用地建围墙;1995年7月,经规划部门许可,同年10月、11月,漳州市长途汽车运输总公司动工基建,遭到李水牛及其家属的阻挡,致无法施工。①

① 参见福建省漳浦县人民法院[(1996)浦民初字第29号]民事判决书;福建省漳州市中级人民法院[(1996)漳民终字第292号]民事判决书。

案例二:福清市斯达鞋业有限公司与福州市人民政府行政复议决定案

原告:福清市斯达鞋业有限公司(以下称斯达鞋业公司)

被告:福州市人民政府

第三人:福清市海口镇岑斗村第32村民小组1组

第三人:福清市海口镇岑斗村第32村民小组2组

第三人:福清市海口镇岑斗村第34村民小组

第三人:中国建设银行福建省福清市支行(以下简称福清市建行)

与集体土地征收相关的事实:1996年1月1日,海口镇岑兜(斗)村第32、34村民小组与斯达鞋业公司及福清市岑斗养鳗场签订租赁协议书,约定前者将原租赁给福清市岑斗养鳗场的19.275亩土地承租给斯达鞋业公司作为工业企业用地,由斯达鞋业公司付给海口镇政府土地补偿费15.2万元。1996年5月8日,斯达鞋业公司向福清市土地局递交《申请征用企业用地报告》,提出建设用地申请,要求使用海口镇岑斗村集体所有的非耕地10.9亩。1996年6月18日,福清市计划委员会向斯达鞋业公司下达了固定资产投资计划,即福清市计划委员会融计基〔1996〕44号《关于下达一九九六年第十八批固定资产投资计划的通知》。1996年6月25日,福清市建设委员会颁发给斯达鞋业公司96－310建设用地规划许可证。1996年6月,福清市海口镇岑兜(斗)村民委员会在斯达鞋业公司的建设用地资料核实表中签章表示同意征收。1996年6月27日,海口镇政府与斯达鞋业公司签订了《用地协议书》,约定海口镇政府同意斯达鞋业公司使用岑斗村9.5亩土地(该土地包含在第三人岑斗村第32、34村民小组租赁给斯达鞋业公司的19.275亩土地中)。1996年7月,福清市政府同意征收海口镇岑斗村非耕地7267平方米(折10.9亩),作为斯达鞋业公司厂房及配套设施建设用地,并向福州市人民政府递交福清市政府融政土〔1996〕394号《关于斯达鞋业公司征用土地的请示》。1996年11月28日,福州市人民政府下发榕政地〔1996〕409号《关于斯达鞋业公司建设征用土地的批复》。1997年1月8日,福清市土地局同意斯达鞋业公司使用此块土地(该项用地属行政划拨),并于1997年5月对斯达鞋业公司用地进行地籍调查和勘丈,确定用地面积为6574平方米,1997年5月7日对调查内容进行张榜公告。1997年6月12日,福清市政府向斯达鞋业公司颁发了融海国用〔97〕字第01537号《国有土地使用证》。①

案例三:成都市武侯区国土资源局与成都新港城置业有限公司委托征地协议纠纷案②

申诉人(一审原告):成都市武侯区国土资源局(以下简称武侯国土局)

被申诉人(一审被告):成都新港城置业有限公司(以下简称新港城公司)

与集体土地征收相关的事实:1993年6月11日,不具有独立法人资格的武侯区国土局下属事业单位成都市武侯区土地开发服务中心受武侯国土局委托,与新港城公司签订委托征地协议,约定由服务中心代新港城公司办理征地100亩,每亩包干费42万元(含征地方面的所有税费),新港城公司应支付服务中心4200万元,并由服务中心负责所征土地的拆迁安置工作。另外,因新港城公司委托服务中心征地,新港城公司按分期征地面积每亩1万元的数额向服务中心支付工作服务费。1997年7月10日,新港城公司与成都市武侯区征地办公室(系武侯国土局下属事业单位,无独立法人资格,以下简称征地办)签订委托征地补充协议,约定将新港城公司与服务中心所签委托征地协议中约定的受托征地单位由服务中心变更为征地办。协议签订后,武侯国土局为新港城公司征得了100亩土地,而新港城公司陆续向武侯国土局支付了约一半的征地费。另外,1988年10月17日,成都市人民政府作出转发成都国土局《关于调整征地补偿、补助费标准的请示》的通知,对统征土地包干费用标准作了规定,由原来的24,600元/亩调整到31,748元/亩;同时,《成都市国家建设征用土地补偿和人员安置办法》(政府令第40号,

---

① 参见福建省福清市人民法院[(2003)融行初字第22号]行政判决书。

② 万挺:《委托征地合同性质和效力的认定——成都市武侯区国土资源局与成都新港城置业有限公司委托征地协议纠纷申请再审案》,载最高人民法院立案庭编:《立案工作指导·2008年第1辑(总第16辑)》,人民法院出版社2008年版,第174~181页。

1994年1月20日发布)和成都市建委编印的《成都房地产开发办事指南》对国家建设征收土地过程中建设单位应支付的各项费用和支付标准也作出明确规定。①

前述三则案例提供的信息非常有限。从这些有限的信息中,我们可以发现:

(1)案例一中,用地单位漳州市长途汽车运输总公司与被征地单位深土镇山边村委会签订征地协议书,土地征收申请的最终审批机关是漳浦县人民政府。根据1987年1月1日生效的《土地管理法》(1986年)第25条第2款的规定,征收耕地三亩以下、其他土地十亩以下的,由县级人民政府批准。因此,本案中,无论将宅基地作为耕地予以征收是否合适,漳浦县人民政府都是拥有征收审批权限的。至于用地单位与被征地单位之间应否签订征地协议,《土地管理法》(1986年)虽未作规定,但从本案来看,实践中,两者签订征地协议是一项重要程序。

(2)案例二的特殊之处是用地单位斯达鞋业公司没有与被征地单位海口镇岑兜(斗)村民委员会签订征地协议,而是与海口镇政府签订了用地协议;同时,被征地单位海口镇岑兜(斗)村民委员会在建设用地资料核实表中签章表示同意征收。根据《土地管理法实施条例》(1991年)第18条的规定,用地单位与被征地单位应当"商定征用土地的补偿、安置方案"。也就是说,本案中,不仅海口镇政府无权与斯达鞋业公司签订《用地协议书》,就是作为被征地单位海口镇岑兜(斗)村民委员会,能够与斯达鞋业公司商定的也仅仅是征收土地的"补偿、安置方案"。需要补充说明的是,2001年8月31日,福清市人民法院作出(2001)融行初字第20号行政判决书,确认海口镇政府同斯达鞋业公司签订的《用地协议书》无效。而且,在引发本案的行政复议案件中,福州市人民政府撤销福清市政府颁发给斯达鞋业公司的融海国用〔97〕字第01537号《国有土地

① 万挺:《委托征地合同性质和效力的认定——成都市武侯区国土资源局与成都新港城置业有限公司委托征地协议纠纷申请再审案》,载最高人民法院立案庭编:《立案工作指导·2008年第1辑(总第16辑)》,人民法院出版社2008年版,第174～181页。

使用证》的依据之一就是福清市人民法院(2001)融行初字第20号行政判决书,认为该判决使“福清市政府核发给原告的《国有土地使用证》已失去基础”。

(3)案例三展示了土地征收中的一种做法——委托征地。客观上,委托征地的委托方是建设单位,或者说是用地单位;被委托方是接受用地单位委托,以用地单位名义从事与征地相关的事宜的法律主体。目的上,用地单位希望获得建设用地的使用权,被委托方希望获取一定报酬。《土地管理法》(1986年)、《土地管理法》(1988年)和其他法律、法规并没有禁止用地单位通过委托征地的方式获得土地使用权。可以说,对委托征地协议合法性的判断,更多的是依据《中华人民共和国合同法》。因此,本案中,成都新港城置业有限公司选择委托征地本没有错,错在委托征地(补充)协议中的被委托方服务中心和征地办都不具有独立法人资格,以致它们所属的武侯国土局成为被委托方。然而,武侯国土局作为承担国家土地管理职责的行政机关,在土地征收审批中扮演了重要角色——从最初的确定建设用地选址,到接收建设用地申请材料,审核相关内容的真实性,直至向县级以上人民政府申请建设用地审批,以及用地申请被批准后的拨付建设用地,都离不开它;甚至在某些程序中,它还具有决定性作用。这样,不可避免的是,或者说至少会让人产生合理怀疑,武侯国土局可能以依法获得的行政职权来换取来自委托征地协议中的利益。因此,新港城公司与武侯国土局签订的委托征地(补充)协议应当被认定无效。本案更为值得关注的是,在委托征地(补充)协议无效的情形下,新港城公司已经获得的100亩国有土地使用权是否有效?四川省高级人民法院认为,“武侯国土局依据无效协议,虽为新港城公司完成了委托事项,但新港城公司取得之土地是依据其与成都市国土资源局签订的国有土地出让合同并已足额支付土地出让金而合法取得的土地使用权,因此,对新港城公司合法取得的国有土地不适用无效返还处理原则。”确实,从最紧密联系角度看,新港城公司取得土地的依据是它与成都市国土资源局签订的国有土地出让合同,但该国有土地出让合同签订的前提是该土地已经通过合法的土地征收行为由集体所有转化为国家所有。遗憾的是,委托征地(补充)协议的无效是否对该土地征收审批行为的合法性构成影响，人民法院的裁判并未论及。而在案例二中，斯达鞋业公司与海口镇政府签订的《用地协议书》无效，据此，福州市人民政府就撤销了福清市政府颁发给斯达鞋业公司的融海国用〔97〕字第 01537 号《国有土地使用证》，并得到了人民法院的认可。

四、小结

这一时期，无论是《土地条例》，还是《土地管理法》（1986 年）与《土地管理法》（1988 年），以及《关于国家建设用地审批工作的暂行规定》、《土地管理法实施条例》（1991 年），对集体土地征收程序的规定都比较简洁。而且，不同立法都有一些"新"规定。从宏观角度看，这一时期的集体土地征收程序立法具有以下特色：

第一，征地审批权限主体相对比较稳定，并且比较多。从国务院，到省、自治区、直辖市人民政府，再到市、自治州、县人民政府，都拥有征地审批权。法律、行政法规除明确规定国务院与省级人民政府的审批权限外，其他地方人民政府的审批权限则授权省级人民政府或省级人大常委会进行规定。

第二，行政主导逐渐形成。这一时期的集体土地征收，依然由建设单位承担被征收土地的补偿费用及被征地单位的安置费用，但是，被征地单位在土地征收程序中的形象非常模糊。从建设单位为选址而进入土地进行测量开始，直至建设用地申请审批完毕，被征地单位能够参与的法定机会非常少，少到只有一次——在签订征地初步协议、征地协议、征地补偿与安置方案时，被征地单位才出场。而且，《土地条例》、《土地管理法》（1986 年）和《土地管理法》（1988 年）都明确规定，"国家建设征用土地，被征地单位应当服从国家需要，不得阻挠"。此外，"被征地单位"这一称谓悄然取代了《中央人民政府政务院关于国家建设征用土地办法》（1953 年）和《国家建设征用土地办法》（1958 年）中的"人民"、"群众"、"土地所有人"和"农民"，这可以视作立法技术上的一个进步，但同时也给相关立法贴上了一副冷面孔标签。

第三，实践中，越权批地以及擅自下放审批权限等违法行为屡禁不止，这让中共中央和国务院花费了很多心思，甚至直接暂停耕地的征收审批。同时,中共中央和国务院严禁越权批地和擅自下放审批权限,其目的主要是保护耕地。当然,对耕地的直接保护的同时,也间接地保护了农民的合法权益。

第三章　1998 年以来的集体土地征收程序

一、集体土地征收的立法概况

（一）《土地管理法》（1998 年）与《土地管理法》（2004 年）

中共中央、国务院《关于进一步加强土地管理切实保护耕地的通知》（中发〔1997〕11 号）提出许多保护耕地的构想，如“实行占用耕地与开发、复垦挂钩政策”“加强土地利用计划的管理”“对农地和非农地实行严格的用途管制”“严格控制城市建设用地规模”“加强对国有土地资产的管理”，等等。这些构想的实施，必然需要启动对《土地管理法》（1988 年）的修改。1997 年 8 月 18 日，原国家土地管理局将草拟的《中华人民共和国土地管理法（修改草案）》（送审稿）上报国务院。国务院在广泛征求意见的基础上，形成《中华人民共和国土地管理法（修订草案）》，并经国务院常务会议讨论通过后，于 1998 年 4 月 26 日提请第九届全国人民代表大会常务委员会第二次会议讨论。这次修改《土地管理法》的指导思想是，“以中发〔1997〕11 号文件精神为指导，突出切实保护耕地这一主题”。为此，修改重点是“将土地管理方式由以往的分级限额审批制度改为土地用途管制制度，强化土地利用总体规划和土地利用年度计划的效力，通过土地用途管制，加强对农用地、特别是对耕地的保护；在用途管制的前提下，上收审批权，包括土地利用总体规划的审批权、占用农用地、特别是耕地的审批权和征地的审批权；充实和完善法律责任，加大对土地违法行为的处罚力度”。①　鉴于《中华人民共和国土地管理法（修

① 《关于〈中华人民共和国土地管理法（修订草案）〉的说明》，1998 年 4 月 26 日第九届全国人民代表大会常务委员会第二次会议。

订草案)》“是一个关系农业基础地位,关系九亿农民的切身利益,关系中华民族子孙后代的重要法律草案”,[①]1998年4月29日,全国人大常委会办公厅发布《关于公布土地管理法(修订草案)征求意见的通知》,在全国范围内广泛征求意见。“截至8月12日,31个省、自治区、直辖市已全部反馈了意见;25个大中城市和52个中央有关部门提出了意见、建议;全国人大常委会法制工作委员会共收到人民来信675件,其中,来自单位的意见173件,来自公民个人的有502件,许多来信多人联署,人数最多的一件共有836人签名。”[②]这样,经过反复修改,最终,1998年8月29日,第九届全国人民代表大会常务委员会第四次会议通过了对《土地管理法》的修订。这就是《土地管理法》(1998年),该法自1999年1月1日生效。

《土地管理法》(1998年)由总则、土地的所有权和使用权、土地利用总体规划、耕地保护、建设用地、监督检查、法律责任和附则等8章构成,总计86条。其中,与集体土地征收相关的内容包括:

(1)明确规定国家实行土地的社会主义公有制,即全民所有制和劳动群众集体所有制,禁止任何单位和个人侵占、买卖或者以其他形式非法转让土地,而“国家为公共利益的需要,可以依法对集体所有的土地实行征用”。[③] 同时,国有土地“包括国家所有的土地和国家征用的原属于农民集体所有的土地”。[④] 由此可知,在《土地管理法》(1998年)中,集体土地“征用”指的就是集体土地征收。另外,作为《土地管理法》(1998年)立法依据的1982年《宪法》第10条第3款规定:“国家为了公共利益的需要,可以依照法律规定对土地实行征用。”将《土地管理法》(1998年)第2条第3款与这一条款相比,可以发现,一是《土地管理法》(1998年)将土地征收的对象明确表述为“集体土地”,使集体土地征收的概念

---

① 全国人大常委会办公厅:《关于公布土地管理法(修订草案)征求意见的通知》,1998年4月29日。

② 李伯勇:《全国人大法律委员会关于〈中华人民共和国土地管理法(修订草案)〉审议结果的报告》,1998年8月24日第九届全国人民代表大会常务委员会第四次会议。

③ 《土地管理法》(1998年)第2条第4款。

④ 《土地管理法》(1998年)第43条第2款。

更加清晰;二是将集体土地征收的依据由“依照法律”置换为“依法”,这为通过“法律”之外的其他“法”的表现形式来规范集体土地征收提供了便利——但若对其结果进行价值判断,可能会复杂许多。

(2)通过土地用途管制制度限制集体土地征收。在中国这样一个人多地少的国家,保护耕地是土地管理的重要目标。当时,《土地管理法》(1988 年)“采取分级限额审批的用地制度,不能有效地控制有些地方人民政府用‘化整为零’或者‘下放土地审批权’等办法非法批地和用地,不能按照土地利用总体规划确定的用途进行管制,致使农用地、特别是耕地大量转化为建设用地。目前,城市和乡村建设累计用地总量已达 2.87 亿亩,房地产积压情况很严重”。[①] 为此,《土地管理法》(1998 年)试图通过土地用途管制制度来破解这一难题,其第 4 条第 1、2 款规定:“国家实行土地用途管制制度。国家编制土地利用总体规划,规定土地用途,将土地分为农用地、建设用地和未利用地。严格限制农用地转为建设用地,控制建设用地总量,对耕地实行特殊保护。”从《土地管理法》(1998 年)的规定看,“农用地转为建设用地”程序与集体土地征收程序有一些交集。

(3)明确集体土地的所有者与经营、管理者。随着物权理论研究的深入,土地所有权与使用权相分离已被广泛接受。但是,毕竟二者的权能不同,因此,集体土地征收的运作必须解决集体土地的所有者问题。《土地管理法》(1998 年)第 10 条规定:“农民集体所有的土地依法属于村农民集体所有的,由村集体经济组织或者村民委员会经营、管理;已经分别属于村内两个以上农村集体经济组织的农民集体所有的,由村内各该农村集体经济组织或者村民小组经营、管理;已经属于乡(镇)农民集体所有的,由乡(镇)农村集体经济组织经营、管理。”在此,集体土地的所有者可能是村农民集体,也可能是乡(镇)农民集体,而其经营、管理者是相应的农村集体经济组织、村民委员会和村民小组。与《土地管理法》(1988 年)相比,《土地管理法》(1998 年)的规定虽然简洁,但逻辑清晰,

---

① 《关于〈中华人民共和国土地管理法(修订草案)〉的说明》,1998 年 4 月 26 日第九届全国人民代表大会常务委员会第二次会议。

只是集体土地所有人——村、乡(镇)农民集体——依然非常模糊。

(4)土地利用总体规划和土地利用计划对集体土地征收的限制作用。《土地管理法》(1998年)第21~26条对土地利用总体规划以及土地利用年度计划的编制和审批作出明确规定,并要求城市总体规划、村庄和集镇规划中建设用地规模不得超过土地利用总体规划确定的建设用地规模,同时严格执行土地利用年度计划。这意味着,启动集体土地征收程序时,必须对建设用地申请是否符合城市总体规划、村庄和集镇规划以及土地利用总体规划、土地利用年度计划进行审查。

(5)实行最严格的耕地保护制度。"非农业建设必须节约使用土地,可以利用荒地的,不得占用耕地;可以利用劣地的,不得占用好地。"①这一规定,对建设用地选址,或者征收哪一块集体土地构成约束。

(6)控制集体土地自行流入市场,以节约使用土地。《土地管理法》(1998年)第43条规定:"任何单位和个人进行建设,需要使用土地的,必须依法申请使用国有土地;但是,兴办乡镇企业和村民建设住宅经依法批准使用本集体经济组织农民集体所有的土地的,或者乡(镇)村公共设施和公益事业建设经依法批准使用农民集体所有的土地的除外。前款所称依法申请使用的国有土地包括国家所有的土地和国家征用的原属于农民集体所有的土地。"这一规定,阻断了集体土地直接流入市场的可能性——只有经过土地征收程序转为国有土地后,才能进入土地一级市场进行交易。这一规定的初衷是节约使用土地,②但客观结果是集体土地所有人无法分享到集体土地被征收后流入土地一级市场产生的收益。

(7)适当提高集体土地征收的补偿标准。诚然,许多地方认为集体土地征收的补偿标准偏低,但这一标准的确立有充分的理由——"在制定现行土地管理法的征用土地补偿标准时,曾经做过大量调查研究和测算工作,遵循了这样两条原则:一是根据宪法关于'国家为了公共利益的

---

① 《土地管理法》(1998年)第36条第1款。

② 参见李伯勇:《全国人大法律委员会关于〈中华人民共和国土地管理法(修订草案)〉审议结果的报告》,1998年8月24日第九届全国人民代表大会常务委员会第四次会议。

需要,可以依照法律规定对土地实行征用'的规定,征地是一种国家行为,也是农民对国家应尽的一种义务,不是农民向国家'卖地'。国家征用的土地再出让时,决定不同地价的级差地租是国家投资形成的,原则上这项收益应当属于国家。二是征地补偿以使被征用土地单位的农民生活水平不降低为原则。根据这两条原则,现行土地管理法规定,土地补偿费和安置补助费的总和不得超过土地被征用前三年平均年产值的 20 倍。也就是说,如果被征地单位将土地补偿费、安置补助费全部存入银行,按当时(1986 年)的银行长期存款利率(5%)计算,所得利息即可相当于土地被征用前三年的平均收益。"不过,"为了有利于严格控制征地,维护农民利益,最低补偿标准需要适当提高"。[①]《土地管理法》(1998 年)第 47 条确立了土地征收补偿的原则:一是按照被征收土地的原用途给予补偿。二是实行双重限额补偿——土地补偿费和安置补助费以使"需要安置的农民保持原有生活水平"为原则;如不能,可增加安置补助费,但"土地补偿费和安置补助费的总和不得超过土地被征用前三年平均年产值的三十倍"。三是实行动态标准,即"国务院根据社会、经济发展水平,在特殊情况下,可以提高征用耕地的土地补偿费和安置补助费的标准"。同时,就土地征收补偿标准的形成来看,用地单位和被征地单位都不再参与。

(8)建设单位使用国有土地的方式及土地出让金的分配。根据《土地管理法》(1998 年)第 54、55 条的规定,建设单位使用国有土地,原则上应当以出让等有偿使用方式取得,只有在以下情形中,才可以通过划拨方式无偿取得:一是国家机关用地和军事用地;二是城市基础设施用地和公益事业用地;三是国家重点扶持的能源、交通、水利等基础设施用地;四是法律、行政法规规定的其他用地。同时,以出让等有偿使用方式取得国有土地使用权的建设单位,必须按照国务院规定的标准和办法缴纳土地使用权出让金等土地有偿使用费和其他费用,而新增建设用地的土地有偿使用费,30% 上缴中央财政,70% 留给有关地方人民政府,都专

① 《关于〈中华人民共和国土地管理法(修订草案)〉的说明》,1998 年 4 月 26 日第九届全国人民代表大会常务委员会第二次会议。

项用于耕地开发。此外,与以往土地管理立法不同,《土地管理法》(1998年)不再规定用地单位支付土地补偿安置费用。可见,集体土地征收的补偿安置问题与建设单位逐渐脱钩。有点幽默的是,国家告知集体土地所有者不能把土地征收当成向国家"卖地",但国家有偿出让国有土地的做法,在农民的眼中,那就是附期限的"卖地"! 于是乎,"只许州官放火,不许百姓点灯"似乎是对这一过程的最好描述。

(9)首次明确规定集体土地征收程序违法的法律后果。《土地管理法》(1998年)第78条规定:"无权批准征用、使用土地的单位或者个人非法批准占用土地的,超越批准权限非法批准占用土地的,不按照土地利用总体规划确定的用途批准用地的,或者违反法律规定的程序批准占用、征用土地的,其批准文件无效,对非法批准征用、使用土地的直接负责的主管人员和其他直接责任人员,依法给予行政处分;构成犯罪的,依法追究刑事责任。非法批准、使用的土地应当收回,有关当事人拒不归还的,以非法占用土地论处。非法批准征用、使用土地,对当事人造成损失的,依法应当承担赔偿责任。"以往的土地管理立法只明确规定越权批地、无权批地的法律责任,而本次立法明确规定"违反法律规定的程序"批准征用土地的法律责任,体现了对程序的高度重视。

2004年《宪法》明确区分了"征收"与"征用"的关系,并在第10条第3款规定:"国家为了公共利益的需要,可以依照法律规定对土地实行征收或者征用并给予补偿。"于是,与土地管理相关的立法迎来了一次大规模修改。2004年8月28日,第十届全国人民代表大会常务委员会第十一次会议通过了对《土地管理法》(1998年)的修正,形成《土地管理法》(2004年)。这次修改,"不涉及《土地管理法》其他内容的修改"——除了用《宪法》第10条第3款置换《土地管理法》(1998年)第2条第3款外,主要是将《土地管理法》(1998年)部分条款中的"征用"修改为"征收"。[①] 为此,在一定意义上,《土地管理法》(2004年)与《土地管理法》(1998年)的区别并不明显。基于此,本书不对《土地管理

① 孙文盛:《关于〈中华人民共和国土地管理法修正案(草案)〉的说明》,2004年8月23日第十届全国人民代表大会常务委员会第十一次会议。

法》(2004年)中的集体土地征收程序进行介绍,但在随后的行文中,凡涉及2004年8月28日之后的“土地管理法”的,均使用《土地管理法》(2004年)。

(二)《土地管理法实施条例》(1998年)及其修正

为有效实施《土地管理法》(1998年),1998年12月27日,国务院发布《土地管理法实施条例》(1998年),而且与《土地管理法》(1998年)同时实施——1999年1月1日。基本法律与实施条例同日实施,这在新中国立法史上并不多见。

《土地管理法实施条例》(1998年)秉承实施性立法的特质,章节设置与《土地管理法》(1998年)完全相同,内容也多是《土地管理法》(1998年)的具体化,如明确了乡(镇)土地利用总体规划在本行政区域内予以公告时的公告内容、土地利用年度规划的内容以及土地调查的内容,等等。其中,与集体土地征收有关的规定集中于第五章“建设用地”,更为细致地规定了集体土地征收程序,包括农用地转批建设用地程序,以及土地补偿费、地上附着物及青苗补偿费、安置补偿费的归属问题。

与2004年修改《宪法》相关,“为进一步深入贯彻依法治国基本方略,维护社会主义法制统一,全面推进依法行政,国务院……对截至2009年底现行的行政法规共691件进行了全面清理”,并于2011年1月8日公布并实施《国务院关于废止和修改部分行政法规的决定》(国务院令第588号),将《土地管理法实施条例》(1998年)“第二条、第二十条第一款、第二十三条、第二十五条、第二十六条第二款、第四十五条”中的“征用”修改为“征收”。

2014年7月29日,“为了依法推进行政审批制度改革和政府职能转变,发挥好地方政府贴近基层的优势,促进和保障政府管理由事前审批更多地转为事中事后监管,进一步激发市场活力、发展动力和社会创造力”,国务院公布并实施《关于修改部分行政法规的决定》(国务院令第653号)。其中,对《土地管理法实施条例》(1998年)第17条进行了三处修改:(1)在土地利用总体规划确定的土地开垦区内,开发未确定土地使用权的国有荒山、荒地、荒滩从事种植业、林业、畜牧业、渔业生产的,由“向土地所在地的县级以上人民政府土地行政主管部门提出申请,报有批准权的人民政府批准”,修改为“应当向土地所在地的县级以上地方人民政府土地行政主管部门提出申请,按照省、自治区、直辖市规定的权限,由县级以上地方人民政府批准”。(2)删去第17条第3款,即“一次性开发未确定土地使用权的国有荒山、荒地、荒滩600公顷以下的,按照省、自治区、直辖市规定的权限,由县级以上地方人民政府批准;开发600公顷以上的,报国务院批准”。(3)将第17条第4款改为第3款,并将其中的“县级以上人民政府”修改为“县级以上地方人民政府”。

鉴于《土地管理法实施条例》(1998年)在2011年和2014年的修改幅度都比较小,并且对集体土地征收程序未做修改,因此,本书仅在行文上做相应调整,分别称之为《土地管理法实施条例》(2011年)和《土地管理法实施条例》(2014年),而不另行赘述其内容。

(三)其他相关立法和规范性文件

1.《宪法修正案》(2004年)

《宪法修正案》(2004年)第20条规定:“宪法第十条第三款‘国家为了公共利益的需要,可以依照法律规定对土地实行征用。’修改为:‘国家为了公共利益的需要,可以依照法律规定对土地实行征收或者征用并给予补偿。’”对于这一修改,如前所述,一是认识到“征收”与“征用”的差异;二是旨在明确“依照法律规定”既规范征收、征用行为,包括征收、征用的主体和程序,也规范补偿行为,包括补偿的项目和标准。①

正是为了回应《宪法修正案》(2004年)的这一修改,《土地管理法》(1998年)与《土地管理法实施条例》(1998年)分别在2004年和2011年进行了修改。不过,这两次修改多是文字上的替换——以“征收”替换“征用”。而且,《土地管理法实施条例》(1998年)是在《土地管理法》(1998年)修改6年之久之后才修改。这似乎说明,这类以改动文字为主的修改并不具有多少实质意义。

① 参见《第十届全国人民代表大会第二次会议主席团关于〈中华人民共和国宪法修正案(草案)〉审议情况的报告》(2004年3月12日第十届全国人民代表大会第二次会议主席团第二次会议通过)。

2.《物权法》

2007年3月16日，第十届全国人民代表大会第五次会议通过《中华人民共和国物权法》(以下简称《物权法》)，自2007年10月1日起施行。

与《宪法修正案》(2004年)和《土地管理法》(2004年)相比，《物权法》对集体土地征收的规定虽然不多，但条条切中要害。首先，《物权法》第42条第1款规定，“为了公共利益的需要，依照法律规定的权限和程序可以征收集体所有的土地……”，这就课予集体土地征收三方面的限制：公共利益目的；法定权限；法定程序。其次，《物权法》第42条第2款和第4款规定：“征收集体所有的土地，应当依法足额支付土地补偿费、安置补助费、地上附着物和青苗的补偿费等费用，安排被征地农民的社会保障费用，保障被征地农民的生活，维护被征地农民的合法权益。”“任何单位和个人不得贪污、挪用、私分、截留、拖欠征收补偿费等费用。”这不仅明确了集体土地征收的补偿项目，而且“体现了党和国家关于征地补偿安置必须确保被征地农民原有生活水平不降低、长远生计有保障的原则”。[①] 最后，《物权法》第43条规定：“国家对耕地实行特殊保护，严格限制农用地转为建设用地，控制建设用地总量。不得违反法律规定的权限和程序征收集体所有的土地。”这一规定的初始原因是，“我国的国情是人口多、耕地少，现在全国耕地保有量只有18.3亿亩，人均耕地只有1.4亩，是世界平均水平的三分之一。十届全国人大四次会议批准的‘十一五’规划纲要确定，到2010年耕地保有量必须保持18亿亩，这是一项约束性指标，是不可逾越的底线。实行最严格的土地管理制度，特别是切实保护基本农田，是我国面临的一项十分紧迫而又艰巨的任务”。[②] 与此同时，关于集体土地征收的“禁止性规定”与第42条相呼应，彰显了《物权法》限制集体土地征收的决心。不过，《物权法》只是明确禁止“违反法律规定的权限和程序征收集体所有的土地”，而没有禁止

---

① 王兆国：《关于〈中华人民共和国物权法(草案)〉的说明》，2007年3月8日第十届全国人民代表大会第五次会议。

② 王兆国：《关于〈中华人民共和国物权法(草案)〉的说明》，2007年3月8日第十届全国人民代表大会第五次会议。

超出“公共利益的需要”征收集体所有的土地，这不能不说是一大缺憾。

3. 部门规章

《土地管理法》(1998 年)在征求意见过程中，“有的委员、地方认为，征地过程不透明，许多农民直到自己的地被征用了，还一无所知，农民对征地应当有知情权，征地前应举行听证会”[①]。最终，《土地管理法》(1998 年)虽对集体土地征收程序的规定较以往立法多，但还是比较粗线条。或许与此相关，这一时期，国土资源部出台的与集体土地征收相关的部门规章大多指向程序问题，如《建设用地审查报批管理办法》(1999 年 3 月 2 日国土资源部令第 3 号公布，根据 2010 年 11 月 30 日《国土资源部关于修改部分规章的决定》修正)、《征收土地公告办法》(2001 年 10 月 22 日国土资源部令第 10 号公布，根据 2010 年 11 月 30 日《国土资源部关于修改部分规章的决定》修正)、《建设项目用地预审管理办法》(2008 年 11 月 29 日国土资源部令第 42 号发布，自 2009 年 1 月 1 日起施行)、《国土资源听证规定》(2004 年 1 月 9 日国土资源部令第 22 号发布，自 2004 年 5 月 1 日起施行)等。

4. 其他规范性文件

根据制定主体不同，这类规范性文件主要包括五类：

一是中国共产党的机构制定的规范性文件，如《关于加强监督检查进一步规范征地拆迁行为的通知》(2011 年 3 月 17 日，中纪办〔2011〕8 号)。

二是国务院和国务院办公厅制定的规范性文件，如《国务院关于深化改革严格土地管理的决定》(2004 年 10 月 21 日，国发〔2004〕28 号)、国务院办公厅《关于进一步严格征地拆迁管理工作切实维护群众合法权益的紧急通知》(国办发明电〔2010〕15 号)。

三是国土资源部及其办公厅制定的规范性文件，如《关于加强征地管理工作的通知》(国土资发〔1999〕480 号)、《关于切实做好征地补偿安置工作的通知》(国土资发〔2001〕358 号)、《关于切实维护被征地农

① 李伯勇：《全国人大法律委员会关于〈中华人民共和国土地管理法(修订草案)〉初步审议情况的报告》，1998 年 6 月 24 日第九届全国人民代表大会常务委员会第三次会议。

民合法权益的通知》(国土资发〔2002〕225 号)、《关于印发〈关于完善征地补偿安置制度的指导意见〉的通知》(国土资发〔2004〕238 号)、国家土地总督察《关于印发〈农用地转用和土地征收审批事项督察办法〉的函》(国土督察函〔2008〕1 号)、《关于进一步做好征地管理工作的通知》(国土资发〔2010〕96 号)、国土资源部办公厅《关于做好征地信息公开工作的通知》(国土资厅发〔2013〕3 号)、国土资源部办公厅《关于严格管理防止违法违规征地的紧急通知》(国土资电发〔2013〕28 号)等。

四是其他中央行政机关制定的规范性文件,如《关于切实做好被征地农民社会保障工作有关问题的通知》(劳社部发〔2007〕14 号)、《关于加强农村集体经济组织征地补偿费监督管理指导工作的意见》(农经发〔2005〕1 号)等。

五是最高人民法院制定的规范性文件,如《最高人民法院关于审理破坏土地资源刑事案件具体应用法律若干问题的解释》(法释〔2000〕14 号)、《最高人民法院关于审理涉及农村集体土地行政案件若干问题的规定》(法释〔2011〕20 号)、《最高人民法院关于坚决防止土地征收、房屋拆迁强制执行引发恶性事件的紧急通知》(2011 年 5 月 6 日)等。

前述规范性文件都涉及集体土地征收事宜,包括相关法律责任的追究。如此繁多的规范性文件的存在,一方面说明中共中央、国务院、国土资源部各部门以及最高人民法院对集体土地征收的重视;另一方面也不能不引发思考,即宪法、法律、行政法规和部门规章,在集体土地征收中究竟扮演什么角色?

二、集体土地征收的程序:立法考察

这一时期的集体土地征收程序立法主要集中于《土地管理法》(1998 年)、《土地管理法实施条例》(1998 年)、国土资源部的部门规章以及其他规范性文件之中。另外,迄今为止,《土地管理法》(1998 年)和《土地管理法实施条例》(1998 年)以及国土资源部的部分部门规章虽然经历过修改,但与集体土地征收程序相关的部分,都仅仅是把条文中的“征用”修改为“征收”。这样,截至 2016 年 12 月 31 日,集体土地征收程序立法并不存在明显的纵向变革。

根据《土地管理法》(2004年)第43条的规定,除兴办乡镇企业和村民建设住宅经依法批准使用本集体经济组织农民集体所有的土地,或者乡(镇)村公共设施和公益事业建设经依法批准使用农民集体所有的土地外,任何单位和个人进行建设,需要使用土地的,必须依法申请使用国有土地,包括国家所有的土地和国家征用的原属于农民集体所有的土地。同时,《土地管理法实施条例》(2014年)第23条再次重申,"具体建设项目需要使用土地的,必须依法申请使用土地利用总体规划确定的城市建设用地范围内的国有建设用地"。这样,建设项目若使用集体所有的土地,都必须办理集体土地征收。同时,国家实行土地用途管制制度,土地被分为建设用地、农用地和未利用地。当建设项目占用的是农用地时,必须先行办理农用地转用审批。也就是说,建设项目拟占用集体所有的农用地时,除启动集体土地征收程序外,还需要启动农用地转建设用地审批程序。为此,下文对农用地转建设用地审批也做一介绍。

(一)农用地转建设用地审批

在土地用途管制制度之下,土地被分为农用地、建设用地和未利用地。其中,农用地指直接用于农业生产的土地,包括耕地、林地、草地、农田水利用地、养殖水面等;建设用地是指建造建筑物、构筑物的土地,包括城乡住宅和公共设施用地、工矿用地、交通水利设施用地、旅游用地、军事设施用地等;未利用地是指农用地和建设用地以外的土地。[①] 可见,"农用地""建设用地""未利用地"等概念只与土地的用途相关,而与土地的所有制无关。正因如此,农用地转建设用地审批程序并不是集体土地征收的必经程序——当拟征收的集体土地是建设用地或未利用地时,就不需要经过该审批程序。

1.农用地转建设用地的审批机关

根据《土地管理法》(2004年)第21条和第44条以及其他相关法律的规定,农用地转为建设用地的审批机关包括国务院,省、自治区、直辖市人民政府,以及省级人民政府授权的设区的市、自治州人民政府。具体权限分工如下:

---

① 参见《土地管理法》(2004年)第4条。

(1)国务院的审批权限:①国务院批准的建设项目;②省、自治区、直辖市人民政府批准的道路、管线工程和大型基础设施建设项目;③城市土地利用总体规划由国务院批准,为实施该规划将农用地转为建设用地的;[①]④涉及基本农田的建设项目。根据《基本农田保护条例》第 15 条的规定,国家能源、交通、水利、军事设施等重点建设项目选址确实无法避开基本农田保护区,需要占用基本农田,涉及农用地转用的,必须经国务院批准。

(2)省级人民政府的审批权限:除前述情形外的建设项目占用土地,涉及农用地转为建设用地的情形。

(3)省级人民政府授权设区的市、自治州的人民政府审批权限:乡(镇)土地利用总体规划由省级人民政府授权的设区的市、自治州人民政府批准,为实施该乡(镇)土地利用总体规划将农用地转为建设用地的。

2. 农用地转用审批程序与集体土地征收程序的关系

关于农用地转用审批程序与集体土地征收程序的关系,《土地管理法》(2004 年)第 45 条第 3 款规定:"征收农用地的,应当依照本法第四十四条的规定先行办理农用地转用审批。其中,经国务院批准农用地转用的,同时办理征地审批手续,不再另行办理征地审批;经省、自治区、直辖市人民政府在征地批准权限内批准农用地转用的,同时办理征地审批手续,不再另行办理征地审批,超过征地批准权限的,应当依照本条第一款的规定另行办理征地审批。"由是可知,逻辑上,拟征收的集体土地是农用地的,那么必须先办理农用地转用审批,使之成为建设用地,随后再通过集体土地征收程序,使之由集体所有土地转为国家所有的土地。不过,为了提高审批效率,《土地管理法》(2004 年)提供的解决方法是:当一个国家机关对某一地块同时具有农用地转用审批权限和集体土地征收审批权限时,农用地转用审批程序吸收集体土地征收程序;当一个国家机关对某一地块仅具有农用地转用审批权限时,则该机关先办理农用

① 根据《土地管理法》(2004 年)第 21 条的规定,省、自治区、直辖市的土地利用总体规划,报国务院批准;省、自治区人民政府所在地的市、人口在一百万以上的城市以及国务院指定的城市的土地利用总体规划,经省、自治区人民政府审查同意后,报国务院批准。

地转用审批，然后再按照法律规定，由国务院或省级人民政府办理集体土地征收审批。也就是说，从功能角度看，农用地转用审批程序可分为两种类型：一是同时具有集体土地征收的功能；二是不具有集体土地征收的功能。

3. 农用地转用审批的实体条件

农用地转用审批制度的确立目的是控制农用地转为建设用地。这样，在土地用途管制制度之下，农用地若转为建设用地，必须满足以下条件：一是应当符合土地利用总体规划和土地利用年度计划中确定的农用地转用指标；二是应当符合城市规划和村庄、集镇规划；三是若占用的是耕地，必须制定有耕地补充方案，并且该方案符合土地整理开发专项规划。可见，在农用地转用审批过程中，并不需要审查建设项目是否符合公共利益的需要。这样，通过内含有集体土地征收功能的农用地转用审批程序，就可以成功绕开集体土地征收程序对土地征收的诸多限制。

（二）集体土地征收的审批机关与审批权限

根据《土地管理法》（2004 年）第 44、45 条的规定，国务院和省、自治区、直辖市人民政府拥有集体土地征收的审批权。具体审批权限如下：

1. 国务院的审批权限

基于严格保护耕地，特别是基本农田，以及控制建设用地规模、提高行政效率的需要，征收以下集体土地时，必须由国务院批准：一是基本农田；二是基本农田以外的耕地超过 35 公顷的；三是其他土地超过 70 公顷的；四是省、自治区、直辖市人民政府批准的道路、管线工程和大型基础设施建设项目和国务院批准的建设项目占用的土地涉及农用地转为建设用地的。

2. 省、自治区、直辖市人民政府的审批权限

除前述四种情形外，凡需要征收集体土地的，都由省、自治区、直辖市人民政府进行审批。也就是说，征收基本农田以外的耕地 35 公顷以下，或其他土地 70 公顷以下，由省、自治区、直辖市人民政府批准。同时，省、自治区、直辖市人民政府批准征收土地时，需要报国务院备案。

前述土地征收审批权的配置，从 1999 年 1 月 1 日《土地管理法》（1998 年）开始实施至今，一直没有发生变化。虽然也有地方批评土地

征收审批权限过于集中,但国家从没有下放过审批权限。即便在审批制度改革的大潮之下,各地所尝试的,也仅仅是将审批权限委托其他机关行使。[①]

(三)集体土地征收的程序

1.《土地管理法》(2004 年)中的集体土地征收程序

关于集体土地的征收程序,《土地管理法》(2004 年)第 46 条第 1 款规定:"国家征收土地的,依照法定程序批准后,由县级以上地方人民政府予以公告并组织实施。"这明确了集体土地征收程序的构成,包括集体土地征收批准程序、公告程序和实施程序。不过,对于批准程序,除规定审批机关与审批权限外,未有其他规定;对公告程序和实施程序,同样只是明确了行为主体是县级以上地方人民政府。

2.《土地管理法实施条例》(2014 年)中的集体土地征收程序

《土地管理法实施条例》(2014 年)将集体土地征收审批程序分为两类:一是在土地利用总体规划确定的城市建设用地范围内,为实施城市规划占用土地时的土地征收程序,被称为批次征地审批程序;二是能源、交通、水利、矿山、军事设施等建设项目确需使用土地利用总体规划确定的城市建设用地范围外的土地时的土地征收程序,被称为单独选址征地审批程序。在征收土地方案被批准之后,两者的征收土地方案实施程序完全相同。

(1)批次征地审批程序

根据《土地管理法实施条例》(2014 年)第 20、21 条的规定,在土地利用总体规划确定的城市建设用地范围内,为实施城市规划占用土地,并需要征收集体土地的,按照如下程序办理:

①市、县人民政府按照土地利用年度计划拟订农用地转用方案、补

① 例如,2014 年 10 月 17 日,浙江省国土资源厅发布《关于落实富阳市等 12 个县(市、区)土地管理有关审批权限委托下放有关事项的通知》(浙土资发〔2014〕43 号)规定,"将土地征收省级审批权限,以委托方式下放给扩面改革试点县(市、区)人民政府行使","审批意见书编号,暂由试点县(市、区)单独编号,盖省人民政府土地审批专用章"。不过,关于责任承担,该通知规定:"下放审批权限事项,按照权责一致的原则,具体审批责任由行使审批事项的试点县(市、区)人民政府承担。如出现重大问题,收回委托下放的审批权限。"

充耕地方案、征收土地方案,分批次逐级上报有批准权的人民政府。

②有批准权的人民政府土地行政主管部门对农用地转用方案、补充耕地方案、征收土地方案进行审查,提出审查意见,报有批准权的人民政府批准;其中,补充耕地方案由批准农用地转用方案的人民政府在批准农用地转用方案时一并批准。

③农用地转用方案、补充耕地方案、征收土地方案经批准后,由市、县人民政府组织实施,按具体建设项目分别供地。分别供地时,建设单位按建设用地审批程序申请用地,即经过用地预审、正式用地申请、审查和拟定、报批供地方案、批准供地方案、供地等程序。

《土地管理法实施条例》(2014 年)明确了集体土地征收审批在行政系统内的流转过程。鉴于它没有规定农用地转用方案、补充耕地方案、征收土地方案的内容及制定程序,因此,在这一过程中,被征地单位是否有参与机会,尚不明晰。

(2)单独选址征地审批程序

根据《土地管理法实施条例》(2014 年)第 23 条的规定,能源、交通、水利、矿山、军事设施等建设项目确需使用土地利用总体规划确定的城市建设用地范围外的土地,涉及集体所有的农用地的,按照下列规定办理:

①建设项目可行性研究论证时,由土地行政主管部门对建设项目用地有关事项进行审查,提出建设项目用地预审报告;可行性研究报告报批时,必须附具土地行政主管部门出具的建设项目用地预审报告。

②建设单位持建设项目的有关批准文件,向市、县人民政府土地行政主管部门提出建设用地申请,由市、县人民政府土地行政主管部门审查,拟订农用地转用方案、补充耕地方案、征收土地方案和供地方案(涉及国有农用地的不拟订征收土地方案),经市、县人民政府审核同意后,逐级上报有批准权的人民政府批准;其中,补充耕地方案由批准农用地转用方案的人民政府在批准农用地转用方案时一并批准;供地方案由批准征收土地的人民政府在批准征收土地方案时一并批准(涉及国有农用地的供地方案由批准农用地转用的人民政府在批准农用地转用方案时一并批准)。如果仅仅涉及农民集体所有的未利用地,则只报批征收土地方案和供地方案,而不必报批农用地转用方案和补充耕地方案。

③农用地转用方案、补充耕地方案、征收土地方案和供地方案经批准后，由市、县人民政府组织实施，向建设单位颁发建设用地批准书。有偿使用国有土地的，由市、县人民政府土地行政主管部门与土地使用者签订国有土地有偿使用合同；划拨使用国有土地的，由市、县人民政府土地行政主管部门向土地使用者核发国有土地划拨决定书。

④土地使用者应当依法申请土地登记。

由此可见，与批次征地审批程序相比，单独选址征地审批程序无非是将建设用地预审程序和建设单位的正式用地申请提前至农用地转用审批和土地征收审批之前，一并审查供地方案。

(3)征地方案实施程序

《土地管理法实施条例》(2014年)第25条规定了被批准的征地方案的实施程序，具体如下：

①征地方案由被征收土地所在地的市、县人民政府组织实施，并将批准征地机关、批准文号、征收土地的用途、范围、面积以及征地补偿标准、农业人员安置办法和办理征地补偿的期限等，在被征收土地所在地的乡(镇)、村予以公告。

②被征收土地的所有权人、使用权人应当在公告规定的期限内，持土地权属证书到公告指定的人民政府土地行政主管部门办理征地补偿登记。

③市、县人民政府土地行政主管部门根据经批准的征收土地方案，会同有关部门拟订征地补偿、安置方案，在被征收土地所在地的乡(镇)、村予以公告，听取被征收土地的农村集体经济组织和农民的意见。

④征地补偿、安置方案报市、县人民政府批准后，由市、县人民政府土地行政主管部门组织实施。对补偿标准有争议的，由县级以上地方人民政府协调；协调不成的，由批准征收土地的人民政府裁决。征地补偿、安置争议不影响征收土地方案的实施。征收土地的各项费用应当自征地补偿、安置方案批准之日起3个月内全额支付。

前述征地方案的实施程序通常被概括为"两公告一登记"，即土地征收公告和征地补偿、安置方案公告，以及被征收土地的所有权人、使用权人在规定时间到规定地点办理征地补偿登记。前述两个公告中，土地征收公告是告知性公告，因为在公告前公告内容已经确定；征地补偿、安置方案公告是征求意见性公告,因为在公告之后,要在"听取被征收土地的农村集体经济组织和农民的意见"的基础上形成新的征地补偿、安置方案,并报市、县人民政府批准,而经市、县人民政府批准的征地补偿、安置方案才具有法律效力。需要特别指出的是,第一,经批准的"征收土地方案"未公开,因此,无法判断征收土地公告与其在内容上的相似度。第二,征地补偿、安置方案公告之后,市、县人民政府土地行政主管部门将"听取被征收土地的农村集体经济组织和农民的意见",但是,在"会同有关部门拟订征地补偿、安置方案"时,并不需要"听取被征收土地的农村集体经济组织和农民的意见",而且未规定"听取被征收土地的农村集体经济组织和农民的意见"的方式,以及"被征收土地的农村集体经济组织和农民的意见"的法律意义。第三,两个公告的公告地点都是"被征收土地所在地的乡(镇)、村",但未明确公告方式和公告期限。第四,虽确立了征地补偿、安置争议的解决机制,但征地补偿、安置争议不影响征收土地方案的实施,即该解决机制不能从根本上阻却集体土地征收行为的推进。

总之,《土地管理法实施条例》(2014 年)对土地征收审批程序和实施程序都进行了一定程度的具体化,而且在实施程序阶段引入了"公告""听取意见"等正当程序要素,较此前立法有较大不同。同时,无论是批次征地审批程序,还是单独选址征地审批程序,都是与农用地转用建设用地审批程序混杂在一起,致使土地征收审批程序的脉络不甚清晰。

3. 部门规章中的集体土地征收程序

国土资源管理部的部门规章的立法目的各不相同,其中部分部门规章对集体土地征收程序进行了规范。

(1)《建设用地审查报批管理办法》(2010 年)

《建设用地审查报批管理办法》(2010 年)立足于"规范建设用地审查报批工作",对建设用地审查报批的程序作出规定。其中,与集体土地征收程序相关的,除各审批环节的时限要求外,主要包括如下内容:

第一,"一书三方案"的内容。

如前所述,《土地管理法实施条例》(2014 年)要求市、县人民政府土地行政主管部门在批次征地审批程序和单独选址征地审批程序中要拟订农用地转用方案、补偿耕地方案和征收土地方案,但未明确各方案的内容。《建设用地审查报批管理办法》(2010 年)第 10 条弥补了《土地管理法实施条例》(2014 年)的缺憾。该条规定:“农用地转用方案,应当包括占用农用地的种类、位置、面积、质量等。补充耕地方案,应当包括补充耕地或者补划基本农田的位置、面积、质量,补充的期限,资金落实情况等,并附具相应的图件。征收土地方案,应当包括征收土地的范围、种类、面积、权属,土地补偿费和安置补助费标准,需要安置人员的安置途径等。”可以发现,此处“征收土地方案”的内容与征收土地方案被批准后,被征收土地所在地市、县人民政府发布的土地征收公告的内容并不相同,后者除包括在拟定征收土地方案时不可能获知的“批准征地机关”和“批准文号”外,还包括“征收土地的用途”和“办理征地补偿的期限”。[①] 这是否意味着市、县人民政府土地行政主管部门在拟定“征收土地方案”时,根本不考虑“征收土地的用途”和“办理征地补偿的期限”等因素?

除明确规定“三方案”的内容外,《建设用地审查报批管理办法》(2010 年)还要求市、县人民政府土地行政主管部门编制建设项目用地呈报说明书,与“三方案”一起,经同级人民政府审核同意后,报上一级土地行政主管部门审查。根据《建设用地审查报批管理办法》(2010 年)第 9 条的规定,建设项目用地呈报说明书应当包括项目用地安排情况和拟使用土地情况等,并应附具下列五项材料:一是经批准的市、县土地利用总体规划图和分幅土地利用现状图,占用基本农田的,还应当提供乡级土地利用总体规划图;二是由建设单位提交的、有资格的单位出具的勘测定界图及勘测定界技术报告书;三是地籍资料或者其他土地权属证明材料;四是以有偿方式供地的,还应当提供草签的土地有偿使用合同及说明和有关文件;五是为实施城市规划和村庄、集镇规划占用土地的,还应当提供城市规划图和村庄、集镇规划图。

第二,土地行政主管部门对“三方案”的审查。

根据《建设用地审查报批管理办法》(2010 年)第 12 条至第 14 条的规定,有批准权的人民政府土地行政主管部门在收到上报的“三方案”后,通过内部会审制度,“按规定征求有关方面意见后 30 日内审查完毕”,并将符

① 参见《土地管理法实施条例》(2014 年)第 25 条。

合条件的“三方案”上报有批准权的人民政府批准。其中,农用地转用方案和补充耕地方案必须符合下列四项条件:(1)符合土地利用总体规划;(2)确属必需占用农用地且符合土地利用年度计划确定的控制指标;(3)占用耕地的,补充耕地方案符合土地整理开发专项规划且面积、质量符合规定要求;(4)单独办理农用地转用的,必须符合单独选址条件。征收土地方案必须符合下列三项条件:(1)被征收土地界址、地类、面积清楚,权属无争议的;(2)被征收土地的补偿标准符合法律、法规规定的;(3)被征收土地上需要安置人员的安置途径切实可行。可见,在对土地征收方案的审查中,土地行政管理部门关注的是土地自身的信息和土地被征收之后的补偿安置,而不关注征收土地的原因和征收土地方案的形成过程。

第三,征收土地方案的实施。

《建设用地审查报批管理办法》(2010 年)第 19 条规定:“征收土地方案经依法批准后,市、县人民政府应当自收到批准文件之日起 10 日内,在被征收土地所在地的乡、镇范围内,公告《土地管理法实施条例》第二十五条第一款规定的内容。公告期满,市、县人民政府土地行政主管部门根据征收土地方案和征地补偿登记情况,拟订征地补偿、安置方案并在被征收土地所在地的乡、镇范围内公告。征地补偿、安置方案的内容,应当符合《土地管理法实施条例》第二十五条第三款的规定。征地补偿、安置方案确定后,市、县人民政府土地行政主管部门应当依照征地补偿、安置方案向被征收土地的农村集体经济组织和农民支付土地补偿费、地上附着物和青苗补偿费,并落实需要安置农业人口的安置途径。”这一实施程序与《土地管理法实施条例》(2014 年)相比,有三点不同:一是明确了发布土地征收公告的时限;二是将公告范围限定为“被征收土地所在地的乡、镇范围内”,而不是“被征收土地所在的乡(镇)、村”;三是明确了土地补偿费、地上附着物和青苗补偿费的支付者是市、县人民政府土地行政主管部门。在这些不同中,第二点不同有违背其上位法《土地管理法实施条例》(2014 年)之嫌,因为它缩小了《土地管理法实施条例》(2014 年)土地征收公告的发布范围。诚然,学理上,下位法违背上位法的当然无效。但在实践中,“县官不如现管”观念浓厚,《建设用地审查报批管理办法》(2010 年)的消极作用不应忽视。

(2)《征收土地公告办法》(2010年)

《征收土地公告办法》(2010年)的立法目的是"规范征收土地公告工作,保护农村集体经济组织、农村村民或者其他权利人的合法权益,保障经济建设用地"。[①] 它对征收土地公告和征地补偿、安置方案公告提出了非常详细的要求,其中某些规定属于创新性规定,某些规定与《土地管理法实施条例》(2014年)和《建设用地审查报批管理办法》(2010年)并不一致,如表3-1所示。

表3-1　关于征收土地公告和征地、补偿安置公告的相关规定

<table>
<tr><th colspan="3"></th><th>《土地管理法实施条例》(2014年)</th><th>《征收土地公告办法》(2010年)</th><th>《建设用地审查报批管理办法》(2010年)</th></tr>
<tr><td rowspan="5">征收土地公告与征地补偿、安置公告</td><td colspan="2">公告地点</td><td>被征收土地所在的乡(镇)、村。</td><td>征收农民集体所有的土地应在被征收土地所在地的村、组内;征收乡(镇)农民集体所有土地的,则为乡(镇)人民政府所在地。</td><td>被征收土地所在的乡(镇)范围内。</td></tr>
<tr><td colspan="2">公告形式</td><td>—</td><td>书面形式</td><td>—</td></tr>
<tr><td rowspan="2">公告时间</td><td>征收土地公告</td><td>—</td><td>被征收土地所在地的市、县人民政府收到征收土地方案批准文件之日起10个工作日内。</td><td>市、县人民政府收到批准文件之日起10日内。</td></tr>
<tr><td>征地补偿、安置公告</td><td>—</td><td>征收土地公告之日起45日。</td><td>—</td></tr>
<tr><td colspan="2">未公告之后果</td><td>—</td><td>被征地农村集体经济组织、农村村民或者其他权利人有权依法要求公告,并拒绝办理征地补偿登记手续与征地补偿、安置手续。</td><td>—</td></tr>
<tr><td colspan="3">征收土地公告的内容</td><td>a. 批准征地机关、批准文号;b. 征收土地的用途、范围、面积;c. 征地补偿标准、农业人员安置办法;d. 办理征地补偿的期限。</td><td>a. 征地批准机关、批准文号、批准时间和批准用途;b. 被征收土地的所有权人、位置、地类和面积;c. 征地补偿标准和农业人员安置途径;d. 办理征地补偿登记的期限、地点。</td><td>同《土地管理法实施条例》(2014年)</td></tr>
</table>

① 《征收土地公告办法》(2010年)第1条。

续表

		《土地管理法实施条例》（2014年）	《征收土地公告办法》（2010年）	《建设用地审查报批管理办法》（2010年）
土地征收补偿登记	办理人	被征收土地的所有权人和使用权人。	被征地农村集体经济组织、农村村民或者其他权利人。	—
	未如期办理的后果	—	补偿内容以有关市、县土地行政主管部门的调查结果为准	—
征地补偿、安置方案	拟定时间	—	征收土地公告之日起45日内。	—
	内容	—	a. 本集体经济组织被征收土地的位置、地类、面积，地上附着物和青苗的种类、数量，需要安置的农业人口的数量；b. 土地补偿费的标准、数额、支付对象和支付方式；c. 安置补助费的标准、数额、支付对象和支付方式；d. 地上附着物和青苗的补偿标准和支付方式；e. 农业人员的具体安置途径；f. 其他有关征地补偿、安置的具体措施。	应符合《土地管理法实施条例》第25条第3款①。
	异议方式及异议期限	听取被征地的农村集体经济组织和农民的意见。	被征地农村集体经济组织、农村村民或者其他权利人在征地补偿、安置方案公告之日起10个工作日内提出不同意见或者要求举行听证会。	—
	对意见的处理	—	a. 应当研究异议人的不同意见；要求听证的，应当举行听证会。b. 确需修改征地补偿、安置方案的，应当依照有关法律、法规和批准的征收土地方案进行修改。c. 将征地补偿、安置方案报市、县人民政府审批时，应当附具异议人的意见及采纳情况，举行听证会的，还应当附具听证笔录。	—

① 《土地管理法实施条例》第25条第3款规定："市、县人民政府土地行政主管部门根据经批准的征收土地方案，会同有关部门拟订征地补偿、安置方案，在被征收土地所在地的乡（镇）、村予以公告，听取被征收土地的农村集体经济组织和农民的意见。征地补偿、安置方案报市、县人民政府批准后，由市、县人民政府土地行政主管部门组织实施。对补偿标准有争议的，由县级以上地方人民政府协调；协调不成的，由批准征收土地的人民政府裁决。征地补偿、安置争议不影响征收土地方案的实施。"

续表

		《土地管理法实施条例》(2014 年)	《征收土地公告办法》(2010 年)	《建设用地审查报批管理办法》(2010 年)
争议及其处理	争议对象	补偿标准	未按依法批准的征收土地方案和征地补偿、安置方案进行补偿、安置。	—
	争议的处理	由县级以上地方人民政府协调;协调不成的,由批准征收土地的人民政府裁决。	由市、县人民政府协调;协调不成的,由上一级地方人民政府裁决。	同《土地管理法实施条例》(2014 年)
		征地补偿、安置争议不影响征收土地方案的实施。		同《土地管理法实施条例》(2014 年)

如表 3 - 1 所示,《征收土地公告办法》(2010 年)的可操作性比较强,相当多的规定是对《土地管理法实施条例》(2014 年)的“补漏”和细化,对规范土地征收公告和征地补偿、安置公告具有重要意义。不过,《征收土地公告办法》(2010 年)的某些规定也值得推敲,如第 15 条规定:“因未按照依法批准的征收土地方案和征地补偿、安置方案进行补偿、安置引发争议的,由市、县人民政府协调;协调不成的,由上一级地方人民政府裁决。”一方面,如何理解“未按照依法批准的征收土地方案”进行补偿、安置引发的争议?因为,“依法批准的征收土地方案”自始至终未曾公开过,土地征收公告的内容与其内容是否一致不得而知。另一方面,根据《土地管理法实施条例》(2014 年)第 25 条第 3 款的规定,对协调不成的补偿、安置争议,应当由批准征收土地的人民政府裁决,即国务院或省、自治区、直辖市人民政府。然而,按照《征收土地公告办法》(2010 年)第 15 条的规定,则是由市、县人民政府的上一级地方人民政府裁决,即由市或省级人民政府裁决。这样一来,就把国务院排除在争议裁决机关之外。

(3)《国土资源听证规定》

《征收土地公告办法》(2010 年)规定,土地行政管理部门通过听证会的方式听取被征地集体经济组织、农民和其他权利人的意见,而听证会的组织,需要接受《国土资源听证规定》的规范和约束。

《国土资源听证规定》在第1条中将其制定目的描述为“规范国土资源管理活动,促进依法行政,提高国土资源管理的科学性和民主性,保护公民、法人和其他组织的合法权益”,随后在第4条中规定了听证的原则,包括公开、公平、公正和便民的原则,特别强调要“充分听取公民、法人和其他组织的意见,保证其陈述意见、质证和申辩的权利”。

《国土资源听证规定》在对听证会的参加人员、听证会的组织、听证会的程序、听证笔录的内容等事项作出一般规定之后,分别规定了依申请听证与依职权听证。其中,拟定拟征地项目的补偿标准和安置方案属于依申请听证的范围。对该事项,土地行政主管部门应当书面告知当事人有要求举行听证的权利,当事人应当在告知后5个工作日内向听证机构提出书面申请。听证的书面申请应当包括当事人的姓名、地址、申请听证的具体事项以及申请听证的依据、理由等内容,并提供相关材料。逾期未提出的,视为放弃听证。听证机构对申请材料进行审查,作出不同处理,如告知当事人补正申请材料;书面告知不予受理;制作《听证通知书》,并在听证的7个工作日前通知当事人和拟听证事项的经办机构等。当事人可以委托一至二名代理人参加听证,在认为听证员、记录员与拟听证事项有利害关系可能影响公正时,有权申请回避。不过,当事人在接到《听证通知书》后,无正当理由不到场的,或者未经听证主持人允许中途退场的,视为放弃听证。最终,土地行政主管部门在报批拟定的拟征地项目的补偿标准和安置方案时,应当附具听证笔录。①

同时,“拟定或者修改区域性征地补偿标准”属于依职权听证情形之一。对该事项,《国土资源听证规定》要求土地行政主管部门在举行听证会30日前,向社会公告听证会的时间、地点、内容和申请参加听证会须知。符合规定条件的公民、法人和其他组织,均可申请参加听证会,也可推选代表参加听证会。主管部门根据拟听证事项与公民、法人和其他组织的申请情况,指定听证会代表,但指定的听证会代表应当具有广泛性、代表性。而且,公民、法人和其他组织推选的代表,符合规定条件的,应当优先被指定

① 参见《国土资源听证规定》第19条至第33条。除陈述内容外,还规定了听证的延期、中止和终止。

为听证会代表。听证机构应当在举行听证会的10个工作日前将听证会材料送达听证会代表。听证会代表应当亲自参加听证,并有权对拟听证事项的必要性、可行性以及具体内容发表意见和质询,查阅听证纪要。听证机构在举行听证会后7个工作日内,根据听证笔录制作听证纪要。听证纪要应当包括如下内容:(1)听证会的基本情况;(2)听证事项的说明;(3)听证会代表的意见陈述;(4)听证事项的意见分歧;(5)对听证会意见的处理建议。土地行政主管部门在报批拟定或者修改的区域性征地补偿标准时,应当附具听证纪要。①

毫无疑问,将区域性征地补偿标准列为依职权听证事项,与将具体征地项目中拟定补偿标准和安置方案列为依申请听证事项,两者相得益彰,对维护被征地的集体经济组织、农民和其他权利人的合法权益具有重要意义。不过,前述听证规则,也有值得深思之处。

第一,听证会、听证笔录与听证纪要的法律效力。一方面,对于依职权听证事项,土地行政主管部门如果未举行听证,或者对于依申请听证事项,土地行政主管部门拒绝举行听证,征地审批机关将如何处置?另一方面,对于土地行政主管部门提交的听证笔录和听证纪要,征地审批机关将如何处置?《国土资源听证规定》除要求向审批机关提交听证笔录和听证纪要外,对听证会、听证笔录与听证纪要的法律效力未作任何规定。诚然,《土地管理法》(2004年)第78条规定,“违反法律规定的程序批准占用、征收土地的,其批准文件无效……”,但是,作为部门规章的《国土资源听证规定》所规定的听证程序是否能纳入“法律规定的程序”,有待立法机关的解释,而且,《土地管理法》(2004年)的这一规定只能约束特定项目中征地补偿标准、安置方案的拟订程序,而不能约束区域性征地补偿标准的制定和修改程序。与此同时,区域性征地补偿标准是拟订特定建设项目中征地补偿标准和安置方案的依据。也就是说,农村集体经济组织及农民如果在区域性征地补偿标准的制定和修改过程中无法成功表达自己的意愿,那么即便参加拟定特定建设项目中的征地补偿标准和安置方案的听证会,其维权空间也受到了严重限制。

---

① 参见《国土资源听证规定》第12条至第18条。

第二,根据《国土资源听证规定》的规定,无论是依申请听证,还是依职权听证,都会形成听证笔录和听证纪要。对于听证笔录,《国土资源听证规定》第10条第2款规定:“听证笔录经听证参加人确认无误或者补正后当场签字或者盖章;无正当理由又拒绝签字或者盖章的,记明情况附卷。”作为听证纪要,则无须“听证参加人确认无误或者补正后当场签字或者盖章”。因此,听证纪要的内容能否真实再现“听证会代表的意见陈述”,需要通过听证笔录来佐证。不过,《国土资源听证规定》要求“主管部门……拟定或者修改的区域性征地补偿标准时,应当附具听证纪要”,[①]而无须提交听证笔录。这样,如何判断该听证纪要的真实性?笔者不得而知。

第三,关于委托听证。《国土资源听证规定》在规定依申请听证时,要求“当事人可以委托一至二名代理人参加听证,收集、提供相关材料和证据,进行质证和申辩”;[②]在规定依职权听证时,要求“听证会代表应当亲自参加听证,并有权对拟听证事项的必要性、可行性以及具体内容发表意见和质询,查阅听证纪要”。[③] 也就是说,在依职权听证中,听证会代表不能委托代理人参加听证。这一差异化规定的依据是什么?委托理论的产生,源自委托人对特定事项在知识结构上的不足或时间安排上的冲突。从依职权听证中听证会代表的产生来看,他要么是自行申请后被土地行政主管部门指定,要么是被有关组织推荐后被土地行政主管部门指定。可见,“听证会代表”的“代表”身份并不意味着他精通听证事项或者一定有时间参加本次听证;退一步看,即便听证会的时间可以协商,但听证会代表自身的知识结构不可能通过短时间的“恶补”或“充电”而发生根本变化。或许,我们可以说,“没有金刚钻,别揽瓷器活儿”。但对区域性征地补偿标准这一关乎国家与集体经济组织、农民利益博弈的事项来说,前述论据未免牵强。

第四,关于书面听证申请的内容。《国土资源听证规定》第19条规定,对于“拟定拟征地项目的补偿标准和安置方案的”,“主管部门在报批之前,应当书面告知当事人有要求举行听证的权利”。与此同时,要求书面的听

---

① 《国土资源听证规定》第18条。

② 《国土资源听证规定》第22条。

③ 《国土资源听证规定》第16条。

证申请应包含三项内容，即当事人的姓名、地址（法人或者其他组织的名称、地址、法定代表人），申请听证的具体事项，以及申请听证的依据、理由。① 这一规定，与便民原则的要求有些许差距，因为"申请听证的具体事项"和"申请听证的依据"都是土地行政主管部门已经知晓的，根本无须要求听证申请人再行赘述。

（4）《建设项目用地预审管理办法》

2001 年 6 月 28 日国土资源部第五次部务会议通过《建设项目用地预审管理办法》（国土资源部令第 7 号），并于 2001 年 7 月 25 日公布实施。随后，该部门规章经历了三次修订：第一次是 2004 年 10 月 29 日国土资源部第 9 次部务会议修订，2004 年 11 月 1 日公布，12 月 1 日起施行；第二次是 2008 年 11 月 12 日国土资源部第 13 次部务会议修正，2008 年 11 月 29 日公布，自 2009 年 1 月 1 日起施行；第三次是 2016 年 11 月 25 日国土资源部第 4 次部务会议修正，2016 年 11 月 29 日公布，自 2017 年 1 月 1 日起施行。下文仅介绍 2016 年修正后的《建设项目用地预审管理办法》中与集体土地征收程序相关的内容。

如前所述，《土地管理法实施条例》（2004 年）将集体土地征收分为批次征地和单独选址征地。只有在单独选址征地程序中，建设单位在审批、核准和备案阶段，必须向国土资源主管部门提交建设项目预审申请。国土资源主管部门经过审查，将提出预审意见，而该预审意见是有关部门审批项目可行性研究报告、核准项目申请报告的必备文件。同时，建设项目用地未经预审或者预审未通过的，有关部门不得批复可行性研究报告、核准项目申请报告，不得批准农用地转用、土地征收，不得办理供地手续。②

根据《建设项目用地预审管理办法》的规定，建设项目的立项方式不同——审批、核准或备案，则用地预审机构、建设单位申请用地预审的时间和提交的材料也不同。不过，各类预审应当审查的内容是相同的，即包括：①建设项目选址是否符合土地利用总体规划，是否符合国家供地政策和土地管理法律、法规规定的条件；②建设项目用地规模是否符合有关建设用

① 参见《国土资源听证规定》第 23 条。

② 参见《建设项目用地预审管理办法》第 14 条和第 15 条。

地指标的规定;③建设项目占用耕地的,补充耕地初步方案是否可行;④征地补偿费用和矿山项目土地复垦资金的拟安排情况;⑤属《土地管理法》第26条规定情形,建设项目用地需修改土地利用总体规划的,规划的修改方案是否符合法律、法规的规定。①

由此可见,在建设项目预审程序中,国土资源主管部门并不审查建设项目用地是否是“为了公共利益的需要”,也不关心拟被征收土地的所有权人和使用权人的态度。

4. 规范性文件中的集体土地征收程序

(1)《国务院关于深化改革严格土地管理的决定》

《国务院关于深化改革严格土地管理的决定》(国发〔2004〕28号)立足于“进一步完善符合我国国情的最严格管理制度”,提出了深化改革严格土地管理的25项对策。

就集体土地征收程序而言,《国务院关于深化改革严格土地管理的决定》首先重申农用地转用和土地征收的审批权在国务院和省、自治区、直辖市人民政府,各省、自治区、直辖市人民政府不得违反法律和行政法规的规定下放土地审批权;严禁规避法定审批权限,将单个建设项目用地拆分审批。随后,《国务院关于深化改革严格土地管理的决定》提出了“健全征地程序”的具体要求,包括:①预征告知,即在征地依法报批前,要将拟征地的用途、位置、补偿标准、安置途径告知被征地农民。而且,被征地农民知情的有关材料是征地报批的必备材料。②拟征土地现状的调查与确认,即对拟征土地现状的调查结果须经被征地农村集体经济组织和农户确认。而且,该确认材料是征地报批的必备材料。③确有必要的,国土资源主管部门应当依照有关规定组织听证。④要加快建立和完善征地补偿安置争议的协调和裁决机制,维护被征地农民和用地者的合法权益。⑤经批准的征地事项,除特殊情况外,应予以公示。前述健全征地程序的若干要求,其目的是“在征地过程中,要维护农民集体土地所有权和农民土地承包经营权的权益”。

可见,《国务院关于深化改革严格土地管理的决定》对健全征地程序的

---

① 参见《建设项目用地预审管理办法》第11条。

规定具有创新性，首次提出了预征告知制度。《土地管理法实施条例》、《土地征收公告办法》和《国土资源听证规定》规定了(拟)被征地集体经济组织和农民参与集体土地征收的两种情形：一是参与区域性征地补偿标准的制定与修改，二是被征收土地的补偿标准、安置方案的拟定。其中，第二种情形发生在土地征收被批准之后，属于“事后参与”。而“预征告知”制度的确立，使集体经济组织和农民在土地被征收之前，就能够了解征地的用途、位置、补偿标准、安置途径，甚至可以申请听证。这是典型的“事前参与”。“事前参与”是对被征地集体经济组织和农民的知情权和参与权的保护，更体现了对他们的尊重。

不过，《国务院关于深化改革严格土地管理的决定》虽然明确规定“要将被征地农民知情、确认的有关材料作为征地报批的必备材料”，但并未要求报批材料必须公开。这样，被征地集体经济组织和农民无从知晓国土资源管理部门在报批土地征收时是否提交了前述材料，更无法对国土资源管理部门提交的前述材料的真实性进行质疑。因此，这一规定并不能给被征地集体经济组织和农民带来多少惊喜。另外，“经批准的征地事项，除特殊情况外，应予以公示”这一规定说明，《国务院关于深化改革严格土地管理的决定》对公开原则持保留态度，同时也说明土地征收公告所公告的可能仅仅是土地征收决定内容的一部分。然而，当对“特殊情况”不予施加合理限制时，“特殊情况”就可能成为普遍现象。

(2)《关于完善征地补偿安置制度的指导意见》

《关于完善征地补偿安置制度的指导意见》(国土资发〔2004〕238 号)是国土资源部为贯彻落实《国务院关于深化改革严格土地管理的决定》(国发〔2004〕28 号)而制定的，因此，其关于集体土地征收程序的规定是对《国务院关于深化改革严格土地管理的决定》的细化与补充。具体如下：①对预征告知，要求国土资源部门在征地依法报批前，将拟征地的用途、位置、补偿标准、安置途径等，“以书面形式告知被征地农村集体经济组织和农户”。这不仅明确了告知方式，而且告知对象从“被征地农民”扩展为“被征地农村集体经济组织和农户”。②对现状调查及确认，要求“当地国土资源部门应对拟征土地的权属、地类、面积以及地上附着物权属、种类、数量等现状进行调查，调查结果应与被征地农村集体经济组织、农户和地上附着物产权人共同确认”。这一规定,不仅明确了土地现状调查的调查项目,而且明确了调查结果的确认方式,特别是将“地上附着物产权人”引入了确认程序,为地上附着物产权人维护自身权益提供了机会。③对听证事宜,规定“在征地依法报批前,当地国土资源部门应告知被征地农村集体经济组织和农户,对拟征土地的补偿标准、安置途径有申请听证的权利。当事人申请听证的,应按照《国土资源听证规定》规定的程序和有关要求组织听证”。这一规定明确了可以申请听证的事项仅限于拟征土地的补偿标准和安置途径,不包括预征告知中的“拟征地的用途、位置”和组织听证应遵循的规则。

由此可见,《关于完善征地补偿安置制度的指导意见》之于《国务院关于深化改革严格土地管理的决定》的意义是毁誉参半,虽增强了后者的操作性,维护了地上附着物产权人的合法权益,但缩小了预征听证的事项范围。同时,《关于完善征地补偿安置制度的指导意见》没有解决《国务院关于深化改革严格土地管理的决定》无法保证国土资源管理部门提供的预征告知材料和土地现状调查确认材料的真实性的局限性。

(3)《国土资源部关于进一步做好征地管理工作的通知》

2010 年 6 月 26 日,国土资源部发布《国土资源部关于进一步做好征地管理工作的通知》(国土资发〔2010〕96 号),除强调要“认真做好用地报批前告知、确认、听证工作”,“确保农民的知情权、参与权、申诉权和监督权”以外,还提及要简化征地批后实施程序,以节约时间,具体规则是:在征地报批前履行了告知、确认和听证程序并完成土地权属、地类、面积、地上附着物和青苗等确认以及补偿登记的,可在征地报批的同时拟订征地补偿安置方案。征地批准后,征收土地公告和征地补偿安置方案公告可同步进行。当公告中群众再次提出意见的,要认真做好政策宣传解释和群众思想疏导工作,得到群众的理解和支持,不得强行征地。

三、集体土地征收的程序:实践考察

(一)来自行政机关的观察

《国务院关于深化改革严格土地管理的决定》,要求“完善土地执法监察体制,建立国家土地督察制度,设立国家土地总督察,向地方派驻土地督察专员,监督土地执法行为”。2006 年 7 月 13 日,国务院办公厅发布《关于建立国家土地督察制度有关问题的通知》(国办发〔2006〕50 号),决定设立国土督察制度,由国务院授权国土资源部代表国务院对各省、自治区、直辖市,以及计划单列市人民政府土地利用和管理情况进行监督检查。在机构设置上,一是设立国家土地总督察、副总督察,负责组织实施国家土地督察制度;二是在国土资源部设立国家土地总督察办公室;三是由国土资源部向地方派驻国家土地督察北京局、国家土地督察沈阳局、国家土地督察上海局、国家土地督察南京局、国家土地督察济南局、国家土地督察广州局、国家土地督察武汉局、国家土地督察成都局和国家土地督察西安局等 9 个国家土地督察局,代表国家土地总督察履行监督检查职责。2008 年 10 月 8 日,国家土地总督察办公室发布《关于印发〈农用地转用和土地征收审批事项督察办法〉的函》(国土督察函〔2008〕1 号),对国家土地督察程序作出了明确规定。从 2008 年 5 月 4 日至 2016 年 3 月 25 日,国家土地总督察已签发 13 份《国家土地督察公告》,将国土督察情况公开。其中,自 2008 年开始,国家土地督察部门对农用地转用和土地征收审批事项开展专项审核督察。

同时,国土资源部从 2009 年开始对重大、典型的国土资源违法违规案件执行挂牌督办和公开通报制度。2011 年 1 月 1 日,国土资源部办公厅发布《关于印发〈国土资源领域违法违规案件公开通报和挂牌督办办法〉的通知》(国土资厅发〔2011〕4 号),明确规定了挂牌督办的案件类型、办理程序、处理方式等。为及时查处国土资源违法违规案件,2013 年第二季度起,国土资源部将“按季度”挂牌督办制度改为“即时”挂牌督办。

《国家土地督察公告》和国土资源部挂牌督办案件处理情况通报提供了一系列国土资源领域重大、典型的违法违规案例,包括违法占地、违法批地、违法征地以及违法开采矿产资源等多种类型。其中,与集体土地征收程序有关的案例呈现以下样态:

第一,逾越集体土地征收程序,直接批准建设项目用地申请。

前文已述,集体土地征收的目的是将集体所有的土地转化为国有土地,而且实践中多是转化为建设用地。同时,在《土地管理法实施条例》的规范框架之内,单独选址征地程序是作为建设用地审批程序的一个环节而存在的。

在《国土督察公告》和国土资源部挂牌督办案件处理情况通报中,"违法批地"多指违法批准建设用地。其中,"违法"的表现形式之一就是逾越集体土地征收程序,直接批准建设项目用地申请。例如,(1)2002 年 6 月和 2004 年 3 月,广东省和平县人民政府先后引进华宇公司、和平温泉之都有限公司开发华宇温泉度假村项目与热龙温泉度假村项目,在未依法办理农用地转用和征收手续的情况下,直接批准该项目用地。① (2)2011 年 1 月至 2012 年 7 月,湖北省枣阳市开发区管委会在未办理土地征收、农用地转用和供地审批手续的情况下,以召开会议、下发文件等形式,同意枣阳市正天插秧机有限公司征收、占用土地并实施厂房等设施建设。② (3)2010 年 1 月,山东省单县政府县长代表县政府与单县广诚房地产开发有限公司签订《项目开发协议》,约定将约 900 亩土地出让给该公司用于"凤凰城商住小区"建设。随后,单县县委、县政府成立单县广诚房地产开发有限公司开发项目拆迁建设指挥部,该指挥部召开城市开发经营领导小组专题会议,研究决定将尚未办理农用地转用及征收手续的 336.4 亩集体土地与 596.1 亩国有建设用地一并挂牌出让,后该地块被单县广诚房地产开发有限公司竞得。③

第二,无征地审批权的国家机关批准征收土地。

根据《土地管理法》的规定,仅国务院和省、自治区、直辖市人民政府拥有征收集体土地的审批权。

《国土督察公告》和国土资源部挂牌督办案件处理情况通报中的某些案例揭示了一个事实,即实践中,某些不具有征地审批权的国家机关,在违法审批土地征收。例如,(1)2009 年 10 月,抚顺经济开发区党工委副书记

---

① 国土资源部执法监察局:《国土资源部 2012 年第二季度挂牌督办案件处理情况通报》,2012 年 11 月 23 日发布,载国土资源部网站:http://www.mlr.gov.cn/zwgk/zytz/201211/t20121123_1159546.htm。

② 国土资源部执法监察局:《挂牌督办案件处理情况通报》,2013 年 6 月 13 日发布,载国土资源部网站:http://www.mlr.gov.cn/zwgk/zytz/201306/t20130613_1226401.htm。

③ 国土资源部执法监察局:《国土资源部 2011 年第一季度挂牌督办案件处理情况通报》,2011 年 7 月 11 日发布,载国土资源部网站:http://www.mlr.gov.cn/zwgk/zytz/201107/t20110711_898847.htm。

主持召开专题会议,研究2010年征地拆迁工作,并组建抚顺经济开发区征地动迁总指挥部,具体负责征地拆迁工作。2010年初,开发区征地动迁总指挥部制定该年度征地拆迁计划,计划征收土地8130亩,实际征收集体土地7428.8亩。抚顺经济开发区管委会未经批准征收集体土地,构成违法征地事实。[①] (2)陕西省西安沣京工业园开发服务实业公司违法征地案。2010年4月,陕西省西安沣京工业园管委会责成其下属企业西安沣京工业园开发服务实业公司与户县五竹镇西五竹村3个村民小组、侯家庙村、三合庄村签订征地协议,违法征收集体耕地702.92亩。2011年3月,户县统一征地办公室委托西安沣京工业园进行征地,对上述违法征地行为予以认可。[②] (3)四川省崇州市锦江乡政府违法批地。2008年8月,四川省崇州市锦江乡政府与成都蜀鸿嘉市场管理有限公司(2009年10月更名为成都蜀鸿嘉投资有限责任公司,以下简称蜀鸿嘉公司)签署《投资协议》,约定该公司在锦江乡余塘村、白马社区租赁土地约500亩,建设"崇州市水泥制品市场"。2008年9月,崇州市副市长刘荣华在《投资协议》上批示:"请锦江乡完善后与业主签订正式协议,对该项目实施过程中尽量少硬化。"2008年9月至2010年11月,蜀鸿嘉公司先后与崇州市锦江乡余塘村村委会、白马社区居委会和崇阳镇高墩村村委会签订租地协议,约定租用集体土地699.76亩用于水泥制品市场建设,租金标准按每亩每年1000斤大米折算,并按每亩每年200元的标准向3个村(居)委会支付管理协调费。锦江乡政府在租地协议上作为"见证人"加盖公章。2008年10月,蜀鸿嘉公司在收到锦江乡政府《关于同意成都蜀鸿嘉市场管理有限公司动工建设崇州市水泥制品市场的通知》后,开始违法占地建设,共圈占基本农田121.06亩、一般耕地529.99亩、其他农用地10.06亩、农村居民点用地48.72亩,合计709.83亩,不符合崇州市土地利用总体规划和灾后重建规划。锦江乡政府通过与蜀鸿嘉公司签订《投资协议》、下发文件和在租地协议上作为"见证

① 国土资源部执法监察局:《国土资源部2011年第一季度挂牌督办案件处理情况通报》,2011年7月11日发布,载国土资源部网站:http://www.mlr.gov.cn/zwgk/zytz/201107/t20110711_898847.htm。

② 国土资源部执法监察局:《挂牌督办案件处理情况通报》,2013年6月13日发布,载国土资源部网站:http://www.mlr.gov.cn/zwgk/zytz/201306/t20130613_1226401.htm。

人”加盖公章等方式,批准该公司占用集体土地进行非农业建设,构成了违法批地的事实。[①]

第三,未经征地审批程序,直接进入征地实施程序。

逻辑上,在国务院或省、自治区、直辖市人民政府审批同意征收某集体土地之后,该集体土地所在的县人民政府才能组织实施土地征收方案。

在国土资源部曝光的案件中,某些属于未经征地审批程序而直接进入征地实施程序的情形。例如,(1)2010 年 1 月 8 日,四川省大邑县委书记(兼县国土规划建设房产管理委员会主任)主持召开县土规建管会会议,确定在晋原镇凤凰村一带建设恒大山水城项目,规划占地 2686.5 亩,并原则通过项目建设方案,规划建设内容包括独栋别墅,项目业主为恒大地产集团大邑县有限公司(以下简称恒大公司)。随后,成立了恒大山水城项目建设指挥部,负责协调项目用地建设等事宜。按照县委、县政府有关会议精神,2010 年 1 月 20 日,晋原镇政府未经农用地转用和土地征收审批,分别与凤凰村、新乐村签订征地补偿协议,实际征用耕地 1841.51 亩、其他农用地 487.48 亩、集体建设用地 491.74 亩、未利用地 1.3 亩,合计 2822.03 亩,其中 159.23 亩不符合土地利用总体规划。为解决用地指标问题,2010 年 1 月 19 日和 5 月 10 日,大邑县政府先后两次批复县国土资源局的请示,同意将已经四川省政府批准的 4 个批次用地和 1 宗闲置存量土地共计 2700.81 亩土地指标,置换用于恒大山水城项目用地。2010 年 1 月至 6 月,县政府先后拍卖出让 18 宗、2662.8 亩集体土地(在违法征地范围内),均被恒大公司取得。[②] (2)2010 年 2 月至 4 月,重庆西部现代物流园管理委员会用地拆迁处未经农用地转用和土地征收审批(后于 2011 年 3 月经重庆市人民政府批准),与土主镇有关村、社签订征地补偿协议,违法征收集体土地 467.5 亩(耕地 442.4 亩),用于建设重庆铁路集装箱中心站

---

① 国土资源部执法监察局:《国土资源部 2011 年第二季度挂牌督办案件处理情况通报》,2011 年 10 月 24 日发布,载国土资源部网站:http://www.mlr.gov.cn/zwgk/zytz/201110/t20111024_1010972.htm。

② 国土资源部执法监察局:《国土资源部 2011 年第四季度挂牌督办案件处理情况通报》,2012 年 4 月 17 日发布,载国土资源部网站:http://www.mlr.gov.cn/zwgk/zytz/201204/t20120417_1085019.htm。

配套设施,实施了补偿安置和房屋拆迁。[①] (3)清远高新技术开发区管委会在用地尚未审批的情况下,于2012年9月委托清城区龙塘镇和源潭镇征收土地用于开发区道路建设和工业项目,2013年初组织推填土,涉及土地面积776.44亩(其中耕地160.24亩)。[②] (4)云南省楚雄州永仁县500kV仁和开关站项目位于永仁县宜就镇地什苴村,由云南电网公司投资建设,并由其下设的建设分公司承建。2010年12月,永仁县政府成立了由常务副县长任组长,县国土资源局、宜就镇政府为成员单位的项目建设工作领导小组,并多次召开会议,研究部署相关具体工作。2011年3月,永仁县国土资源局按照领导小组的要求,与云南电网建设分公司签订征地委托协议和进站道路委托协议,筹措项目建设征地补偿资金。4月,云南电网建设分公司向永仁县国土资源局预拨征地补偿款1364万元,永仁县、宜就镇两级政府随后在宜就镇召开了土地协调工作现场会,开始组织实施征地和拆迁。截至6月底,已按补偿协议支付了补偿款,陆续征收土地129.28亩(耕地4.99亩、园地111.56亩、林地12.73亩)。[③] (5)2007年12月至2009年9月,鸠江经济开发区管委会、鸠江区建设投资有限公司(系鸠江区下属国有独资公司,2008年以后负责开发区征地工作)先后与鸠江区富强村、清水街道及永镇社区签订征地协议,未经批准征收集体土地477.46亩,其中耕地326.11亩,支付补偿费2471.4554万元,并陆续对土地进行了平整。[④]

第四,以租代征。

以租代征,即借助租用集体土地之名,达到征收集体土地之实。例如,2008年8月,中国海外建筑工程有限公司与南川区政府签订投资协议,约

---

① 国土资源部执法监察局:《国土资源部2011年第四季度挂牌督办案件处理情况通报》,2012年4月17日发布,载国土资源部网站:http://www.mlr.gov.cn/zwgk/zytz/201204/t20120417_1085019.htm。

② 国家土地督察公告第9号。

③ 国土资源部执法监察局:《国土资源部2012年第一季度挂牌督办案件处理情况通报》,2012年7月16日发布,载国土资源部网站:http://www.mlr.gov.cn/zwgk/zytz/201207/t20120716_1121420.htm。

④ 国土资源部执法监察局:《国土资源部2012年第一季度挂牌督办案件处理情况通报》,2012年7月16日发布,载国土资源部网站:http://www.mlr.gov.cn/zwgk/zytz/201207/t20120716_1121420.htm。

定由该公司投资建设黎香湖统筹城乡综合项目。随后,该公司在南川区注册成立重庆中海黎香湖投资有限公司,负责有关项目建设。2009 年 3 月,经南川区黎香湖镇政府鉴证,重庆中海黎香湖投资有限公司与黎香湖镇西湖村签订租地合同,用于项目建设中部分农民搬迁安置房建设。2010 年 2 月,经过大观镇和南川区生态农业园区管委会鉴证,重庆中海黎香湖投资有限公司与有关村签订租地合同,用于修建大观镇至黎香湖镇公路。重庆中海黎香湖投资有限公司两个项目采取以租代征方式,共违法占用耕地 304.65 亩、林地 83.94 亩、其他土地 23.86 亩,合计 412.45 亩,用地违反土地利用总体规划。①

由此可见,国土资源部和国家土地督察部门对集体土地征收程序立法的实施情况的关注是粗线条的,主要关注的是审批权限问题以及是否经过审批的问题。至于审批及实施过程中的程序性问题,基本没有论及。

(二)对行政机关法律文书的观察

对行政机关法律文书的观察,主要是对行政机关发布的征收土地预公告、征收土地公告和补偿、安置公告的观察。这类法律文书,在国土资源部以及各级国土资源管理部门的网站中都有展示。下面各选两个法律文书,力图说明这三者在实践中的情况。

1. 征收土地预公告

(1)公告一

征 收 土 地 预 公 告②

编号:江征预公告〔2015〕20 号

为实施土地利用总体规划和城市建设规划、维护被征地农(居)民的知情权,现将拟征收土地情况公告如下:

一、我市拟征收蓬江区棠下镇石头股份合作经济联合社的集体土地作为广佛江快速通道江门段辅道(新南立交段)工程规划范围内的用地(具体

① 国土资源部执法监察局:《2010 年第四季度部挂牌督办案件处理情况通报》,2011 年 4 月 17 日发布。

② 广东省江门市人民政府:《征地预公告——江门大道辅道石头村》,2015 年 4 月 9 日发布,载国土资源部网站:http://big5.mlr.gov.cn/tdgl/tdzsly/201504/t20150409_1347303.htm。

范围见附图)。

二、征收地补偿标准:参照省国土资源厅《关于印发广东省征地补偿保护标准(2010 年修订调整)的通知》(粤国土资利用发〔2011〕21 号)文件的规定执行,与被征地集体协商后确定。

三、被征地农民的安置途径为货币补偿、留用地和按规定为被征地农民购买社会养老保险。

四、征地预公告发布后,被征地单位和个人抢栽抢种的作物或抢建和违章的建筑物,不列入青苗和附着物的补偿范围,必须无条件清理和拆除,其费用由当事人负责,并追究当事人相关法律责任。

五、被征地的单位和个人已按补偿方案领取征用土地补偿费后,仍拒不在征地协议上签字、盖章或拒不搬迁的,依法申请人民法院强制执行。

六、征收土地、拆迁的具体工作由江门市蓬江区人民政府按有关规定负责落实。

特此公告。

附:广佛江快速通道江门段辅道(新南立交段)工程预公告附图(略)

附件. jpg(略)

征地实施单位:江门市蓬江区人民政府

公告发布单位:江门市人民政府

日期:2015 年 3 月 30 日

(2)公告二

阳江市人民政府征地预公告①

阳府告〔2014〕32 号

为实施阳江市土地利用总体规划和城镇建设总体规划,市人民政府拟征收位于江城区城西街道龙湾、阮西村委会,白沙街道岗华村委会的集体土地,现就拟征地相关事项公告如下:

一、拟征收土地用途:城镇建设用地。

① 《阳江市人民政府征地预公告》(阳府告〔2014〕32 号),载 http://www.yangjiang.gov.cn/zhzw/xxgk/gzwj/zfwj/szfwj/201408/t20140801_99107.html。

二、拟征收土地位置、面积:岗华村委会园公仔(土名)地段,面积0.6731公顷。龙湾村委会群大令(土名)地段,面积0.6944公顷。阮西村委会正路裆(土名)地段,面积0.3301公顷。以上面积共1.6976公顷(具体以征地红线图为准)。

三、拟征收土地补偿、安置补助标准:按《关于印发广东省征地补偿保护标准(2010年修订调整)的通知》(粤国土资利用发〔2011〕21号)执行。岗列街道的集体土地为五类,补偿标准:耕地58.5万元/公顷、园地45万元/公顷、林地20.6万元/公顷、养殖水面60.75万元/公顷、其他农用地58.5万元/公顷、建设用地58.5万元/公顷、未利用地18万元/公顷。青苗及其它地上附着物补偿按《阳江市人民政府关于印发〈阳江市市辖区征收土地青苗及附着物补偿规定〉的通知》(阳府〔2012〕118号)执行。

四、安置方式:除按第三项发放土地补偿和安置补助费外,采取安排留用地和按规定办理社保。

上述土地已进行了土地现状调查,从本公告发布之日起,上述土地内严禁抢种长期生长作物、开挖鱼塘、葬坟和抢建建(构)筑物,违者一律不予补偿。抢建的建(构)筑物依照《中华人民共和国土地管理法》、《中华人民共和国城乡规划法》严肃处理。

特此公告

阳江市人民政府

2014年7月28日

公告一和公告二未明确其法律依据。对预征告知,《国务院关于深化改革严格土地管理的决定》的要求是,在征地依法报批前,应将拟征地的用途、位置、补偿标准、安置途径告知被征地农民。以上两份征收土地预公告都包含了前述四项应公告的信息。不同的是:①对拟征土地的位置和面积、征地补偿与安置标准的公告方式——公告一提供图纸与法律依据的名称;公告二则同时提供核心数据。②公告一中,明确征地补偿标准“与被征地集体协商后确定”,而公告二则未规定征地补偿标准可否协商。③和公告二不同,公告一还告知了领取征地补偿费而拒签征地补偿协议和拒绝搬迁时的执行方式。

2. 征收土地公告

(1)公告三

征收土地公告(新马南路补征地)[①]

根据《中华人民共和国土地管理法》和《中华人民共和国土地管理实施条例》的有关规定,现将新马南路补征地建设用地项目的征收土地公告如下:

一、批准机关:湖南省人民政府

二、批准文号:〔2014〕政国土字第 884 号

三、批准征收土地面积:1. 1893 公顷

四、批准用途:新马南路补征地建设用地项目

五、批准时间:2014 年 5 月 22 日

六、被征收单位:天元区马家河镇仙岭社区

七、自公告发布之日起 30 天内为办理征地补偿登记手续的期限。征地公告范围内被征地农村集体经济组织、农村村民或者其他权利人应当在征地公告规定的期限内持土地权属证书到指定地点办理征地补偿登记手续。被征地农村集体经济组织、农村村民或者其他权利人未如期办理征地补偿登记手续的,其补偿内容以国土资源部门的调查结果为准。

八、拟征收土地公告发布之日后,抢建、抢种、抢栽、抢挖及与征地拆迁相关的变更、异动等情况一律不予补偿。

联系电话:0731 - 28685067

株洲市人民政府

2015 年 3 月 30 日

① 湖南省株洲市人民政府:《征收土地公告》(新马南路补征地),2015 年 4 月 8 日发布,载 http://www.mlr.gov.cn/tdgl/tdzsly/201504/t20150408_1347175.htm。

(2)公告四

2014 年度第十六批次征收土地公告①

榕(仓)土征告〔2015〕1 号

根据《中华人民共和国土地管理法》、《福建省实施〈中华人民共和国土地管理法〉办法》的有关规定,福州市 2014 年度第十六批次城市建设农用地转用和土地征收实施方案已经福建省人民政府批准。该批次共涉及一个地块,现将有关事项公告如下:

一、批准文件:《福建省人民政府关于福州市 2014 年度第十六批次农用地转用和土地征收实施方案的批复》(闽政地〔2014〕863 号)(见附件)。

二、批准征地情况:

单位:公顷

<table>
<tr><th rowspan="2">地块编号</th><th rowspan="2">批准用途</th><th rowspan="2">土地权属</th><th rowspan="2">面积</th><th colspan="5">其中</th><th rowspan="5">具体范围见附图</th></tr>
<tr><th>水浇地</th><th>园地</th><th>其他农用地</th><th>城镇村及工矿用地</th><th>交通运输用地</th></tr>
<tr><td rowspan="2">2014 - 16 - 01</td><td rowspan="2">普通商品住宅用地</td><td>仓山区建新镇冯宅村</td><td>6.6092</td><td>0.0228</td><td>0.1932</td><td>0.0184</td><td>6.3748</td><td></td></tr>
<tr><td>仓山区建新镇国有</td><td>0.0624</td><td></td><td></td><td></td><td></td><td>0.0624</td></tr>
<tr><td colspan="3">合计</td><td>6.6716</td><td>0.0228</td><td>0.1932</td><td>0.0184</td><td>6.3748</td><td>0.0624</td></tr>
</table>

三、涉及上述征收范围内的集体土地补偿安置方案,由福州市国土资源管理部门发布;上述征收土地范围内的房屋及其他建筑物、构筑物予以征收补偿,由仓山区房产管理部门组织实施,另行发布补偿方案。

四、上述征收范围内的原土地所有权人、使用权人的土地权利证书将直接办理注销登记。

五、自公告之日起 15 日内,上述用地范围内的土地权利人,应持土

① 福州市仓山区人民政府:《2014 年度第十六批次征收土地公告》,载 http://www.fzcangshan.gov.cn/html/xxgk/zdgkxx17/zdgg/20279.html。

地权属证书或其他有关证明材料到所在村委会办理征地补偿登记手续。

六、被征收土地范围内不得改变地类、地貌，本公告公布后在被征地范围内抢建建筑物、抢种植物及进行突击性水面养殖的不予补偿。

七、自本公告发布之日起60日内，上述征收范围内的农村集体经济组织和土地使用权人对批准征收土地决定不服的，可向福建省人民政府申请行政复议；对本公告实施征收土地相关内容不服的，可向上一级人民政府申请行政复议。

特此公告

福州市仓山区人民政府

2015年1月9日

前文已述，《土地管理法》第46条只要求集体土地征收在“依照法定程序批准后，由县级以上地方人民政府予以公告并组织实施”，而未规定征收土地公告的内容。《土地管理法实施条例》(2011年)和《征收土地公告办法》(2010年)对征收土地公告的内容做出明确规定，但两者有相同之处，也有不同之处。相同之处在于，都要求公告批准征地机关、批准文号、征收土地的用途和面积、征地补偿标准和农业人员安置途径、办理征地补偿登记的期限；不同之处在于，前者要求公告征收土地的“范围”，后者要求公告征地批准时间、被征收土地的“位置”与“地类”“被征收土地的所有权人”和办理征地补偿登记的“地点”。

公告三的公告依据是“《中华人民共和国土地管理法》和《中华人民共和国土地管理实施条例》的有关规定”。以《中华人民共和国土地管理法》和《中华人民共和国土地管理实施条例》来检视公告三的公告内容，可以发现，它未公告征收土地的范围以及征地补偿标准和农业人员安置办法，但公告了征地“批准时间”“被征收单位”和联系方式。

公告四的公告依据是“《中华人民共和国土地管理法》《福建省实施〈中华人民共和国土地管理法〉办法》的有关规定”。《福建省实施〈中华人民共和国土地管理法〉办法》[①]第22条规定："征地申请获批准的，市、县人民政府应当在征地批准之日起十日内发布征地公告，并在被征地单位和土地承包经营者所在地张贴。征地公告应当载明下列事项：(一)征地批准文件；(二)拟征用土地的面积、座落、四至范围；(三)拟征用土地的用途；(四)补偿登记的对象、期限及应当提交的文件；(五)实施征地行为的单位；(六)禁止事项及其他需要公告的事项。征地公告后，被征地单位和土地承包经营者不得抢栽抢种作物或者抢建建筑物。"以这一条文检视公告四可以发现，公告四完全符合这一条文的要求，而且还额外公告了以下事项：被征收土地的权属、地类；办理补偿登记的地点；征收范围内的农村集体经济组织和土地使用权人对批准征收土地决定、本公告实施征收土地相关内容不服时的救济途径。

不过问题在于，应如何理解《征收土地公告办法》的法律效力？应如何认识《福建省实施〈中华人民共和国土地管理法〉办法》与《土地管理法实施条例》的关系？公告三和公告四均未将《征收土地公告办法》列为公告的法律依据，而且具体公告内容也确实与《征收土地公告办法》的要求存在差距，公告三对征地补偿标准和对被征地人员的安置办法只字未提，同时未公告被征收土地的范围和地类；公告四只是提及"集体土地补偿安置方案"由福州市国土资源管理部门发布。另外，《福建省实施〈中华人民共和国土地管理法〉办法》与《土地管理法实施条例》对土地征收公告的要求不同，前者未要求公告征地补偿标准和对被征地人员的安置途径。

3. 征地补偿、安置方案公告

(1)公告五

2014年度第十六批次征地补偿安置方案公告[②]

榕仓国土征公告〔2015〕1号

根据《中华人民共和国土地管理法》第48条、《中华人民共和国土地管

① 福建省第九届人民代表大会常务委员会第十四次会议于1999年10月22日通过，自2000年1月1日起施行。2012年3月29日，福建省第十一届人民代表大会常务委员会第二十九次会议通过《福建省人民代表大会常务委员会关于修改部分地方性法规的决定》，对《福建省实施〈中华人民共和国土地管理法〉办法》作出修改，即删除第48条和修改第53条第3款。这两处修改与集体土地征收均无关。

② 福州市国土资源局仓山分局：《2014年度第十六批次征地补偿安置方案公告》，载福州市仓山区人民政府网：http://www.fzcangshan.gov.cn/html/xxgk/zdgkxx17/zdgg/20283.html。

理法实施条例》第 25 条、《福建省实施〈中华人民共和国土地管理法〉办法》第 23 条规定和《福建省人民政府关于福州市 2014 年度第十六批次农用地转用和土地征收实施方案的批复》(闽政地〔2014〕863 号),现将征地补偿安置方案和有关事项公告如下:

一、征收土地的地块编号、权属、面积及补偿标准:

单位:公顷

地块编号	土地权属	征收集体土地面积				补偿标准
		合计	农用地	未利用地	建设用地	
2014－16－01	仓山区建新镇冯宅村	6.6092	0.2344	0	6.3748	农用地和未利用地按区片综合地价 120 万元(或 60 万元)/公顷补偿(含土地补偿费、安置补助费和青苗补偿费),建设用地上的房屋及其他建筑物、构筑物按《福州市城区集体土地征收房屋补偿若干意见(试行)》执行。

二、安置途径:

1. 涉及农用地和未利用地的按照货币补偿安置方式;涉及上述征收土地范围内的房屋及其他建筑物、构筑物由仓山区房产管理部门另行发布补偿安置方案。

2. 按照征收农用地的 10% 确定留用地,并实行留用地每亩 100 万元货币化补偿,用于被征地村集体发展第二、三产业等再生产或生活安置。

3. 符合《福州市四城区被征地农民养老保障试行办法》和《福州市四城区被征地农民养老保障实施细则》规定条件的被征地农民,纳入养老保障范围,实行统一管理,统一筹资标准,统一养老保障待遇,我分局将配合当地政府、社保部门按规定程序办理。

三、被征收土地四至范围内的农村集体经济组织、农村村民或其他土地权利人对征地补偿安置方案如有不同意见,应当在本公告之日起十个工作日以被征地的村民委员会(农村集体经济组织)或村民小组为单位以书面形式向所在地的城区国土资源分局提出。

四、本方案在征求意见后,报福州市人民政府批准组织实施。根据《中华人民共和国土地管理法实施条例》第 25 条的规定,对批准后的《征地补偿安置方案》有争议的,不影响组织实施。

福州市国土资源局仓山分局
2015 年 1 月 16 日

(2)公告六

征地补偿安置方案公告①

沪〔浦〕征地补告〔2014〕第 113 号

根据《中华人民共和国土地管理法》、《中华人民共和国土地管理法实施条例》、《征用土地公告办法》和《上海市实施〈中华人民共和国土地管理法〉办法》等有关规定,依据上海市人民政府沪府土〔2014〕344 号批文批准的征地方案,现将拟定的《征地补偿安置方案》公告如下:

一、本次征收土地的范围:

坦西村 12 组、坦西村 9 组、王楼村 2 组、王楼村 3 组、王楼村 4 组、王楼村 5 组(村队组);征收农用地 42016.5 平方米、建设用地 3555 平方米、未利用地 6586 平方米,合计征地面积 52157.5 平方米。

二、土地补偿费补偿标准、支付对象和支付方式:

土地补偿费标准,按《上海市征地土地补偿费标准(2013)》(沪府发〔2013〕61 号)执行,标准为新场镇农用地 52.95 元/平方米,非农用地 52.95 元/平方米;航头镇农用地 52.95 元/平方米,非农用地 52.95 元/平方米,补偿费支付给被征地的农村集体经济组织,支付方式为转账。

三、地上附着物和青苗补偿标准、支付对象和支付方式:

地上附着物补偿标准按《上海市征地财物补偿标准(2013)》(沪府发〔2013〕61 号)执行,补偿费支付给所有者,支付方式为转账。

青苗补偿费标准按《上海市征地青苗补偿标准(2013)》(沪府发〔2013〕61 号)执行,标准为新场镇镇粮棉地 3.60 元/平方米,蔬菜地 5.40

① 上海市规划和国土资源管理局:《征地补偿安置方案公告沪》[(浦)征地补告〔2014〕第 113 号,2014 年 12 月 30 日发布],载国土资源部网站:http://www.mlr.gov.cn/tdgl/tdzsly/201412/t20141230_1339948.htm。

元/平方米;航头镇镇粮棉地3.60元/平方米,蔬菜地5.40元/平方米元,补偿费支付给所有者,支付方式为转账。

四、征地范围内涉及房屋补偿的,详见《征地房屋补偿方案公告》。

五、有关征地劳动力安置补偿按市人民政府相关文件规定执行。具体安置方式另行公告,由劳动和社会保障部门负责实施。

六、被征地农村集体经济组织、农村村民或其他权利人对本公告内容有不同意见的,请于公告之日起30日内,即2015年1月28日前提出书面意见,送达上海市浦东新区建设用地事务中心。逾期未提出的,视作无意见。

七、被征地农村集体经济组织、农村村民或其他权利人对本公告内容要求举行听证的,请于2015年1月5日前按征地听证有关规定提出书面申请,送达上海市浦东新区建设用地事务中心。逾期未提出的,视作放弃听证。

八、《征地补偿安置方案》在征求意见后,报浦东新区人民政府批准后组织实施。根据《中华人民共和国土地管理法实施条例》第25条规定,对批准后的《征地补偿安置方案》有争议,不影响征地的实施。

特此公告。

联系人:沈哲　联系地址:上海市浦东新区新川路508号

联系电话:58921481　监督电话:38763593

上海市浦东新区规划和土地管理局

2014年12月29日

前文已述,无论是《土地管理法》还是《土地管理法实施条例》,都没有规定征地、安置补偿公告的内容,对征地、安置补偿公告作出详细规范的是《征收土地公告办法》。《征收土地公告办法》要求征地补偿、安置公告应包含以下内容:①本集体经济组织被征收土地的位置、地类、面积,地上附着物和青苗的种类、数量,需要安置的农业人口的数量;②土地补偿费的标准、数额、支付对象和支付方式;③安置补助费的标准、数额、支付对象和支付方式;④地上附着物和青苗的补偿标准和支付方式;⑤农业人员的具体安置途径；⑥其他有关征地补偿、安置的具体措施。

公告五的依据除《土地管理法》及《土地管理法实施条例》外，还包括《福建省实施〈中华人民共和国土地管理法〉办法》第23条。《福建省实施〈中华人民共和国土地管理法〉办法》第23条总计两款，第1款规定了补偿安置方案的内容，第2款是对补偿安置方案公告的要求："补偿安置方案应当及时发布征询意见公告，征询被征地单位和土地承包经营者的意见，征询意见的期限为十五日。征询意见公告应当载明下列事项：（一）经核准的补偿安置方案；（二）领取征地补偿安置费的时间、地点；（三）交付土地的时间；（四）提出异议的方式与期限；（五）其他需要征询意见的事项。"这样，以《福建省实施〈中华人民共和国土地管理法〉办法》第23条第2款的规定来审视公告五，可以发现，公告五并未公告被征地人"领取征地补偿安置费的时间、地点"和"交付土地的时间"。同时，公告五虽然规定了"提出异议的方式"，但异议方式不包括申请听证。若以《征收土地公告办法》来审视公告五，那么公告五欠缺的内容就更多了。

公告六的依据除《土地管理法》及《土地管理法实施条例》外，还包括"《征用土地公告办法》和《上海市实施〈中华人民共和国土地管理法〉办法》"的有关规定。《上海市实施〈中华人民共和国土地管理法〉办法》[①]仅在第31条第2款提及征地补偿、安置公告事宜："区（县）土地管理部门、劳动和社会保障部门应当按照经批准的征收土地方案以及国家和本市有关规定，会同有关部门分别拟订征地补偿、安置方案，在被征地所在的乡（镇）、村予以公告，听取被征地的村民委员会或者村民小组以及农村村民的意见。公告期不少于三十日。"而未规定具体的公告内容。这样，一定意义上，对公告六构成约束的只有《征收土地公告办法》。以《征收土地公告

① 1994年2月4日上海市第十届人民代表大会常务委员会第七次会议通过，根据1997年5月27日上海市第十届人民代表大会常务委员会第三十六次会议通过、1997年6月9日公布、1997年7月1日起施行的《〈上海市人民代表大会常务委员会关于修改〈上海市实施〈中华人民共和国土地管理法〉办法〉的决定》第一次修正；根据2000年11月17日上海市第十一届人民代表大会常务委员会第二十三次会议通过的修改决定第二次修正；根据2010年9月17日上海市第十三届人民代表大会常务委员会第二十一次会议通过、2010年9月17日上海市人民代表大会常务委员会公告第24号公布、自公布之日起施行的《上海市人民代表大会常务委员会关于修改本市部分地方性法规的决定》第三次修正。

办法》来审视公告六，可以说，公告六几近完美。不过，仍有值得深思之处：一是在其发布之日，"《征用土地公告办法》"已更名为"《征收土地公告办法》"，而它依然延续旧的立法名称。二是被征地农村集体经济组织、农村村民或其他权利人对本公告内容要求举行听证的，应"于 2015 年 1 月 5 日前按征地听证有关规定提出书面申请，送达上海市浦东新区建设用地事务中心。逾期未提出的，视作放弃听证"。经查，"上海市浦东新区建设用地事务中心"是上海市浦东新区规划和土地管理局的基层单位，其职责之一是"受上级机关委托，根据有关法律、法规、规章，统一承办浦东新区范围内征地事务工作"；[①]同时，该公告的发布时间是 2014 年 12 月 29 日，而《征收土地公告办法》第 9 条规定："被征地农村集体经济组织、农村村民或者其他权利人对征地补偿、安置方案有不同意见的或者要求举行听证会的，应当在征地补偿、安置方案公告之日起 10 个工作日内向有关市、县人民政府土地行政主管部门提出。"可见，公告六不仅缩短了被征地农村集体经济组织、农村村民或者其他权利人申请听证的期限，而且对听证组织者的规定也比较模糊。

综上，不考虑集体土地征收程序立法在其他环节的实施情况，仅就土地预征公告、征收土地公告和征地补偿、安置公告而言，各地对它们的法律依据的认识并不一致。同时，同一性质的公告，公告内容也存在差异。甚至，公告内容也并不完全符合其所宣称的公告依据的要求。

（三）来自权力机关的观察

迄今为止，全国人大常委会对《土地管理法》（1998 年）的实施情况进行了两次执法检查。

第一次是 2000 年 5 月 ~7 月期间，全国人大常委会组织执法检查组，赴广东、江苏和湖北三省，对《土地管理法》（1998 年）的执行情况进行检查，同时要求浙江、山东、河南、湖南、河北、内蒙古、黑龙江、重庆、四川、云南、陕西、甘肃十二个省、市、自治区进行自查，并报送自查报告。这次检查发现，"土地违法事件屡有发生，土地执法仍需进一步强化"。据全国 30 个

① 《上海市浦东新区规划和土地管理局机构设置》，载上海 · 浦东官网：http://gov.pudong.gov.cn/newgovOpenDept_ghtdglj_jgsz/list/list_0.htm。

省、市、自治区统计,1999 年 1 月 1 日《土地管理法》(1998 年)实施以来,共发现土地违法案件 16.8 万余件,涉及土地面积 2.87 万公顷。而且,这些土地违法行为中出现了一些新的特点,如“从违法性质看,非法占地、非法批地件数相对减少,非法低价出让土地的件数相对上升”。至于土地违法行为的成因,“主要是一些地方领导的土地国策意识和法制观念比较淡薄,往往是有法不依、执法不严、违法不究,越权批地、多头批地、未批先用时有发生……”,“有的片面认为,土地管理法是管老百姓的,对政府没有约束力;有的只看重任期政绩,把建设项目列入政府要办的几件实事,要求限期完工,却忽视了依法办理用地审批手续;个别重点建设项目存在未批先占、少批多占的现象”。①

2004 年 5 ~6 月,全国人大常委会对《土地管理法》(1998 年)的实施情况开展了第二次执法检查。这次执法检查的目的是“监督和支持政府把有关‘三农’问题的各项政策措施落到实处,以巩固和加强农业的基础地位,实现农业增产和农民增收,确保粮食安全”。全国人大常委会提交给全国人大的检查报告中,并未直接涉及集体土地征收程序立法的实施情况,但其中的某些信息值得关注:一是开发区建设和城市建设占用大量耕地,是我国耕地减少的主要原因。其中,在 2004 年国土资源部开展开发区清理整顿②之前,全国开发区多达 6015 个,规划面积 3.54 万平方公里,其中相当数量是耕地,而且有的是高产农田。同时,不少城市违反城市总体规划,不切实际地建设宽马路、大广场、大草坪、主题公园,还盲目扩建大学城、行政中心。“据对 22 个省(区、市)的不完全统计,截至 2003 年初,在建和拟建的大学城有 46 个,占地面积超过 40 万亩。一些地方为改善投资环境,竞相兴建高尔夫球场,初步统计,目前全国已建、在建和拟建的高尔夫球场多达 306 个,遍及 26 个省(区、市),占地面积 48.8 万亩,其中也占用了不少耕

① 邹家华:《全国人大常委会执法检查组关于检查〈中华人民共和国土地管理法〉实施情况的报告》,2000 年 8 月 24 日第九届全国人民代表大会常务委员会第十七次会议,载《全国人民代表大会常务委员会公报》2000 年第 5 期。

② 指国土资源部于 2004 年 2 月 18 日颁行《关于严格按照标准和政策界限抓紧清理整顿现有各类开发区的函》(国土资电发〔2004〕5 号)。该函要求,“自本函下发之日起至开发区清理整顿任务完成之前,除国务院和省级人民政府批准设立的且没有擅自扩建的开发区外,一律暂停涉及现有各类开发区土地利用总体规划的调整,一律暂停现有各类开发区建设用地的审批和供应”。

地。更有甚者,有的以建大学城和高尔夫球场为名,大搞房地产开发。"二是集体土地征收补偿安置未落实到位。"截至今年 2 月份,全国共查出拖欠农民征地补偿安置费达 98.8 亿元,现初步落实清欠措施的仅有 59.9 亿元……据国土资源部反映,湖北襄荆高速公路的征地补偿费,被有关部门层层克扣截留达 45%。还有的地方农民土地被征用后,没有办理征地手续,农业税也没有按规定核减。例如,小浪底水库 1999 年正式蓄水,淹没区的 8.6 万亩耕地一直未办土地征用手续,农民的耕地因此无法核减,至今还需计缴农业税,地方政府和农民意见都很大。"在对被征地农民的安置方面,虽然进行了一些探索,但"多数地区的失地农民仍然仅能得到一次性的补偿安置费,这笔钱花完后,农民生计将难以保障。这个问题如不能得到妥善解决,将成为影响社会稳定的一个重要因素"。[①] 三是在建议中,全国人大常委会除指出要"合理补偿和妥善安置被征地农民,切实维护农民合法权益"外,还提及各地对修改《土地管理法》(1998 年)的建议,如"要贯彻落实宪法修正案,明确土地征收和征用的范围和程序;要按照控制征地规模、保障农民权益的原则,严格征地审批制度和政府保护耕地、基本农田的法律责任,提高征地补偿标准,妥善安置失地农民"。

另外,2003 年 9 月至 10 月和 2011 年 8 月至 10 月,全国人大常委会执法检查组对《中华人民共和国农村土地承包法》(下文简称《农村土地承包法》)[②]的实施情况进行了检查,其中检查内容之一是征收承包地的情况。因此,这一检查也能反映集体土地征收程序立法的实施情况。

在 2003 年的检查中,全国人大常委会获悉,1999 年至 2003 年上半年,全国共立案查处土地违法案件 60.7 万件,收回违法征收的土地 26.6 万亩。

---

① 盛华仁:《全国人大常委会执法检查组关于检查〈中华人民共和国土地管理法〉实施情况的报告》("三农"问题报告之一),2004 年6 月 24 日第十届全国人民代表大会常务委员会第十次会议。

② 《农村土地承包法》于 2002 年 8 月 29 日第九届全国人民代表大会常务委员会第二十九次会议通过,2003 年 1 月 1 日实施。该法第 16 条规定:"承包方享有下列权利:……(二)承包地被依法征用、占用的,有权依法获得相应的补偿;……",第 59 条规定:"违反土地管理法规,非法征用、占用土地或者贪污、挪用土地征用补偿费用,构成犯罪的,依法追究刑事责任;造成他人损害的,应当承担损害赔偿等责任"。2009 年 8 月 27 日,全国人民代表大会常务委员会通过《关于修改部分法律的决定》(主席令第 18 号),将《农村土地承包法》第 16 条、第 59 条中的"征用"修改为"征收、征用"。

然而,“违法批地用地、乱占滥用耕地的现象比较突出,失地农民的补偿和安置不落实”,这表现在,“一些地方不尊重农民承包土地的主体地位,违反土地利用规划,随意扩大征地规模,违法越权审批土地。目前,全国各类开发园区6000多个,开发园区过多过滥,土地闲置率过高,导致土地资源严重浪费,农民失地失业。有些地方为了减少征地成本,降低征地补偿标准,忽视失地农民的就业和生活安置;有些地方补偿费的分配没有充分体现农民的受益主体地位,以各种名目拖欠、挪用、截留土地补偿费。由此,引发了不少矛盾和纠纷,成为影响农村社会稳定的一个重要原因”。为此,全国人大常委会指出,“按照法律规定,农民是土地承包经营的主体和受益主体。各级政府及有关部门要认真处理好经济发展、城市建设与保护耕地、维护农民利益的关系,针对当前征地反映的突出问题,严格执行土地利用总体规划,尽快解决一些地方为随意征地,而迟迟不作土地规划的问题。要加快改革征地制度,改进土地征用补偿方式,完善补偿标准,规范补偿费管理。采取切实措施,解决失地农民的就业安置和社会保障问题,维护被征地农民的合法权益”。①

在2011年的检查中,全国人大常委会发现,“按照国家批准的土地利用总体规划,年均占用土地600万亩,但全国计划投资建设所需新增建设用地远超规划,特别是公路、铁路的建设违法用地问题突出。国家工业、城镇化加速,耕地保护的任务十分艰巨。严格保护耕地,保护农民的土地权益已是当务之急。一些地方在征地过程中,没有按照规定征收土地,‘以租代征’、未批先用、非法圈地时有发生;土地补偿费用分配使用存在挪用、截留、不公开等问题;被征地农民的安置多以货币安置为主,农民的发展权和长远生计在一些地方没有得到重视和保障,存在着重大隐患”。对此,全国人大常委会要求,要采取措施,切实维护被征地农民的合法权益,包括“建立公开透明的征地程序,特别要加强对占用耕地的监督管理,在公路、铁路等基础设施建设中最大程度上少占耕地……要继续深化征地制度改革,

① 乌云其木格:《全国人大常委会执法检查组关于检查〈中华人民共和国农村土地承包法〉实施情况的报告》,2003年12月26日第十届全国人民代表大会常务委员会第六次会议,载《全国人大常委会公报》2004年第1期。

保障被征地农民的知情权和参与权,落实农民的市场主体地位,逐步形成合理的土地价格体系,完善征地补偿机制,保障农民的用益物权和发展权利……"①

全国人大常委会关于《土地管理法》和《农村土地承包法》的执法检查报告都未专门阐述集体土地征收程序立法的实施情况,但透过它们对存在问题的分析以及相关建议发现,越权审批和未征先用等现象依然比较突出。

(四)人民法院裁判文书认定的事实

这一时期,因集体土地征收引发的诉讼非常多,其中不乏涉及程序问题的。举例说明如下:

案例一 王占群与邓州市人民政府征收土地案

上诉人(一审原告):王占群

被上诉人(一审被告):邓州市人民政府

一审第三人:邓州市友诚祥和养老服务有限公司

一审第三人:邓州市花洲办事处三里阁居委会军张营组

与集体土地征收相关的事实:2005 年 11 月 29 日,邓州市人民政府向南阳市人民政府作出《关于邓州市 2005 年第三批城市建设用地的请示》(邓政土〔2005〕44 号),共计征收土地 30. 3016 公顷。请示前,邓州市国土资源局于 2005 年 11 月 23 日作出了拟征地情况告知书并予以送达,2005 年 11 月 27 日三里阁居委会对邓州市国土资源局出具了征地情况确认说明,说明征地范围村组无异议。2005 年 11 月 27 日,邓州市国土资源局作出并送达了邓国土听告字〔2005〕63 号听证告知书。南阳市人民政府接到请示报告后,于 2005 年 12 月 7 日作出南阳市人民政府《关于邓州市 2005 年第三批城市建设用地的请示》(宛政土〔2005〕96 号),申报到河南省人民政府。河南省人民政府经审查,于 2005 年 12 月 22 日作出河南省人民政府

① 乌云其木格:《全国人民代表大会常务委员会执法检查组关于检查〈中华人民共和国农村土地承包法〉实施情况的报告》,2011 年 12 月 28 日第十一届全国人民代表大会常务委员会第二十四次会议。

《关于邓州市2005年度第三批城市建设用地的批复》(豫政土〔2005〕313号),同意邓州市人民政府转用并征收共计30.3016公顷土地,作为该市2005年第三批城市建设用地。邓州市人民政府于2007年4月2日作出《邓州市征收土地方案以及补偿登记公告》(〔2007〕3号)。同年4月9日,邓州市国土资源局与邓州市花洲办事处三里阁居委会军张营组协商,就征地位置、面积、土地补偿费、安置补助费、青苗补偿费、付款办法、交付土地期限等达成协议,签订《邓州市土地征收补偿安置协议书》。邓州市国土资源局、邓州市花洲办事处三里阁居委会在该协议上盖章,三里阁居委会军张营组由张敬生、张联合、张杰签字捺指印。随后,邓州市国土资源局及时将土地补偿费、安置补助费、青苗补偿费、地上附着物补偿费拨付军张营组。2007年10月16日,邓州市国土资源局作为出让人,与邓州市祥和养老中心签订国有土地使用权出让合同,将上述征收土地出让给邓州市祥和养老中心。于1993年12月20日与三里阁居委会军张营组签订责任田承包协议的王占群因认为征地程序违法和补偿过低而提起行政诉讼。①

案例二　王朝永等25人与景东彝族自治县人民政府土地征收案

上诉人(一审原告)王朝永等25人

被上诉人(一审被告)

与集体土地征收相关的事实:2006年8月25日,云南省景东彝族自治县第十四届人民代表大会常务委员会第27次会议听取和审议了景东彝族自治县人民政府(以下简称县人民政府)所作的《景东县县城总体规划调整(2006~2020)》工作报告,并作出《关于批准景东县县城总体规划调整(2006~2020)的决定》(景人发〔2006〕24号)。2007年3月12日,县人民政府授权景东彝族自治县国土资源局(以下简称县国土局)办理土地征收工作。2007年3月20日,县国土局以景国土资通告字〔2007〕1号发布拟征收农民集体土地的通告,对征收范围、用途、面积、位置、补偿标准、听证权利等内容向景东县斗阁村民委员会平掌小组(以下简称平掌小组)进行了公告。2007年4月10日,斗阁村民委员会证明通告后村民未提出听证

---

① 参见河南省南阳市中级人民法院(2011)南行终字第54号行政判决书。

申请。2007 年 11 月 1 日，县国土局与平掌小组签订了《景东县市镇规划建议（设）工程土地征收协议》（以下简称《征收协议》）两份，分别征收平掌小组集体土地 25.09 亩和 16.96 亩。2007 年 11 月 15 日，景东县国土资源局土地储备中心向平掌小组支付土地补偿费、安置补助费、青苗补偿费及附着物补偿费等费用共计 271.095 万元。至 2009 年 8 月 10 日，被征收土地的农户已全部领取了补偿金。王朝永等 25 人以征收土地违法为由提起行政诉讼。①

案例三　昆明市东川区铜都镇深沟村第三村民小组 41 户村民与昆明市东川区人民政府土地征收案

上诉人（一审原告）：昆明市东川区铜都镇深沟村第三村民小组 41 户村民

被上诉人（一审被告）：昆明市东川区人民政府

第三人：昆明市东川区铜都镇深沟村第三村民小组

与集体土地征收相关的事实：2006 年昆明市人民政府向云南省人民政府提交《关于东川区铜都镇 2006 年度第二批城镇建设农用地转用及土地征收的请示》（昆政请〔2006〕148 号），其中包含昆明市东川区铜都镇深沟村第三村民小组（以下简称深沟村第三村民小组）的土地。同年 9 月，深沟村第三村民小组会同东川区铜都镇国土资源所组织本村村民召开村民大会，该次会议中大部分村民同意征地；10 月 14 日，深沟村第三村民小组召开组代表会议，拟订补偿款分配方案；10 月 20 日深沟村第三村民小组与东川区人民政府签订《土地征用协议》，东川区人民政府征收深沟村第三村民小组的集体农用地 105.7 亩；10 月 23 日，双方签订《补偿协议》和《地上附属物拆迁包干赔偿协议》，同日东川区人民政府向深沟村第三村民小组支付全部土地补偿费，至 2007 年 5 月全部费用（包括土地补偿费、青苗补偿费、地上附着物补偿费和土地协调费）共计 10,547,265.60 元兑现给农民。2007 年 8 月 27 日，云南省人民政府作出《关于东川区铜都镇 2006 年度第二批城镇建设农用地转用及土地征收的批复》（云国土资复〔2007〕185

① 参见云南省高级人民法院（2011）云高行终字第 67 号行政判决书。

号)，以下简称《批复》)，批准征地7.0437公顷(包含同意征收深沟村第三村民小组的集体农用地105.7亩)。2007年9月30日，昆明市人民政府将《批复》转发给东川区人民政府。同年8月29日，东川区人民政府发布征地公告；10月10日发布征地补偿方案、安置方案公告。深沟村41户村民请求撤销东川区人民政府与深沟村第三村民小组签订的《土地征用协议》。①

前述三则案例虽都具有程序瑕疵，并且瑕疵程度不同，但人民法院最终的裁判结果却具有惊人的相似性。

案例一经历了预征告知—征地请示—征地审批—征地公告—征地补偿、安置公告等程序，程序比较完备。经审理，一审法院发现"按照《国务院关于深化改革严格土地管理的决定》国发〔2004〕28号文件规定的程序，被告没有按规定征求有关农户确认，程序上存在一定瑕疵"，可谓明察秋毫。不过，在一审法院看来，这一程序瑕疵"不影响征地行为的合法性"。而且，这一观点得到了二审人民法院的支持。二审人民法院认为，"这些程序上的瑕疵不足以导致整个征地实施行为的违法，而且这些征地依法报批前的行为已被批准征地的行为所吸收，本身并不独立对外产生法律效力，不具有可诉性"。② 最终，王占群的诉讼请求未获得法院的支持。

案例二中，景东彝族自治县人民政府首先借助县人大常委会对《景东县县城总体规划(2006～2020)》作出调整，然后以实施县城总体规划的名义，直接授权景东彝族自治县国土资源局办理土地征收工作。此时，可否理解为景东彝族自治县人民政府行使了土地征收审批权？对此，二审人民法院认为，"被上诉人(景东彝族自治)县(人民)政府的土地征收行为未取得有权机关的批准，其实施的征地行为已违反法律规定"；同时，"本案被诉的《征收协议》属被上诉人征收土地中的一个过程行为……县政府在签订这份协议时，本案所涉征地尚未得到有权机关的批准，缺乏相应的权力依据，该《征收协议》亦违反法律、法规的规定"；不过，"本案土地征收未经有

① 参见云南省高级人民法院(2009)云高行终字第52号行政判决书。
② 河南省南阳市中级人民法院(2011)南行终字第54号行政判决书。

权机关批准，土地征收尚未完成，因此，上诉人要求判决返还土地的诉讼请求还没有相应的事实依据和前提”。[①] 最终，二审法院判决确认《景东县市镇规划建议(设)工程土地征收协议》违法，并驳回上诉人王朝永等25人请求归还2007年非法征收的集体土地25.12亩的诉讼请求。

案例三是典型的“未批先征”。对于这一点，二审人民法院有清醒的认识，即“本案区政府在报请省级人民政府批准征收土地过程中，组织征收第三人所有的集体土地。在区政府与第三人签订的《土地征用协议》《补偿协议》和《地上附属物拆迁包干赔偿协议》履行完毕后，云南省级人民政府才批准区政府征收第三人的集体土地”。在认定区政府组织征地的行政行为程序上不符合《土地管理法》第44条第1款、第45条、第46条和《土地管理法实施条例》第25条以及《云南省土地管理条例》第19条的规定的同时，二审法院指出：“本案鉴于区政府在组织实施征地时，村民同意征收涉及本案的集体土地，且已经得到相应的补偿，无证据证明区政府组织征收土地及补偿的行政行为对深沟村41户村民合法权益造成损害。”最终，判决驳回深沟村41户村民的诉讼请求。[②]

四、小结

这一时期，特别是2004年《宪法修正案》颁行之后，集体土地征收程序立法逐渐完善，集体土地征收程序也愈发复杂起来。就立法而言，以下特点尤为显著：

第一，《土地管理法》及《土地管理法实施条例》对集体土地征收程序的规定比较粗疏，集体土地征收程序主要依赖国土资源部的部门规章和其他规范性文件而逐渐丰满起来。确实，理论上，由不同位阶的法律规范构成的调整同一事项的法律体系中，低位阶的法律规范承载着对上位阶的法律规范进行细化的功能，最终使该法律体系呈“金字塔”形结构。此时，抽象的上位法规范借助下位法而获得生命力。不过，上位法的抽象与上位法的缺位不相等同。在集体土地征收程序立法中，下位法在提升集体土地征收

① 参见云南省高级人民法院(2011)云高行终字第67号行政判决书。

② 参见云南省高级人民法院(2009)云高行终字第52号行政判决书。

程序立法的可操作性的同时,某些内容已经超出了上位法所能涵摄的范围,如预征公告程序与预征听证程序。这样的危险在于:(1)下位法扩展上位法的“度”如何把握?若不关注这一问题,下位法可能把上位法引向完美,也可能引向另一面。(2)部门规章及其他规范性文件确立的集体土地征收程序无论如何完美,部门规章及其他规范性文件的法律地位决定了它们在行政程序和司法程序中的命运不容乐观,随时可能因与上位法不一致而被冷落在一边。

第二,集体土地征收程序与农用地转建设用地审批程序相混杂。在严格的土地用途管制制度和保护耕地制度之下,拟征收的集体土地是农用地时,必然面临着农用地转建设用地的审批问题。《土地管理法》及《土地管理法实施条例》从提高行政效率的角度出发,明确规定在某些情形下,农用地转建设用地审批程序与土地征收程序同步进行。这样,化繁就简的积极意义立竿见影。不过,不容忽视的是,农用地转建设用地审批程序与集体土地征收程序关注的侧重点并不相同。当两类程序融合为一个程序时,在实践中,就会出现厚此薄彼的倾向,而这对实现土地用途管制和规范集体土地征收都是不利的。

第三,集体土地征收程序与建设项目用地审批程序相分离。在新中国成立之初的集体土地征收程序立法中,国家、用地单位与被征地单位形成三角关系,国家主持用地单位与被征地单位签订土地征收补偿协议,土地征收补偿费和安置费由用地单位承担,并直接或通过土地管理部门间接支付给被征地单位。但如《土地管理法》(1998 年)的起草说明所示,到 20 世纪末,国家对集体土地征收的认识发生了变化,认识到集体土地征收是国家行为,是集体土地所有权人和使用权人应当忍受的义务。于是,国家、用地单位与被征地单位的关系由三角关系转为直线关系,即用地单位向国家申请建设用地,国家向集体征收土地,国家按照建设用地审批程序向建设单位供地,而用地单位与被征地单位不发生直接的法律关系;无论是征地补偿标准和征地补偿、安置方案的制定,还是征地补偿方案、安置方案的实施,都是国家与被征地单位之间的事情。可以说,集体土地征收程序与建设项目用地审批程序相分离是对土地征收本质的回归,是值得肯定的。不过,在这一过程中,特别是批次征地程序的运行,使国家对集体土地征收的规制强度明显降低。在批次征地程序中,关注的是土地征收是否符合土地利用总体规划和年度计划以及城市规划,而土地利用总体规划的修改程序较为宽松——经省、自治区、直辖市人民政府授权的设区的市、自治州人民政府批准就有权修改乡(镇)土地利用总体规划。换句话说,地方人民政府可以通过修改土地利用总体规划,顺利地通过批次征地审批审查。

第四,关注被征地集体经济组织、农民和其他权利人的知情与参与。这一时期,立法不再生硬地要求被征地集体经济组织和农民必须"服从"集体土地征收,而是在确保被征地农民"原有生活水平不降低"和"长远生计有保障"的目标追求之下,开始关注被征地集体经济组织和农民的知情权与参与权。这种关注,始于《土地管理法》(1998 年),并通过《土地管理法实施条例》《征收土地公告办法》《国土资源听证规定》和《关于完善征地补偿安置制度的指导意见》等行政法规、部门规章和其他规范性文件而逐渐深化。至此,预征公告、土地征收公告和征地补偿、安置方案公告、区域性征地补偿标准的制定与修改,以及拟征地补偿、安置方案的拟定,都将被征地集体经济组织和农民的知情与参与置于核心位置。当然,"征地补偿、安置争议不影响征用土地方案的实施"中的强制性依然无法让人释怀。甚至,依然有人民政府制定规范性文件,强调被征地集体经济组织和农村的服从义务。①

就集体土地征收程序立法的实施而言,透过权力机关的执法检查、国家土地管理部门的督察和检查、人民法院的裁判文书,以及行政机关的预征公告等相关法律文书,可以发现:首先,越权审批、无权审批和未批先征依然在一定程度上存在。其次,预征公告、土地征收公告、征地补偿与安置公告等逐渐规范化,大大增加了集体土地征收的透明度,但征地审批环节依然处于"暗箱"之内。而且,行政机关的前述公告也并不完全符合法律规范的要求。再次,集体土地征收程序规范分散于法律、行政法规、地方性法

① 例如,2014 年 8 月 20 日,嵊州市人民政府颁布《关于印发嵊州市征收集体土地实施办法的通知》(嵊政〔2014〕69 号)。《嵊州市征收集体土地实施办法》第 7 条规定:"被征地的农村集体经济组织、村民或其他权利人应当服从社会经济发展对建设用地的需要,积极协助做好土地征收工作。"

规、部门规章和其他规范性文件之中,并且相互之间有不一致之处。这样,行政机关在援引过程中具有随意性,甚至无法排除是否有故意规避某些法律规范的情形。最后,司法作为正义的最后守护神,在面对程序违法,甚至严重程序违法时,持宽松的审查态度,一定程度上可能会纵容程序违法行为。

第四章　集体土地征收程序的变革轨迹

从前述分析看，宏观上，集体土地征收程序由审批前程序、审批程序和批后实施程序构成。同时，活跃于程序之间的主要包括三类主体：一是土地征收审批机关；二是需要使用土地的建设单位（以下简称用地单位）；三是对被征收的土地享有所有权、使用权的集体经济组织、农民以及其他利害关系人（以下统称被征地人）。本章将围绕相关主体在集体土地征收程序不同阶段中的法律地位，来阐释集体土地征收程序的变革轨迹。

一、集体土地征收审批前程序的变革

审批前程序，指向征地审批机关递交用地申请或征地申请之前的程序。这样，透过递交用地申请或征地申请时需准备的材料，并结合法律、法规和规章的相关规定，可以获悉审批前程序的基本样态。

分析审批前程序，可以发现国家在"起意"征收土地之前，相关国家机关、用地单位以及被征地人之间的互动情况。

（一）被征地人在建设项目选址勘查程序中的地位逐渐弱化

建设项目选址勘查程序，是指用地单位为确定拟征土地是否符合建设项目的需要而对拟征土地进行勘查、测量的程序。

《国家建设征用土地办法》和《国家建设征用土地办法》（修正）规定了用地单位对拟征收土地的勘查程序，以确定拟征收土地是否适合需要。不过，该程序不是必经程序，而且两部法律文件的要求也不一样。其中，根据《国家建设征用土地办法》第 6 条的规定，需要勘查时，用地单位，应当根据勘测范围，分别"报经省、市、县人民政府核准"，并协同当地人民政府和中共中央党委向人民解释清楚，"取得人民同意"后才能进行;根据《国家建设征用土地办法》(修正)第11条的规定,在这种情况下,用地单位应当"先征得当地人民委员会和土地所有者的同意"。

《国家建设征用土地条例》第7条将用地选址程序作为用地单位申请征收土地的必经程序。根据其规定,用地单位应当持相关法律文件向拟征地所在地的县、市土地管理机关申请,经县、市人民政府审查同意后,进行选址;若在城市规划区内进行选址,还应当取得城市规划管理部门的同意。同时,《国家建设征用土地条例》第18条规定,"建设单位为选择建设地址而需要对土地进行勘测的,应当征得当地县、市人民政府的同意";《土地管理法》(1986年)和《土地管理法》(1988年)第33条都明确规定,"建设单位为选择建设地址,需要对土地进行勘测的,应当征得当地县级人民政府的同意"。

《土地管理法》(1998年)将土地征收程序分为批次征地程序和建设项目单独选址的征地程序,但没有明确规定建设用地选址勘查程序。随后,与《土地管理法》(1998年)同日实施的《土地管理法实施条例》(1998年)在第23条中规定单独选址的征地程序时,要求"建设项目可行性研究论证时,由土地行政主管部门对建设项目用地有关事项进行审查,提出建设项目用地预审报告;可行性研究报告报批时,必须附具土地行政主管部门出具的建设项目用地预审报告"。2001年7月25日,国土资源部发布并实施《建设项目用地预审管理办法》(国土资源部令第7号),[①]对建设项目用地预审程序作出详细规定。从用地预审程序的内容看,它与建设项目选址相关。例如,根据经2008年修订的《建设项目用地预审管理办法》第7条的规定,建设单位在申请建设项目申请用地预审时,应提交一份"建设项目用地预审申请报告",该报告的内容包括拟建项目的基本情况、拟选址占地情况、拟用地面积确定的依据和适用建设用地指标情况、补充耕地初步方案、征地补偿费用和矿山项目土地复垦资金的拟安排情况等。可见,建设用地预审程序不包含建设项目选址勘查程序。

不过,值得注意的是,《土地管理法》(1998年)和《土地管理法》

① 2004年10月29日国土资源部第九次部务会议修订,2008年11月12日国土资源部第十三次部务会议修正。

(2004年)第57条都规定了建设项目的地质勘查程序:"建设项目施工和地质勘查需要临时使用国有土地或者农民集体所有的土地的,由县级以上人民政府土地行政主管部门批准。其中,在城市规划区内的临时用地,在报批前,应当先经有关城市规划行政主管部门同意。土地使用者应当根据土地权属,与有关土地行政主管部门或者农村集体经济组织、村民委员会签订临时使用土地合同,并按照合同的约定支付临时使用土地补偿费。"就"地质勘查"的种类来看,它包括以寻找和评价矿产为主要目的的矿产地质勘查,以寻找和开发地下水为主要目的的水文地质勘查,以查明铁路、桥梁、水库、坝址等工程地区地质条件为目的的工程地质勘查等。可见,为征收土地而进行的勘查可纳入"工程地质勘查"的范畴。因此,一定意义上《土地管理法》(1998年)和《土地管理法》(2004年)并没有取消建设项目选址勘查程序,而是将它作为"临时用地"予以规范。

综上,程序上,建设项目选址勘查历来需要经过相关行政机关的审查同意,但未必需要经过被征收人的同意。其中,无论是党委的介入,还是"人民"这一政治性词汇的运用,都显示了《国家建设征用土地办法》具有较强的政治性,而非法律性;《国家建设征用土地办法》(修正)采用"土地所有者"概念,在提高可操作性的同时,也意味着"土地使用者"在这一过程中的缺位。不过,与其后的其他集体土地征收立法中潜在的被征收人只能选择签订临时使用土地合同相比,《国家建设征用土地办法》和《国家建设征用土地办法》(修正)对被征地人更为尊重。

(二)征地补偿、安置方案确定程序的协商性逐渐降低,且逐渐后移

补偿、安置方案确定程序,指与集体征收相关的各方当事人何时以及以何种方式确定补偿、安置方案的程序。

根据《国家建设征用土地办法》第4条的规定,用地单位在提交征地计划书时,应当提交对土地被征收者的补偿安置计划。由此可知,征地补偿、安置计划形成于用地单位申请征地前。同时,根据第8条的规定,被征收土地的补偿费,由当地人民政府会同用地单位、农民协会及土地原所有人(或原使用人)或由原所有人(或原使用人)推出之代表评议商定之;对被征收土地上的房屋、水井、树木等附着物及种植的农作物,均

应根据当地人民政府、用地单位、农民协会及土地原所有人和原使用人（或原所有人和原使用人推出之代表）会同勘定之现状，按公平合理的代价予以补偿。

同样，根据《国家建设征用土地办法》（修正）第4条的规定，即用地单位在提交征地申请书时，应提交对被征收土地者的补偿、安置计划，可以推知对被征收者的补偿、安置计划形成于用地单位申请征地前。根据《国家建设征用土地办法》（修正）第7条的规定，征地补偿费由当地人民委员会会同用地单位和被征收土地者共同评定，而对被征收土地上的水井、树木等物和农作物，都应该按照公平合理的原则发给补偿费。

根据《国家建设征用土地条例》第7条的规定，用地单位在选址程序结束后，拟征土地所在地的县、市土地管理机关应当组织用地单位、被征地单位以及有关单位，商定预计征用的土地面积和补偿、安置方案，签订初步协议，然后才向土地管理机关正式申报建设用地面积；在征地申请被批准后，在土地管理机关主持下，用地单位与被征地人签订正式协议。

《土地管理法》（1986年）和《土地管理法》（1988年）未明确规定补偿、安置方案的确定程序。从《土地管理法实施条例》（1991年）第18条的规定来看，建设单位向县级以上土地管理部门提出建设用地申请后，县级以上土地管理部门在对建设用地申请的审核过程中，需要划定用地面积，并组织建设单位与被征地单位以及有关单位商定征收土地的补偿、安置方案，报县级以上人民政府批准。

《土地管理法》（1998年）和《土地管理法》（2004年）对征地补偿、安置的关注始于国家已经确定征收土地并发布土地征收公告之后，要求被征收土地所有权人、使用权人依法办理征地补偿登记。根据《土地管理法实施条例》（1998年）的规定，在批次征地程序中，市、县人民政府在申请征地时，应当提交征收土地方案；在建设项目单独选址征地程序中，建设单位向市、县土地行政主管部门提出建设用地申请后，市、县土地行政主管部门应当拟定征收土地方案。同时，《土地管理法实施条例》（1998年）第25条明确将被征收土地的“范围、面积以及征地补偿标准、农业人员安置办法”等列入征收土地公告的内容，并要求“市、县人民政府土地行政主管部门根据经批准的征用土地方案，会同有关部门拟订征地补偿、安置方案，在被征用土地所在地的乡（镇）、村予以公告，听取被征用土地的农村集体经济组织和农民的意见。征地补偿、安置方案报市、县人民政府批准后，由市、县人民政府土地行政主管部门组织实施。对补偿标准有争议的，由县级以上地方人民政府协调；协调不成的，由批准征用土地的人民政府裁决。征地补偿、安置争议不影响征用土地方案的实施”。由是可知，在征地审批所必备的征地方案中，已经包含了征地补偿、安置等事宜。也正因此，《建设用地审查报批管理办法》（1999 年）第 10 条要求征收土地方案包含征收土地的范围、种类、面积、权属、土地补偿费和安置补助费标准、需要安置人员的安置途径等内容。也就是说，在当下的集体土地征收程序中，国家在审批阶段审查的征地补偿、安置方案是由土地行政主管部门单方拟定的，被征地人并不知情。

综上，在集体土地征收程序的变革过程中，征地补偿、安置方案确定程序的协商性逐渐降低。对被征地人来说，其参与从用地单位或土地行政主管部门提出征地申请之前的参与，后移到征地申请提出之后、报请审批之前，直至后移到征地申请被批准、征地公告发布之后。

不过，值得关注的是，在地方立法层面，仍有将征地补偿、安置方案确定程序置于征地审批程序之前的。如根据《北京市建设征地补偿安置办法》（北京市人民政府令第 148 号）①第 10 条和第 11 条的规定，土地行政主管部门在向批准征地机关报送征用土地方案时，应当附具征地双方签订的征地补偿安置协议。而征地补偿安置协议是征地单位与被征地农村集体经济组织或者村民委员会在不低于本市征地补偿费最低保护标准的基础上经协商签订，包括补偿方式、补偿款金额及支付方式、安置人员数量及安置方式、青苗及土地附着物补偿、违约责任和纠纷处理方式等内容。而且，签订协议前，被征地农村集体经济组织或者村民委员会应当就协议主要内容经村民大会或者村民代表大会等民主程序形成书面决议；签订协议后，农村集体经济组织或者村民委员会应当向农村村民公示征地补偿安置协议。土地行政主管部门应当对农村集体经

① 2004 年 4 月 29 日北京市人民政府第二十四次常务会议通过，2004 年 5 月 21 日公布，自 2004 年 7 月 1 日起施行。

济组织或者村民委员会在签订征地补偿安置协议前是否履行民主程序、征地双方达成协议的内容是否符合法律规定进行监督,并可就监督内容听取农村村民意见。北京市国土资源局通州分局的《征地补偿安置公示》[京(通)地征〔2015〕3号]能够从侧面展示征地补偿、安置方案的确定程序,并说明该程序发生于征地申请报批之前。

征地补偿安置公示①

京(通)地征〔2015〕3号

为实施通州区西集镇综合配套区定向安置房项目,拟征收西集镇西集村农村集体土地5.3253公顷(79.880亩),经西集镇西集村(农村集体经济组织)民主决议,并与鸿基伟业(北京)房地产开发有限公司协商,于2015年2月27日达成征地补偿安置协议,现就征地补偿安置协议主要内容及征地补偿安置情况公示如下:

一、建设单位、建设项目名称、土地用途及征收土地位置

建设单位:鸿基伟业(北京)房地产开发有限公司

建设项目:通州区西集镇综合配套区定向安置房项目

土地用途:居住用地

征收土地位置:东至于岳路,西至西集村中路,南至通香公路,北至西集村中路

二、征收土地权属、地类、面积

征收西集镇西集村,集体土地5.3253公顷(79.880亩),具体情况如下:

地类名称	征地面积(公顷)	征地面积(亩)
耕地	0.4226	6.339
沟渠	1.0437	15.656

① 北京市国土资源局通州分局:《征地补偿安置公示》[京(通)地征〔2015〕3号],载北京市国土资源局通州分局网站:http://www.bjgtj.gov.cn/tabid/865/InfoID/174765/frtid/5179/Default.aspx。

续表

地类名称	征地面积(公顷)	征地面积(亩)
工矿仓储用地	2.4481	36.722
住宅用地	0.4458	6.687
公共管理与公共服务用地	0.4696	7.044
交通运输用地	0.2498	3.747
空闲地	0.2457	3.686
合计	5.3253	79.881

三、村民代表大会决议情况

2015 年 1 月 29 日，西集村就征地事宜经村民代表大会表决同意，村民代表应到 31 人，实到代表 27 人，其中同意代表 27 人，弃权代表 0 人，反对代表 0 人。

四、征地补偿安置协议主要内容

征地补偿标准为人民币 15 万元/亩（西集镇征地最低保护标准为 4 万元），总计人民币 1198.2 万元。其中，采取货币补偿为人民币 1198.2 万元。

安置农业人口 37 名；其中劳动力 19 名，采取社会保险进行安置，超转人员 15 名。

五、提出意见及听证权利

自本公示张贴之日起 5 个工作日内（到 2015 年 4 月 7 日止），西集镇西集村集体经济组织成员对上述公示内容有不同意见的，可以向北京市国土资源局通州分局（通州区梨园北街 53 号　邮编 101101　联系电话：010－69542735）提出。在此期间内可以就征地补偿标准和安置方案提出听证申请；逾期未提出意见或听证申请的，视为放弃权利。

我分局将在听取意见或听证的基础上，依据本次征地补偿安置公示拟定征收土地方案并报区县人民政府，征地补偿标准和安置方案以市人民政府批准为准。

特此公示。

北京市国土资源局通州分局

2015 年 3 月 31 日

(三)预征土地公告及听取意见程序的初步确立

预征土地公告及听取意见程序,是指征地依法报批前,土地行政管理部门将拟征土地的用途、位置、补偿标准、安置途径告知被征地农民,并听取其意见的程序。该程序旨在保障被征地人的知情权和参与权。

严格意义上,预征土地公告及听取意见程序并不是“法定程序”。它首先出现于《国务院关于深化改革严格土地管理的决定》之中。该决定规定,“在征地过程中,要维护农民集体土地所有权和农民土地承包经营权的权益。在征地依法报批前,要将拟征地的用途、位置、补偿标准、安置途径告知被征地农民;对拟征土地现状的调查结果须经被征地农村集体经济组织和农户确认;确有必要的,国土资源部门应当依照有关规定组织听证。要将被征地农民知情、确认的有关材料作为征地报批的必备材料”。随后,国土资源部发布《关于印发〈关于完善征地补偿安置制度的指导意见〉的通知》(国土资发〔2004〕238号),将这一程序细化为三个步骤:第一,告知征地情况。在征地依法报批前,当地国土资源部门应将拟征地的用途、位置、补偿标准、安置途径等,以书面形式告知被征地农村集体经济组织和农户。在告知后,凡被征地农村集体经济组织和农户在拟征土地上抢栽、抢种、抢建的地上附着物和青苗,征地时一律不予补偿。第二,确认征地调查结果。当地国土资源部门应对拟征土地的权属、地类、面积以及地上附着物权属、种类、数量等现状进行调查,调查结果应与被征地农村集体经济组织、农户和地上附着物产权人共同确认。第三,组织征地听证。在征地依法报批前,当地国土资源部门应告知被征地农村集体经济组织和农户,对拟征土地的补偿标准、安置途径有申请听证的权利。当事人申请听证的,应按照《国土资源听证规定》规定的程序和有关要求组织听证。从这一规定可以看出,拟征地公告和听取意见程序中,发布拟征地公告的时间是征地报批前。这意味着,对于单独选址建设项目征地程序而言,该程序发生于用地单位提出用地申请之后、土地行政管理部门依法向人民政府报批之前。

遗憾的是,作为规范性文件,《国务院关于深化改革严格土地管理的决定》对各省(自治区、直辖市)人大常委会的约束力非常有限。[①] 这主要表现在,在《国务院关于深化改革严格土地管理的决定》于 2004 年 10 月 21 日实施之后至 2015 年 4 月 20 日,西藏自治区、河南省、吉林省、海南省、天津市、贵州省、陕西省、山西省、青海省、广东省、内蒙古自治区、四川省、福建省等 13 个省、自治区、直辖市的人大常委会对本省实施《土地管理法》的地方性法规——名称上,以"××省(市、自治区)实施《土地管理法》办法"居多,或是"××省(市、自治区)土地管理条例"进行了修改,只有青海省人大常委会和海南省人大常委会对《国务院关于深化改革严格土地管理的决定》(国发〔2004〕28 号)确立的预征地公告程序和听取意见程序进行了有限吸收:《青海省实施〈中华人民共和国土地管理法〉办法》[②]只确立了预征地公告程序和土地调查结果确认程序,而未确立听取意见程序;[③]《海南经济特区土地管理条例》[④]只确立了预征地公告程序。[⑤]

而且,有的省、自治区、直辖市人民政府和较大的市的人民政府在遵从《国务院关于深化改革严格土地管理的决定》的要求的同时,还直接改变了

---

① 从法理上看,国务院的规范性文件对地方性法规尚具有一定的法律约束力,而国土资源部的规范性文件对地方性法规不具有任何法律约束力。

② 1990 年 8 月 31 日青海省第七届人民代表大会常务委员会第十六次会议通过,2006 年 7 月 28 日青海省第十届人民代表大会常务委员会第二十三次会议修订。

③ 《青海省实施〈中华人民共和国土地管理法〉办法》(2006 年)第 36 条规定:"土地行政主管部门在征地依法报批前,应当将拟征地块的用途、位置、补偿标准、安置途径等事项予以公告。"第 37 条规定:"土地行政主管部门应当对拟征土地的利用现状进行调查,调查结果由被征地农村集体经济组织和农(牧)户共同确认。"

④ 1994 年 6 月 24 日海南省第一届人民代表大会常务委员会第九次会议通过,1999 年 9 月 24 日海南省第二届人民代表大会常务委员会第九次会议修订,根据 2006 年 3 月 30 日海南省第三届人民代表大会常务委员会第二十二次会议《关于修改〈海南经济特区土地管理条例〉的决定》第一次修正,根据 2008 年 7 月 31 日海南省第四届人民代表大会常务委员会第四次会议《关于修改〈海南经济特区土地管理条例〉的决定》第二次修正,根据 2009 年 5 月 27 日海南省第四届人民代表大会常务委员会第九次会议《海南经济特区土地管理条例修正案》第三次修正,根据 2014 年 9 月 26 日海南省第五届人民代表大会常务委员会第十次会议《关于修改〈海南经济特区土地管理条例〉的决定》第四次修正。

⑤ 《海南经济特区土地管理条例》(2014 年)第 28 条规定:"征收农村集体所有土地按下列程序实施:(一)被征收土地所在市、县、自治县人民政府土地行政主管部门制定征地方案,按照规定的审批权限报请批准。在征地依法报批前,应当将拟征地的用途、位置、补偿标准、安置途径以书面形式告知被征地农村集体经济组织和农民……"。《海南经济特区土地管理条例》第 28 条第(三)项规定了土地调查结果的共同确认程序,但该程序被置于征地方案被批准之后。

《土地管理法》及《土地管理法实施条例》的要求。如《山东省土地征收管理办法》(山东省人民政府令第226号)①第8条至第11条规定了预征地公告程序、土地调查确认程序和听取意见程序,并且在第11条明确规定:“农村集体经济组织、农民或者其他权利人对补偿标准和安置方式要求举行听证的,应当自土地征收补偿安置方案公示结束之日起5个工作日内,向市、县人民政府国土资源行政主管部门提出申请。市、县人民政府国土资源行政主管部门应当按照规定组织听证。”随后,《山东省土地征收管理办法》第12条规定:“农村集体经济组织、农民或者其他权利人对补偿标准和安置方式没有异议的,由市、县人民政府国土资源行政主管部门和财政部门与农村集体经济组织签订土地征收补偿安置协议。土地征收补偿安置协议主要包括土地的位置、数量、地类、补偿标准、安置方式、费用的拨付时间和方式、土地的交接时间和方式等内容。土地征收勘测调查清单应当作为土地征收补偿安置协议的附件。”第13条规定:“对补偿标准有异议,达不成土地征收补偿安置协议的,由市、县人民政府进行协调;协调不成的,报省人民政府裁决。”第14条规定:“土地征收补偿安置协议签订或者补偿标准裁决后,市、县人民政府国土资源行政主管部门应当按照国家和省有关规定,组织编制土地征收方案,连同有关材料,报有批准权的人民政府批准。”前述规定,是对土地征收补偿安置方案听取意见程序的自然延伸,值得肯定。然而,令人费解的是,在征收土地申请被批准后,《山东省土地征收管理办法》只保留了土地征收公告程序,而删除了征地补偿安置方案公告程序和听取意见程序。换句话说,《山东省土地征收管理办法》是以征地报批前的拟征地公告程序与听取意见程序取代了《土地管理法》及《土地管理法实施条例》规定的征地批准后的补偿安置方案公告程序与听取意见程序。这种取代,明显违反了上位法。

此外,从实践角度看,预征地公告程序和听取意见程序的实施情况似乎比立法情况略好。2015年4月20日20:00,笔者登录全国除香港特别行政区、澳门特别行政区和台湾省之外的30个省、自治区、直辖市的省会城

① 2010年8月5日省政府第七十八次常务会议通过,2010年8月17日公布,自2011年1月1日起施行。

市所在的国土资源局网站，查询预征地公告、征收土地公告和征地补偿安置公告的公示情况，发现，除长春市国土资源局与天津市国土资源和房屋管理局的网站在当时无法登录外，有 7 个地方发布了预征地公告，如表 4－1 所示。

表 4－1　与土地征收相关的公告的公示情况统计

序号	省会城市、直辖市	预征土地公告	征收土地公告	征收土地补偿安置公告	信息来源网站
1	哈尔滨市	×	√	√	哈尔滨市国土资源局网站
2	长春市	/	/	/	长春市国土资源局网站
3	沈阳市	×	×	×	沈阳市规划和国土资源局网站
4	济南市	√①	√	√	济南市国土资源局网站
5	郑州市	×	√	√	郑州市国土资源局网站
6	南京市	√	√	√	南京市国土资源局网站
7	上海市	×	√	√	上海市规划和国土资源管理局网站
8	杭州市	×	√	√	杭州市国土资源局网站
9	福州市	√	√	√	福州市国土资源局网站
10	广州市	√②	√	√	广州市国土资源和房屋管理局网站
11	南宁市	√	√	√	南宁市国土资源局网站
12	昆明市	×	×	×	昆明市国土资源局网站网站
13	成都市	×	√	√	成都市国土资源局网站
14	重庆市	×	×③	×④	重庆市国土资源和房屋管理局网站

① 未告知申请听证权。

② 告知可申请听证，但未告知申请听证的时间及如何提出听证申请。

③ 有征地批复，但无征地公告。

④ 有实施征地补偿安置方案批复，但无征地布置安置方案公告。

续表

序号	省会城市、直辖市	预征土地公告	征收土地公告	征收土地补偿安置公告	信息来源网站
15	贵阳市	×	√	√	贵阳市国土资源局网站
16	拉萨市	×	×	×	拉萨市国土资源规划局
17	西宁市	×	×	×	西宁市国土资源局网站
18	兰州市	×	√	√	兰州市国土资源局网站
19	银川市	×	×	×	银川市国土资源局网站
20	西安市	×	√	√	西安市国土资源局网站
21	太原市	×	√	√	太原市国土资源局网站
22	石家庄市	×	×①	√	石家庄市国土资源局网站
23	武汉市	√	√	√	武汉市国土资源和规划局网站
24	长沙市	×	√	√	长沙市国土资源局网站
25	海口市	×	×	×	海口市国土资源局网站
26	北京市	√	√	×	北京市国土资源局网站
27	合肥市	×	√	√	合肥市国土资源局网站
28	呼和浩特市	×	×	×	呼和浩特市国土资源局网站
29	乌鲁木齐市	×	√	×	乌鲁木齐市国土资源局网站
30	天津市	—	—	—	天津市国土资源和房屋管理局网站

二、集体土地征收审批程序的变革

(一)审批机关及其审批权限的变革

集体土地征收的审批机关及其审批权限的变革轨迹,如表 4-2 所示。

① 有建设用地批复,但未见独立的土地征收公告。

表4-2　集体土地征收审批机关及其审批权限的变革

序号	法律文件	审批机关及审批权限			备注
		国务院（政务院）	省（自治区、直辖市）人民政府	县级人民政府	
1	《国家建设征用土地办法》	全国性的建设事业用地。	地方性建设事业，并且符合条件之一：(1)用地在1000亩（含）~5000亩（不含）之间；(2)迁移居民在50户（含）~300户（不含）之间。	地方性建设事业，并且符合条件之一：(1)用地不足1000亩；(2)迁移居民不足50户者。	(1)大行政区行政委员会的征地审批权限及其调整；①(2)国防建筑工程的征地审批权限。②
2	《国家建设征用土地办法》（修正）	无	(1)建设工程用地在300亩以上；(2)建设工程用地需要迁移居民在30户以上。	(1)建设工程用地在300亩以下；(2)建设工程用地需要迁移居民在30户以下。	征地审批权限的回收与下放。③
3	《国家建设征用土地条例》	(1)耕地、园地1000亩以上；(2)其他土地10,000亩以上。	(1)直辖市郊区的土地；(2)50万人口以上城市郊区的土地；(3)其他地区耕地、园地3亩以上，林地、草地10亩以上，其他土地20亩以上。	征收前述限额以下的其他土地。	

① 根据《国家建设征用土地办法》的规定，地方性建设事业用地在5000亩以上，或迁移居民300户以上者，由大行政区行政委员会批准。1954年6月19日，中央人民政府发布《关于撤销大区一级行政机构和合并若干省、市建制的决定》，表示将撤销大行政区行政委员会。1954年9月22日，政务院发布《关于变更国家建设征用土地办法中部分审核批准权限问题的通知》，规定在大区行政委员会被撤销后，可由省、中央直辖市人民政府审核批准，并报中央人民政府内务部备案。

② 根据《国家建设征用土地办法》的规定，国防建设工程，应分别大小经中央人民政府人民革命军事委员会、大军区或省军区核定，移送政务院或地方人民政府批准；1955年2月8日国务院发布的《关于变更国防建筑工程用地的审核批准权限的规定》指出，国防建设工程应分别大小经国防部、大军区或省军区核定移报国务院或送省（市）人民委员会批准。

③ 1962年10月13日，国务院发布《国务院对广西处理征用土地中有关问题的批复》，指出："今后国家建设征用土地的审批权限，原则上应当统一归自治区人民委员会掌握，审批权限不宜下放市、县"。1964年7月20日，国务院发布《国务院关于国家建设征用土地审批权限适当下放的通知》，指出："征用土地十亩以下和迁移居民五户以下的（不包括水利、水电工程移民），可分别城市和农村、城市的近郊和远郊以及土地好坏等情况，将审批权适当下放。至于在这一规定权限内具体下放几亩、几户，下放到县、州还是县、市，请各省、自治区、直辖市自行确定后报内务部备案。"

续表

序号	法律文件	审批机关及审批权限			备注
		国务院（政务院）	省（自治区、直辖市）人民政府	县级人民政府	
4	《土地管理法》（1986 年/1988 年）	（1）耕地 1000 亩以上；（2）其他土地 2000 亩以上。	（1）省、自治区行政区域内的土地；（2）直辖市行政区域内的土地。	（1）耕地 3 亩以下；（2）其他土地 10 亩以下。	省辖市、自治州人民政府的批准权限，由省、自治区人民代表大会常务委员会决定；直辖市的区人民政府和县人民政府的批准权限，由直辖市人民代表大会常务委员会决定。
5	《土地管理法》（1998 年/2004 年）	（1）基本农田；（2）基本农田以外的耕地超过 35 公顷的；（3）其他土地超过 70 公顷的。	前述规定外的其他土地。	无	省（自治区、直辖市）人民政府批准征收土地的，必须报国务院备案。

表 4－2 展示了如下信息：

第一，集体土地审批权越来越集中于国务院和省级人民政府。这表现在两个方面：一是以《土地管理法》（1998 年）为界，此前县级人民政府拥有不同程度的征地审批权，而此后县级人民政府不再拥有征地审批权。二是国务院的审批权限呈逐渐扩张态势。以应报国务院批准的征地面积为例，《国家建设征用土地条例》、《土地管理法》（1986 年/1988 年）和《土地管理法》（1998 年/2004 年）分别要求征收其他土地 10,000 亩以上、2000 亩以上和 70 公顷（1050 亩）以上的，应当报国务院批准。这意味着，原本由省级人民政府审批的征地事项，逐渐由国务院进行审批。

第二，制约审批机关的因素由建设事业的性质、用地面积、需迁移人口数逐渐转向用地面积和土地的性质。具体来说，在《国家建设征用土地办法》中，只要是全国性建设事业用地，不考虑用地面积、需迁移人口数和土地的性质，一律由国务院审批，但划分省级人民政府与县级人民政府的审批权限时，需要考虑用地面积和需迁移人口数等因素；《国家建设征用土地办法》（修正）仅考虑用地面积和需迁移的人口数；自《国家建设征用土地条例》开始，土地性质，如耕地、园地、林地、草地、基本农田等，成为确定征地审批机关的重要因素。至《土地管理法》（1998 年），土地的性质跃居首要因素，即凡是征收基本农田的，一律由国务院审批。

第三，需迁移人口情况对确定征地审批机关的影响逐渐消失。在《国家建设征用土地办法》和《国家建设征用土地办法》（修正）中，因征收土地而导致的人口迁移情况是划分征地审批机关的重要因素，并且需要迁移的户数越多，审批机关的级别就越高。从《国家建设征用土地条例》开始，需迁移人口情况不再影响征收审批机关的确定。这一变化，与征地单位需要承担的补偿费用的性质相关。自《国家建设征用土地条例》开始，被征地者除可获得征地补偿费用外，还可以获得安置补助费；而在《国家建设征用土地办法》和《国家建设征用土地办法》（修正）之下，征地单位只承担征地补偿费用。如《国家建设征用土地办法》（1953 年）第 13 条规定："农民耕种的土地被征用后，当地人民政府必须负责协助解决其继续生产所需之土地或协助其转业，不得使其流离失所。用地单位亦应协同政府劳动部门和工会在条件许可的范围内，尽可能吸收其参加工作。"在计划经济体制之下，国家严格限制城乡之间的人口流动，有义务通过行政命令来解决被征地农民的就业问题。此时，在审批征地时，必然需要考虑因征地而需要迁移的人口情况。在商品经济及市场经济体制之下，国家通过安置补助费的设置，免除了自身的义务，进而不再考虑因征地而需要迁移的人口数。

第四，县级人民政府的征地审批权限经历了"有—无—有—无"的过程。《国家建设征用土地办法》和《国家建设征用土地办法》（修正）都肯定了县级人民政府的征地审批权限。为遏制滥用征地审批权的现象，1962 年，国务院通过《国务院对广西处理征用土地中有关问题的批复》收回了县级人民政府的审批权限；1964 年，为提高征地审批效率，国务院发布《国务院关于国家建设征用土地审批权限适当下放的通知》，同意将征地审批权限下放到县级人民政府。《国家建设征用土地条例》和《土地管理法》（1986 年/1988 年）也都肯定了县级人民政府的征地审批权限。至《土地管理法》（1998 年），县级人民政府再次丧失征地审批权限。

第五，省级权力机关曾经介入审批机关的确定。根据《土地管理法》（1986 年）和《土地管理法》（1988 年）的规定，省辖市、自治州人民政府的征地批准权限，由省、自治区人民代表大会常务委员会决定；直辖市的区人民政府和县人民政府的批准权限，由直辖市人民代表大会常务委员会决定。

(二)审批程序启动方式的变革

集体土地征收审批程序的启动方式,指征地审批机关是依据职权直接启动征地审批程序,抑或根据特定主体的申请而启动征地审批程序。从集体土地征收程序立法来看,集体土地征收审批程序都是征地审批机关根据特定主体的申请而启动,具体如表4－3所示。

表4－3　集体土地征收程序的启动

序号	法律文件	启动方式	备　注
1	《国家建设征用土地办法》	用地单位→征地审批机关	用地单位需先获得业务系统内上级领导机关的批准。
2	《国家建设征用土地办法》(修正)	用地单位→征地审批机关	用地单位需先经有权批准本项建设工程初步设计的机关批准用地的数量。
3	《国家建设征用土地条例》	用地单位→向所在地的县、市土地管理机关正式申报建设用地面积→征地审批机关。	用地单位需先申请选址、与被征地单位签订征地补偿与安置初步协议。
4	《土地管理法》(1986年/1988年)	用地单位→县级以上地方人民政府土地管理部门→征地审批机关。	用地单位必须已经获得国务院主管部门或者县级以上地方人民政府按照国家基本建设程序批准的设计任务书或者其他批准文件。
5	《土地管理法实施条例》(1991年)	建设单位→向县级以上地方人民政府土地管理部门申请建设用地→审核建设用地申请进行审核,划定用地范围,组织商定征用土地的补偿、安置方案→征地审批机关。	建设单位需持经批准的设计任务书或者初步设计、年度基本建设计划等有关文件,而报批前述文件时必须附具土地管理部门的意见。
6	《土地管理法》(1998年/2004年)	未规定。	
7	《土地管理法实施条例》(1998年/2011年/2014年)	A在土地利用总体规划确定的城市建设用地范围内,为实施城市规划而征收土地:市、县人民政府→征地审批机关; B建设项目使用土地利用总体规划确定的城市建设用地范围外的土地,且涉及集体农用地:建设单位→向市、县人民政府土地行政主管部门提出建设用地申请→市、县人民政府土地行政主管部门审查,拟订农用地转用方案、补充耕地方案、征收土地方案和供地方案→市、县人民政府审核同意→逐级上报征地审批机关。	B建设项目中,建设单位需已经取得建设项目用地预审报告和建设项目的有关批准文件。

从表4－3可以看出，集体土地征收审批程序的启动方式，经历了用地申请与征地申请合二为一到逐渐走向分离的过程。在《国家建设征用土地办法》和《国家建设征用土地办法》（修正）中，用地单位的用地申请与征地申请合为一体，即用地单位的用地申请本身就是征地申请。从《国家建设征用土地条例》开始，用地申请与征地申请出现相分离的迹象，即用地单位是向土地行政主管部门提出用地申请，而征地申请由土地行政主管部门向征地审批机关提出。至《土地管理法实施条例》（1998年）颁布，集体土地征收分为批次土地征收和单独选址建设项目的土地征收，而在批次土地征收中，征地申请由市、县人民政府向征地审批机关提出，与用地单位的用地申请没有任何关联。这一发展过程，说明国家对集体土地征收与国家建设项目的关系的认识发生了变化——从认为集体土地征收必须与具体的建设项目相关联，到集体土地征收可以脱离具体的建设项目而存在。简言之，建设项目用地申请与集体土地征收之间已经不具有必然联系。也正因此，在单独选址建设项目的征地程序中，从用地申请到征地申请的道路特别漫长，不仅需要通过土地行政主管部门的审查，还需要通过土地行政主管部门所属同级人民政府的审查，最终由该人民政府逐级上报到征地审批机关。可以发现，当用地申请与征地申请相分离时，对建设单位而言，必须忍受等待未知结果的煎熬。此外，当征地审批程序的启动完全与用地单位无关时，若想论证征地是基于"公共利益"的需要，就必须论证城市规划的实施是公共利益的需要。

同时，透过集体土地征收审批程序的启动方式，可以发现，无论是用地单位，还是代表国家的市、县人民政府，都可能启动征地审批程序。而对于集体土地的所有权人和使用权人来说，他们并不能启动征地审批程序。

（三）征地审批过程的变革

征地审批过程，指征地审批机关如何审查征地申请是否符合法律法规的规定。

关于集体土地征收的审批过程，法律法规的规定非常简略，具体如表4－4所示。

表4-4 集体土地征收的审批过程

序号	法律文件	相关法律条款
1	《国家建设征用土地办法》	第4条第1款:“凡征用土地,均应由用地单位本节约用地的原则,提出征用土地计划书,按业务系统报经其上级领导机关批准后,依关于批准权限的下列规定,分别转请中央人民政府政务院或大行政区行政委员会或省、市、县人民政府核准公布征用之:……”
2	《国家建设征用土地办法》(修正)	第4条第1款:“征用土地,须由有权批准本项建设工程初步设计的机关负责批准用地的数量,然后由用地单位向土地所在地的省级人民委员会申请一次或者数次核拨;建设工程用地在三百亩以下和迁移居民在三十户以下的,可以向土地所在地的县级人民委员会申请核拨。”
3	《国家建设征用土地条例》	第7条:“征用土地的程序:……建设项目的初步设计经批准后,用地单位持有关批准文件和总平面布置图或建设用地图,向所在地的县、市土地管理机关正式申报建设用地面积,按本条例规定的权限经县、市以上人民政府审批核定后,在土地管理机关主持下,由用地单位与被征地单位签订协议。”
4	《土地管理法》(1986年/1988年)	第23条第1款:“国家建设征用土地,建设单位必须持国务院主管部门或者县级以上地方人民政府按照国家基本建设程序批准的设计任务书或者其他批准文件,向县级以上地方人民政府土地管理部门提出申请,经县级以上人民政府审查批准后,由土地管理部门划拨土地。”
5	《土地管理法实施条例》(1991年)	第18条:“国家建设用地的审批程序:……(二)县级以上地方人民政府土地管理部门对建设用地申请进行审核,划定用地范围,并组织建设单位与被征地单位以及有关单位依法商定征用土地的补偿、安置方案,报县级以上人民政府批准。(三)建设用地的申请,依照法定批准权限经县级以上人民政府批准后……”
6	《土地管理法》(1998年/2004年	第45条:“征收下列土地的,由国务院批准:……征收前款规定以外的土地的,由省、自治区、直辖市人民政府批准,并报国务院备案。征收农用地的,应当依照本法第四十四条的规定先行办理农用地转用审批……”
7	《土地管理法实施条例》(1998年/2011年/2014年)	第20条:“在土地利用总体规划确定的城市建设用地范围内,为实施城市规划占用土地的,按照下列规定办理:(一)市、县人民政府按照土地利用年度计划拟订农用地转用方案、补充耕地方案、征收土地方案,分批次逐级上报有批准权的人民政府。(二)有批准权的人民政府土地行政主管部门对农用地转用方案、补充耕地方案、征收土地方案进行审查,提出审查意见,报有批准权的人民政府批准;其中,补充耕地方案由批准农用地转用方案的人民政府在批准农用地转用方案时一并批准。……” 第23条:“具体建设项目需要使用土地的,必须依法申请使用土地利用总体规划确定的城市建设用地范围内的国有建设用地。能源、交通、水利、矿山、军事设施等建设项目确需使用土地利用总体规划确定的城市建设用地范围外的土地,涉及农用地的,按照下列规定办理:(一)建设项目可行性研究论证时,由土地行政主管部门对建设项目用地有关事项进行审查,提出建设项目用地预审报告;可行性研究报告报批时,必须附具土地行政主管部门出具的建设项目用地预审报告。(二)建设单位持建设项目的有关批准文件,向市、县人民政府土地行政主管部门提出建设用地申请,由市、县人民政府土地行政主管部门审查,拟订农用地转用方案、补充耕地方案、征收土地方案和供地方案(涉及国有农用地的,不拟订征收土地方案),经市、县人民政府审核同意后,逐级上报有批准权的人民政府批准;其中,补充耕地方案由批准农用地转用方案的人民政府在批准农用地转用方案时一并批准;供地方案由批准征收土地的人民政府在批准征收土地方案时一并批准(涉及国有农用地的,供地方案由批准农用地转用的人民政府在批准农用地转用方案时一并批准)。”

从表4－4可以看出，从变革角度观察，以《土地管理法》(1998年)为界，集体土地审批过程的最大变化就是农用地转用审批程序的介入。在《土地管理法》(1998年)之后，征收土地的审批程序因拟征土地用途而不同——若征收的土地是农用地，在办理征地审批程序的同时或之前，必须先办理农用地转用审批。这是中国实行土地用途管制制度的结果，也是保护农用地(特别是耕地)的客观需要。

除农用地转用审批程序的介入外，集体土地征收的审批过程始终保持高度的神秘性。在《土地管理法实施条例》(1998年)颁布之前，所有相关法律、法规都只规定报经征地审批机关"审批"，但对征地审批机关如何审批，未留下只言片语。《土地管理法实施条例》(1998年)轻轻触动这未知之幕，告知人们，在批次征地审批过程中，市、县人民政府虽然将征地申请分批次逐级上报有批准权的人民政府，但客观上对征地申请进行审查的是"有批准权的人民政府土地行政主管部门"，"有批准权的人民政府土地行政主管部门"需要对农用地转用方案、补充耕地方案、征用土地方案进行审查，提出审查意见，然后再报有批准权的人民政府批准。至于"有批准权的人民政府"是否还会进行审查以及如何进行审查，《土地管理法实施条例》(1998年)对此保持沉默。而且，在单独选择建设项目的征地审批过程中，当市、县人民政府将审核同意的由其土地行政主管部门拟定的农用地转用方案、补充耕地方案、征用土地方案和供地方案逐级上报到有批准权的人民政府批准时，有批准权的人民政府是否还要将该申请转交其土地行政主管部门进行审查，并提出审查意见，《土地管理法实施条例》(1998年)也保持了沉默。

至于"有批准权的人民政府土地行政主管部门"如何审查农用地转用方案、补充耕地方案、征用土地方案，国土资源部1999年3月2日发布的《建设用地审查报批管理办法》(国土资源部令第3号)提供了三方面的细节：第一，审查时限，即有批准权的人民政府土地行政主管部门应当自收到上报的农用地转用方案、补充耕地方案、征用土地方案和供地方案后30日内审查完毕。第二，审查方式，即有批准权的人民政府土地行政主管部门应该通过内部会审制度来征求有关方面的意见。第三，农用地转用方案、补充耕地方案、征用土地方案符合某种条件,土地行政主管部门才可以报征地审批机关批准。其中,就征用土地方案而言,必须符合以下三项条件,土地行政主管部门方才能报人民政府批准:(1)被征用土地界址、地类、面积清楚,权属无争议;(2)被征用土地的补偿标准符合法律、法规规定的;(3)被征用土地上需要安置人员的安置途径切实可行。①

前述细节中,除审查时限简单明确外,仍有许多"谜团"。比如说,什么是"内部会审制度"?2008年9月5日,国土资源部发布《关于建立健全土地执法监管长效机制的通知》(国土资发〔2008〕173号),要求"进一步完善内部监督制约机制",具体要求如下:"各级国土资源行政主管部门要进一步完善和落实内部会审和重大事项集体决策制度,形成有效的内部监督制约机制。要进一步明确会审和集体决策范围和内容,规范会审和集体决策程序,强化会审和集体决策责任,提高会审和集体决策效果。……土地征收审批……等事项都要纳入会审范围。执法监察机构必须作为会审单位参与会审,对有违法行为的项目实行'一票否决'。参与会审的各内部机构人员要对会审意见签字负责。……参与集体决策的人员要对集体决策的结果签字负责。"由是可知,"内部会审制度"的典型特征是"内部性",即参加者都是土地行政主管部门内部机构的工作人员。也就是说,无论是用地单位,还是被征地人,以及报送征地申请材料的地方人民政府及其土地行政主管部门,都不参加内部会审。同时,对于内部会审的具体形式,各地规定虽有差异,如《安徽省国土资源厅关于印发〈安徽省国土资源厅行政审批会审办法〉的通知》(皖国土资发〔2008〕14号)将会审分为会签审查与会议审查,《河北省国土资源厅关于印发行政审批会审办法的通知》(冀国土资发〔2013〕54号)将会审分为网上会审和会议会审,但都没有吸纳土地行政主管部门之外的人员参加。同时,内部会审制度还是典型的书面审查,没有为实地核查留有余地。

另外,从有批准权的人民政府的土地行政主管部门对征收土地方案的审查内容来看,土地征收是否符合"公共利益"并不在审查范围之内。换句话说,在中国,土地征收的目的性控制还完全停留在法律文件层面。

---

① 《建设用地审查报批管理办法》第12条、第14条。

三、集体土地征收批后实施程序的变革

(一)集体土地征收批后实施主体

集体土地征收批后实施主体,指由谁负责实施已获批准的土地征收方案。对这一问题,集体土地征收立法非常关注,具体规定如表4-5所示。

表4-5 集体土地征收批后实施主体

序号	法律文件	相关条款
1	《国家建设征用土地办法》	第5条:"征用土地计划书完成第四条规定的批准手续后,用地单位应协同当地人民政府和中共党委(有些小的单位则直接在当地党政领导下),向当地人民进行解释工作……"
2	《国家建设征用土地办法》(修正)	第5条:"土地经核拨以后,用地单位应该协同当地人民委员会向群众进行解释……"
3	《国家建设征用土地条例》	第7条:"征用土地的程序:……三、核定用地面积。……按本条例规定的权限经县、市以上人民政府审批核定后,在土地管理机关主持下,由用地单位与被征地单位签订协议。四、划拨土地。征地申请经批准后,由所在地的县、市土地管理机关根据计划建设进度一次或分期划拨土地,并督促被征地单位按时移交土地。"
4	《土地管理法》(1986年/1988年)	第23条:"国家建设征用土地,建设单位必须……向县级以上地方人民政府土地管理部门提出申请,经县级以上人民政府审查批准后,由土地管理部门划拨土地。"
5	《土地管理法实施条例》(1991年)	第18条:"国家建设用地的审批程序:……(三)建设用地的申请,依照法定批准权限经县级以上人民政府批准后,由被征用土地所在的县级以上人民政府发给建设用地批准书,土地管理部门根据建设进度一次或者分期划拨建设用地。"
6	《土地管理法》(1998年/2004年	第46条:"国家征收土地的,依照法定程序批准后,由县级以上地方人民政府予以公告并组织实施。被征收土地的所有权人、使用权人应当在公告规定期限内,持土地权属证书到当地人民政府土地行政主管部门办理征地补偿登记。"
7	《土地管理法实施条例》(1998年/2011年/2014年)	第20条:"在土地利用总体规划确定的城市建设用地范围内,为实施城市规划占用土地的,按照下列规定办理:……(三)农用地转用方案、补充耕地方案、征收土地方案经批准后,由市、县人民政府组织实施,按具体建设项目分别供地。" 第23条:"具体建设项目需要使用土地的,必须依法申请使用土地利用总体规划确定的城市建设用地范围内的国有建设用地。能源、交通、水利、矿山、军事设施等建设项目确需使用土地利用总体规划确定的城市建设用地范围外的土地,涉及农用地的,按照下列规定办理:……(三)农用地转用方案、补充耕地方案、征收土地方案和供地方案经批准后,由市、县人民政府组织实施,向建设单位颁发建设用地批准书。"

表4－5展示了集体土地征收批后实施主体的变革过程。可见，在《国家建设征用土地办法》和《国家建设征用土地办法》（修正）时期，作为提出征地申请的用地单位在征地批后实施中发挥重要作用。而且，在特定历史时期，党的机构也参与了土地征收批后实施过程。自《国家建设征用土地条例》开始，用地单位退出征地批后实施过程，而由被征收土地所在地的市、县人民政府及其土地行政主管部门承担起实施征收土地方案的责任。其中，在《土地管理法》（1998年）之前，主要是县级土地行政主管部门负责实施征地；在《土地管理法》（1998年）之后，被征收土地所在地的市、县人民政府负责组织实施征地，特别是发布征地公告和批准征地补偿、安置方案，但其他工作，如征地补偿登记、拟定征地补偿和安置方案、就征地补偿和安置方案听取被征地人意见等，则由其土地行政主管部门负责。

（二）集体土地征收批后实施方式

在集体土地征收立法上，集体土地征收批后实施方式经历了非常显著的变化：

《国家建设征用土地办法》和《国家建设征用土地办法》（修正）采用的是说服教育方法，而自《国家建设征用土地条例》开始，"强制命令——无条件服从"的色彩占据上风。具体来说，《国家建设征用土地办法》和《国家建设征用土地办法》（修正）要求征地实施主体向被征地人做好"解释"工作，"并给他们以必要的准备时间，使群众在当前切身利益得到适当照顾的条件下，自觉地服从国家利益，服从人民的长远利益，然后才能正式确定土地的征用，进行施工"。[①] 此时，用地单位、国家给予被征地人充分的尊重。至《国家建设征用土地条例》，国家的态度发生巨大转变，该《国家建设征用土地条例》第4条规定："国家建设征用土地，凡符合本条例规定的，被征地社队的干部和群众应当服从国家需要，不得妨碍和阻挠。"而且，被征地人"应当服从国家需要"的基调延续到《土地管理法》（1986年/1988年）。[②]《土地管理法》（1998年）虽然没有使用"服从"这一词语，但建立在"征地是一

---

① 《国家建设征用土地办法》第5条；《国家建设征用土地办法》（修正）第5条。

② 《土地管理法》（1986年/1988年）第23条第2款："国家建设征用土地，被征地单位应当服从国家需要，不得阻挠。"

种国家行为，也是农民对国家应尽的一种义务”[①]这一认识基础之上，相关规定的不容置疑性显而易见。《土地管理法实施条例》（1998 年）第 25 条虽然建立了补偿标准争议的协调与裁决机制，但“征地补偿、安置争议不影响征用土地方案的实施”。同时，部分省、直辖市、自治区关于土地管理和土地征收的地方性立法依然充斥着“服从”和“不得阻挠”等类似词语，如《吉林省土地管理条例》（2005 年修正）[②]第 29 条规定，“市（州）、县（市）人民政府征收土地的征地程序和安置补偿方案符合法律、法规规定的：被征地单位和个人必须服从……”《甘肃省基础设施建设征用土地办法》[③]第 14 条规定：“被征用土地的农村集体经济组织和农民应当服从国家建设的需要，遵守国家法律、法规，严格履行征地协议，积极配合做好征地工作，支持基础设施建设。”；《广西壮族自治区实施〈中华人民共和国土地管理法〉办法》[④]第 52 条规定，“……征地补偿、安置争议不影响征用土地方案的实施，被征地单位、土地承包经营者应当服从，不得阻挠”；《江西省征收土地管理办法》[⑤]第 11 条规定，“……用地申请经依法批准，并按上级土地行政主管部门认定的补偿安置方案给予了补偿安置后，拟被征地单位仍阻挠征收土

---

① 周永康：《关于〈中华人民共和国土地管理法（修订草案）〉的说明》，1998 年 4 月 26 日第九届全国人民代表大会常务委员会第二次会议。

② 1994 年 1 月 15 日吉林省第八届人民代表大会常务委员会第七次会议通过，根据 1997 年 9 月 26 日吉林省第八届人民代表大会常务委员会第三十三次会议《关于修改〈吉林省土地管理条例〉的决定》修正，2001 年 1 月 12 日吉林省第九届人民代表大会常务委员会第二十一次会议修改，2002 年 8 月 2 日吉林省第九届人民代表大会常务委员会第三十一次会议修订通过，根据 2005 年 6 月 2 日吉林省第十届人民代表大会常务委员会第二十次会议《关于修改〈吉林省土地管理条例〉的决定》修正，根据 2015 年 11 月 20 日吉林省第十二届人民代表大会常务委员会第二十一次会议《吉林省人民代表大会常务委员会关于修改〈吉林省土地管理条例〉等 7 件地方性法规的决定》修正。

③ 2000 年 12 月 2 日甘肃省第九届人民代表大会常务委员会第十九次会议通过，自 2001 年 1 月 1 日起施行。

④ 广西壮族自治区第九届人民代表大会常务委员会第二十五次会议于 2001 年 7 月 29 日通过，自 2001 年 9 月 1 日起施行。

⑤ 1997 年 12 月 27 日江西省第八届人民代表大会常务委员会第三十一次会议通过，2001 年 12 月 22 日江西省第九届人民代表大会常务委员会第二十七次会议修正，2010 年 11 月 26 日江西省第十一届人民代表大会常务委员会第二十次会议修正。

地工作的,可以强制征收”;《四川省〈中华人民共和国土地管理法〉实施办法》[①]第45条规定,“征用土地经依法批准,并对当事人依法补偿、安置后,土地所在地的县级以上人民政府土地行政主管部门应当向被征地单位发出交地通知,被征地单位应当按通知规定的期限交付土地,不得拒绝和阻挠”;等等。

因此,毋庸讳言,集体土地征收批后实施程序经历了由温柔到强硬的过程。这一变化,与特定历史时期国家与民众的关系相关,与法的规范性、强制性相关,也与对土地征收的性质的认识相关。

(三)集体土地征收批后实施程序的内容

集体土地征收批后实施程序的内容,指在这一时期,征地实施主体需要完成哪些工作,以及通过何种形式完成这些工作。

从集体土地征收立法来看,土地征收批后实施内容存在差异:

根据《国家建设征用土地办法》和《国家建设征用土地办法》(修正)的规定,征地申请被批准后,征地实施主体的主要工作是“宣布对被征用土地者补偿安置的各项具体办法”,并一一落实。而“宣布”意味着“对被征用土地者补偿安置的各项具体办法”已成定局。

《国家建设征用土地条例》规定了两项工作:一是用地单位与被征地单位签订正式的补偿安置协议;二是由被征用土地所在的县、市土地管理机关根据计划建设进度一次或分期划拨土地,并督促被征地单位按时移交土地。

《土地管理法》(1986年/1988年)第23条仅规定“县级以上人民政府审查批准后,由土地管理部门划拨土地”。

《土地管理法》(1998年)第46条一方面要求县级以上地方人民政府在征地申请获得批准后予以公告并组织实施;另一方面要求被征用土地的

---

① 1987年11月2日四川省第六届人民代表大会常务委员会第二十六次会议通过,根据1989年11月15日四川省第七届人民代表大会常务委员会第十二次会议《关于修改〈四川省《中华人民共和国土地管理法》实施办法〉的决定》第一次修正,根据1995年6月20日四川省第八届人民代表大会常务委员会第十五次会议《四川省土地管理实施办法修正案》第二次修正,根据1997年10月17日四川省第八届人民代表大会常务委员会第二十九次会议《关于修改〈四川省《中华人民共和国土地管理法》实施办法〉的决定》第三次修正,1999年12月10日四川省第九届人民代表大会常务委员会第十二次会议修订,根据2012年7月27日四川省第十一届人民代表大会常务委员会第三十一次会议《关于修改部分地方性法规的决定》第四次修正。

所有权人、使用权人应当在公告规定期限内,持土地权属证书到当地人民政府土地行政主管部门办理征地补偿登记。《土地管理法实施条例》(1998年)第25条除对前述规定进行具体化外,还要求市、县人民政府土地行政主管部门根据经批准的征用土地方案,会同有关部门拟订征地补偿、安置方案,在被征用土地所在地的乡(镇)、村予以公告,听取被征用土地的农村集体经济组织和农民的意见。在征地补偿、安置方案报市、县人民政府批准后,市、县人民政府土地行政主管部门负责组织实施。对补偿标准有争议的,由县级以上地方人民政府协调;协调不成的,由批准征用土地的人民政府裁决,但征地补偿、安置争议不影响征收土地方案的实施。后来,《土地管理法》(1998年)和《土地管理法实施条例》(1998年)虽被修改,但前述规定未发生变化。此外,国土资源部颁发的《征收土地公告办法》和《国土资源听证规定》等部门规章对征收土地公告、征地补偿与安置公告以及征地补偿与安置方案听证作出了更为详细的规定。

可见,集体土地征收批后实施内容呈现以下变化:

第一,从关注被征收土地的交付转为更加关注对被征地人的补偿、安置问题。这一变化始于《土地管理法》(1998年),具体表现在对“两公告一登记”制度的关注和规范。

第二,“两公告一登记”制度提升了征地批后实施程序的透明度和可参与性。这为被征地人维护自身合法权益,特别是补偿、安置方面的合法权益,提供了平台。当然,毋庸讳言,这种透明和可参与性仍然具有比较大的拓展空间。例如,获得批准的征地方案尚未公开,进而无法判断征地公告与征地方案的吻合程度;土地行政主管部门在拟定征地补偿、安置方案时虽然要听取被征地人的意见,但该征地补偿、安置方案是根据经国务院或省、自治区、直辖市人民政府批准的征地方案拟定的,而征地补偿、安置方案的批准机关是市、县人民政府,显然,无权改变征地方案内容的市、县人民政府,在征地补偿、安置方案方面拥有的权限是非常有限的,这就决定了征地补偿、安置方案确定程序中的听取意见程序在很大程度上是一种摆设。而且,当被征地人对经批准的征地补偿、安置方案有异议,并启动协调和裁决程序时,并不影响征地补偿、安置方案的执行。这就进一步降低了前述听取意见程序的价值。

四、集体土地征收程序违法的法律后果的变革

何谓“集体土地征收程序违法”？这首先涉及对程序以及程序违法的界定。程序，通常意义上指特定主体处理某件事的时限、方式和步骤。集体土地征收作为依申请行政行为，其运作，涉及多方主体，如用地单位、征地申请人、征地审批机关和被征地人，而且他们在这一过程中都应当遵守相关的程序规定。因此，从广义上看，集体土地征收程序违法的主体具有多元性。不过，现代行政程序法关注的是如何规范行政权的运作，进而将程序违法的主体限定为拥有行政权的特定主体。就集体土地征收程序违法的主体而言，则特指在土地征收程序的启动、审批和批后实施过程中拥有行政权的相关人民政府以及土地行政主管部门。

如果以“时限、方式和步骤”这些要素来审视集体土地征收程序立法，可以发现，《土地管理法》（1998 年）之前的相关立法，如《国家建设征用土地办法》《国家建设征用土地办法》（修正）《土地条例》《土地管理法》（1986 年/1988 年）和《土地管理法实施条例》（1991 年）等，虽然规定了集体土地征收的程序，但都没有规定程序违法的法律后果。《土地管理法》（1998 年）第 78 条首次对“违法法律规定的程序征用土地”的行为进行了规范。《土地管理法》（2004 年）第 78 条除将前述条文中的“征用”改为“征收”外，未作任何修改。根据前述规定，可以发现，目前集体土地征收违法的法律后果包括四个方面：一是集体土地征收批准文件无效；二是依法追究违反法定程序批准征收土地的直接负责的主管人员和其他直接责任人员的行政责任和刑事责任；三是收回非法批准征收的土地，并追究拒不归还土地的当事人的法律责任；四是因违反法定程序批准征收土地对当事人造成损失的，依法应当承担赔偿责任。

客观地说，《土地管理法》（1998 年）对集体土地征收程序违法的法律后果的设置非常全面，从批准文件的法律效力，到形成批准文件的征地审批机关的工作人员，以及受批准文件影响的用地单位和被征地人一一予以规定。不过，这一规定也存在些许不足：一是仅限于违反“法律规定的程序”，而目前规范集体土地征收程序的“法律”不仅少，而且对程序的规定非常粗疏，最终导致无法判断集体土地征收程序是否构成程序违法。二是法

律后果之一“批准文件无效”的内涵欠缺明确性。一方面，集体土地征收过程中将形成两类“批准文件”——土地征收批准文件与征地补偿、安置方案批准文件，而《土地管理法》(1998 年)第 78 条中的“批准文件”是究竟指哪一类批准文件？例如，征地审批机关违反征地审批程序批准征地的，征地批准文件无效，那么征地补偿、安置批准文件是否也随之无效？另一方面，如何理解“无效”的内涵？三是“批准文件无效”这一法律后果的设置并未考虑程序违法的程度与后果，虽然能够突显程序本位的威力，但对行政效率的牺牲也是不言自明的，甚至有违责罚相当原则。

五、小结：行政主导型土地征收程序

中国集体土地征收程序经过六十余年的发展，无论是批前程序，还是审批程序，以及批后实施程序，都发生了一些变化。不过，从该程序进行过程中各方主体——用地单位、征地审批机关、被征地人等扮演的角色来看，行政主导始终贯穿于不同历史时期的集体土地征收程序之中，只不过行政主导的程度略有不同。特别指出的是，集体土地征收程序的核心是审批程序，因为这一程序决定了国家能否征收土地，或者说国家能否将土地由集体所有转化为国家所有，完全取决于这一程序。在六十余年的集体土地征收程序立法中，用地单位和被征地人始终未走进审批程序；即便是现在，社会公众能够获知的也仅仅是征地审批权的归属，而征地审批过程依然处于“暗箱”之中。

第五章　集体土地征收程序的困境

一、立法困境：集体土地征收程序立法背离依宪治国的基本要求

经过多年的“法制”(Rule by Law)与“法治”(Rule of Law)论辩，1999年3月，《中华人民共和国宪法修正案》终于将“依法治国，建设社会主义法治国家”写入宪法，这标志着“依法治国”成为中国的基本治国方略，而其目标是“建设社会主义法治国家”。诚然，宪法没有明确规定“依法治国”和“社会主义法治国家”的内涵和具体要求，但“依法治国首先是依宪治国”[①]“依法治国的关键是依法行政”[②]“依法治国的根本是依宪治国，依法治国首先是依宪治国”[③]等命题已经澄清了依宪治国和依法治国之间的内在逻辑。

根据学者的解释，依宪治国之“宪”，不仅包括宪法规范，而且应该包括宪法原则。[④] 然而，检视当下的集体土地征收程序立法，不乏有违背宪

---

① 周叶中：《依法治国首先是依宪治国关于宪法与公民生活的演讲》，载《中国律师》2002年第12期。

② 应松年：《依法治国的关键是依法行政》，载正义网：http://review.jcrb.com.cn/ournews/asp/readNews.asp?id=13534，2017年5月6日访问。

③ 胡锦涛：《在首都各界纪念全国人民代表大会成立50周年大会上的讲话》，2004年9月15日发布；《中共中央关于全面推进依法治国若干重大问题的决定》，2014年10月23日中国共产党第十八届中央委员会第四次全体会议通过。

④ 参见马岭：《依宪治国的涵义初探》，载《环球法律评论》2013年第5期。该文认为，“依宪治国”之“治”指的是议会和中央政府的重大决策行为，即“不是所有宪法规范的行为都是治国行为”，甚至“依宪立法”都不属于“依宪治国”的范畴。对此，笔者不敢苟同。笔者认为，在我国，“依宪治国”的提出，目的之一是提升宪法权威。如果将“依宪治国”局限于非常小的范围，把许多依据宪法行使公权力的行为都排除在外，那就将降低“依宪治国”的规范意义，进而降低了宪法权威。因此，在后文的论述中，笔者并没有采纳该文的前述观点。

法规范、宪法原则之处，或者无益于宪法规范、宪法原则的实现。而这一切，都构成了对依宪治国的背离和挑战。因此，若致力于实现依宪治国，必须修改和完善集体土地征收程序立法。

下文将简要分析当前集体土地征收程序立法对依宪治国的背离与挑战。

（一）集体土地征收程序立法违背法制统一原则

《宪法》第 5 条在规定“中华人民共和国实行依法治国，建设社会主义法治国家”之后，随即规定“国家维护社会主义法制的统一和尊严。一切法律、行政法规和地方性法规都不得同宪法相抵触”。同时，《宪法》第 89 条规定，国务院有权“根据宪法和法律，规定行政措施，制定行政法规，发布决定和命令”；《宪法》第 100 条规定，“省、直辖市的人民代表大会和它们的常务委员会，在不同宪法、法律、行政法规相抵触的前提下，可以制定地方性法规”。这些规定，不仅确立了法制统一原则，而且将法制统一原则具体化为“根据原则”和“不抵触原则”，并且“根据”与“不抵触”的对象不限于宪法，还包括法律。

对集体土地征收问题，《宪法》的明确规定是第 10 条第 3 款，即“国家为了公共利益的需要，可以依照法律规定对土地实行征收或者征用并给予补偿”。此处的“法律”，从后续立法看，主要是指《土地管理法》和《物权法》。因此，《宪法》虽然未规定集体土地征收的程序，但对于行政法规和地方性法规来说，如果法律，如《土地管理法》和《物权法》等法律对集体土地征收程序作出了规定，那么行政法规就得“根据法律”作出规定，而地方性法规则“不得与法律相抵触”。

1. 行政法规对“根据原则”的违反

目前，规范集体土地征收的行政法规主要是《土地管理法实施条例》。众所周知，2004 年 8 月 28 日，全国人大常委会根据《宪法》的修改，通过了《全国人民代表大会常务委员会关于修改〈中华人民共和国土地管理法〉的决定》，将第 2 条第 4 款修改为“国家为了公共利益的需要，可以依法对土地实行征收或者征用并给予补偿”，并将第 43 条第 2 款、第 45 条至第 47 条、第 49 条、第 51 条、第 78 条至第 79 条中的中的“征用”修改为“征收”，并自通过之日公布和实施。然而，直至 2011 年 1 月

8日，国务院才公布和实施《国务院关于废止和修改部分行政法规的决定》（国务院令第588号），将《土地管理法实施条例》第2条、第20条第1款、第23条、第25条、第26条第2款、第45条中的“征用”修改为“征收”。可见，在2004年8月28日～2011年1月7日，《土地管理法实施条例》中的“征收”“征用”概念与《土地管理法》中的“征收”“征用”概念具有不同内涵。这种法制冲突的形成，与国务院未及时修改《土地管理法实施条例》具有直接关系。

《土地管理法》对集体土地征收程序的规定比较简洁，主要规定了土地征收审批主体、农用地转建设用地审批程序与土地征收程序的关系、土地征收公告与征地补偿登记程序、征地补偿安置方案公告程序。《土地管理法实施条例》遵循“根据原则”，对《土地管理法》中的相关内容进行了具体化，使之具有可操作性。例如，《土地管理法》第46条要求“国家征收土地的，依照法定程序批准后，由县级以上地方人民政府予以公告并组织实施”，但未规定公告内容和公告地点，也没有明确公告主体，“县级以上地方人民政府”至少包括县级人民政府、市级人民政府、省级人民政府，于是，《土地管理法实施条例》第25条第1款规定：“征收土地方案经依法批准后，由被征收土地所在地的市、县人民政府组织实施，并将批准征地机关、批准文号、征收土地的用途、范围、面积以及征地补偿标准、农业人员安置办法和办理征地补偿的期限等，在被征收土地所在地的乡（镇）、村予以公告。”姑且不去考虑该“具体化”是否全面、适当，①至少，它是符合“根据原则”的。

不过，《土地管理法实施条例》也有违背“根据原则”之处。例如，关于征地补偿安置方案公告程序，《土地管理法》第48条规定：“征地补偿安置方案确定后，有关地方人民政府应当公告，并听取被征地农村集体经济组织和农民的意见。”对此，《土地管理法实施条例》第25条第3款规定：“市、县人民政府土地行政主管部门根据经批准的征收土地方案，会同有关部门拟订征地补偿、安置方案，在被征收土地所在地的乡（镇）、村予以公告，听取被征收土地的农村集体经济组织和农民的意见。征地

---

① 例如，该条款未要求公告征收土地方案，也未规定发布公告的时间。

补偿、安置方案报市、县人民政府批准后，由市、县人民政府土地行政主管部门组织实施。”由此可见，根据《土地管理法》的规定，征地补偿安置方案的公告机关和听取意见机关是“有关地方人民政府”，而《土地管理法实施条例》将其置换为“市、县人民政府土地行政主管部门”。[①]

2. 地方性法规对“不抵触原则”的违反

地方性法规应遵循“不抵触原则”——不仅不与宪法相抵触，而且也不能与法律、行政法规相抵触。需要明确的是，地方性法规应当突出地方特色，因此，不宜一味抄袭法律、行政法规等上位法。换句话说，法律、行政法规等上位法已经有明确规定的，地方性法规可以不规定；地方性法规如果予以规定，则不能与法律、行政法规等上位法相抵触。

将各省、自治区、直辖市制定的实施《土地管理法》的地方性法规与《土地管理法》及《土地管理法实施条例》相比对，可以发现，在集体土地征收程序问题上，某些地方性法规存在违背“不抵触原则”的情形。举例如下：

（1）《四川省〈中华人民共和国土地管理法〉实施办法》[②]

《四川省〈土地管理法〉实施办法》第41条规定：“征用土地方案经依法批准后，市、县人民政府应当在被征用土地所在地的乡（镇）、村予以

① 另外一种理解是，《土地管理法》第48条中的公告和听取意见是“征地补偿方案确定后”的行为，而《土地管理法实施条例》第25条第3款规定的是征地补偿安置方案确定过程中的行为。也就是说，“市、县人民政府土地行政主管部门”在拟定征地补偿安置方案时要发布公告和听取意见，而市、县人民政府在批准市、县人民政府土地行政主管部门拟定的征地补偿安置方案后，还要以市、县人民政府的名义发布公告和听取意见。若按这一理解，《土地管理法实施条例》就不违背“根据原则”。问题是，市、县人民政府既然已经批准了征地补偿安置方案，为什么还要听取意见呢？因此，按一般逻辑，《土地管理法》第48条中征地补偿安置方案之“确定”，不是指“批准”，而是指拟定。

② 1987年11月2日四川省第六届人民代表大会常务委员会第二十六次会议通过，根据1989年11月15日四川省第七届人民代表大会常务委员会第十二次会议《关于修改〈四川省中华人民共和国土地管理实施办法〉的决定》第一次修正，根据1995年6月20日四川省第八届人民代表大会常务委员会第十五次会议《四川省土地管理实施办法修正案》第二次修正，根据1997年10月17日四川省第八届人民代表大会常务委员会第二十九次会议《关于修改〈四川省中华人民共和国土地管理法〉实施办法的决定》第三次修正，1999年12月10日四川省第九届人民代表大会常务委员会第十二次会议修订，根据2012年7月27日四川省第十一届人民代表大会常务委员会第三十一次会议《关于修改部分地方性法规的决定》第四次修正。

公告。……”

这一规定,有两方面与《土地管理法》和《土地管理法实施条例》相抵触:一是使用了“征用”概念,而非“征收”概念。该地方性法规最近一次修正是2012年7月27日,当时,《土地管理法》和《土地管理法实施条例》都已经完成了从“征用”到“征收”的修改。① 二是公告对象是征收土地方案,而非《土地管理法实施条例》第25条第1款所要求的“批准征地机关、批准文号、征收土地的用途、范围、面积以及征地补偿标准、农业人员安置办法和办理征地补偿的期限”。诚然,公告征收土地方案这一规定较《土地管理法实施条例》的规定更能体现公开透明,但这不能成为其与上位法相抵触的理由。而且,笔者登录成都市国土资源局官网(http://www.cdlr.gov.cn)发现,成都市国土资源局发布的征收土地公告中,并没有全文公告征收土地方案。

(2)《江西省征收土地管理办法》②

江西省人大常委会没有在《江西省实施〈土地管理法〉办法》中对集体土地征收程序进行细化规定,而是制定了专门的地方性法规《江西省征收土地管理办法》。该办法第11条规定:“下列建设项目征收土地的补偿安置方案,经上一级土地主管部门审查认定后,拟被征地单位拒不签订征收土地协议的,土地主管部门可以按照征收土地的审批权限将征收土地的有关材料先行报批。用地申请经依法批准,并按上级土地主管

① 学界对“征收”与“征用”的差异进行了多方面论述,并且在2004年宪法修正案中得到肯认。然而,实践中,相当多的号称以《土地管理法》为制定根据的地方性法规,与《江西省实施〈土地管理法〉办法》相同,虽然多次启动修改程序,但并未对其中的“征收”与“征用”作出修改,如《安徽省实施〈土地管理法〉办法》在2004年6月26日和2015年3月26日进行了两次修改,均未修改涉及“征收”与“征用”的修改;又如《福建省实施〈土地管理法〉办法》由福建省第九届人民代表大会常务委员会第十四次会议于1999年10月22日通过,2013年7月25日福建省第十二届人民代表大会常务委员会第四次会议对其进行修改,但未修改“征收”“征用”概念的使用问题。地方性法规的如上态度,姑且不讨论其合法性、合宪性问题,至少说明在某些省人大常委会心目中,“征收”与“征用”的差别是可以忽略不计的。这一态度,对引导集体经济组织及其成员正确认识集体土地征收是非常不利的。

② 1997年12月27日江西省第八届人民代表大会常务委员会第三十一次会议通过,2001年12月22日江西省第九届人民代表大会常务委员会第二十七次会议第一次修正,2010年11月26日江西省第十一届人民代表大会常务委员会第二十次会议根据《江西省人民代表大会常务委员会关于修改20件地方性法规的决定》第二次修正。

部门认定的补偿安置方案给予了补偿安置后，拟被征地单位仍阻挠征收土地工作的，可以强制征收：(一)国家和省重点工程建设以及其他公路、邮电、水利、电力生产建设项目。(二)城市规划区内的市政和公共公益建设项目。"该条款是对特定建设项目单独选址征地程序的规定。从中可以看出，其一般程序如下：土地主管部门拟定征地补偿安置方案—上一级土地主管部门审查认定征地补偿安置方案—与被征地单位签订征地补偿协议—土地主管部门报请批准征收土地—用地申请被批准—按上级土地主管部门认定的补偿安置方案给予了补偿安置。这一程序，至少在两个方面是与《土地管理法》和《土地管理法实施条例》相抵触的：一是征地补偿安置方案的确定程序在征地批准程序之前，即在征地申请未获得批准前，已经启动征地补偿安置方案的制定，甚至已经与被征地单位签订了征地补偿协议；二是征地补偿安置方案的审查认定机关是上一级土地主管部门，而非市、县人民政府。

(3)《云南省土地管理条例》①

《云南省土地管理条例》对集体土地征收程序的规定集中于第19条："建设需要征用农民集体土地的，由县级以上人民政府土地行政主管部门会同建设单位，拟定征地补偿、安置方案，并听取被征地的农村集体经济组织和农民的意见。征地补偿、安置方案应当列入建设项目用地预审内容。征地补偿、安置方案随征用土地方案批准之后，由被征用土地所在地的市、县人民政府在15日内公告征地补偿、安置方案并组织实施。被征用土地的所有权人、使用权人应当在公告规定的期限内，持土地权属证件到当地县级人民政府土地行政主管部门办理征地补偿登记。"这一规定与《土地管理法》和《土地管理法实施条例》的抵触之处在于：一方面，《土地管理法实施条例》第25条第3款明确规定，市、县人民政府土地行政主管部门根据"经批准的征收土地方案"，会同有关部门拟订征地补偿、安置方案，即征收土地方案被批准在先，征地补偿安置方案

① 《云南省土地管理条例》由云南省第九届人民代表大会常务委员会第十一次会议于1999年9月24日审议通过，同日公布和施行；2014年7月27日，根据云南省第十二届人民代表大会常务委员会第十次会议《云南省人民代表大会常务委员会关于修改部分地方性法规的决定》修改。

的拟定在后。然而，《云南省土地管理条例》第 19 条将征地补偿安置方案与征地方案同时报批，即将程序上的先后关系改变为并列关系。另一方面，根据《土地管理法》与《土地管理法实施条例》的规定，征收土地方案与征地补偿安置方案的审批机关并不相同——前者是国务院和省、自治区、直辖市人民政府，后者是被征收土地所在地的市、县人民政府。然而，《云南省土地管理条例》第 19 条中"征地补偿、安置方案随征用土地方案批准之后"这一规定意味着，两者的审批机关是相同的。

另外，《云南省土地管理条例》于 1999 年 9 月 24 日生效实施。目前，作为其立法依据的《土地管理法》和《土地管理法实施条例》都根据《宪法》的修改而进行了文字上的修改，即将部分条款中的"征用"修改为"征收"。2014 年 7 月 27 日，云南省第十二届人民代表大会常务委员会第十次会议通过《云南省人民代表大会常务委员会关于修改部分地方性法规的决定》，对《云南省土地管理条例》进行修改，但未对其中的"征用""征收"等进行修改。①

(4) 未按照规定办理征地补偿登记的法律后果

作为单一制国家，如何处理中央与地方国家机构的职权划分是宪法无法回避的主题。《宪法》第 3 条第 4 款规定："中央和地方的国家机构职权的划分，遵循在中央的统一领导下，充分发挥地方的主动性、积极性的原则。"就立法权的划分而言，这意味着，各地方性法规在各自的辖区内发生效力，只要不与法律、行政法规等上位法相抵触，即便相互之间有不一致之处，也是法制统一原则所应当容忍的。

不过，对于性质完全相同的事情，若各地方性法规之间的规定存在较大差异，甚至完全对立时，恐怕就应当引起注意了。比如说，关于土地所有权人、使用权人未在土地征收公告规定的期限内到指定的土地行政主管部门办理土地征地补偿登记的法律后果问题，《土地管理法》和《土地管理法实施条例》未作规定，部分地方性法规对此作出规定，如《广东

① 此次修改内容如下："(一) 将第十二条第一款第二项、第三项合并为第二项，并修改为：'(二) 一次性开发 60 公顷以上 600 公顷以下的，由州、市人民政府批准'。(二) 删去第二十二条第一款第一项中的'地区行政公署'；将第二十二条第一款第二项、第三项合并为第二项，并修改为：'(二) 用地在 0.4 公顷以上的，由州、市人民政府批准，报省人民政府土地行政主管部门备案'。"

省实施〈中华人民共和国土地管理法〉办法》[①]第 32 条规定，“不按规定办理登记的，不列入补偿范围”；《河南省实施〈土地管理法〉办法》(第二次修正)[②]第 36 条规定，“无正当理由不按规定办理登记的，不列入补偿范围”；《天津市土地管理条例》[③]第 53 条规定，“逾期未办理登记的，以区、县土地行政主管部门的调查结果为准”。前述地方性法规的规定，确实没有违反《土地管理法》和《土地管理法实施》，但这并不意味着它们符合“不抵触原则”。这是因为，《物权法》第 17 条规定：“不动产权属证书是权利人享有该不动产物权的证明。不动产权属证书记载的事项，应当与不动产登记簿一致；记载不一致的，除有证据证明不动产登记簿确有错误外，以不动产登记簿为准。”也就是说，被征收土地所有权人、使用权人在办理征地补偿登记时提交的土地权属证书，并不是他们获得征地补偿安置的充分条件；经土地行政管理部门审查，只有当土地权属证书与土地行政主管部门保管的不动产登记簿相一致时，土地权属证书的价值才得以彰显。从这一角度看，不办理征地补偿登记，充其量是不配合土地行政主管部门行使职权，但不能导致征地补偿安置权的丧失。进一步说，“不抵触原则”关注的是地方性法规是否与行政法规、法律相抵触，而并不限定行政法规与法律的范围；凡是合法有效的行政法规、法律，都是判断地方性法规是否遵循“不抵触原则”的标准。因此，前述三部地方性法规中，《广东省实施〈中华人民共和国土地管理法〉办法》与《河南省

① 1999 年 11 月 27 日广东省第九届人民代表大会常务委员会第十三次会议通过，根据 2003 年 9 月 26 日广东省第十届人民代表大会常务委员会第六次会议关于修改《广东省实施〈土地管理法〉办法》有关条款的决定修正，根据 2008 年 11 月 28 日广东省第十一届人民代表大会常务委员会第七次会议关于修改《广东省实施〈土地管理法〉办法》等三项地方性法规的决定修正。

② 1999 年 9 月 24 日河南省第九届人民代表大会常务委员会第十一次会议通过，根据 2004 年 11 月 26 日河南省第十届人民代表大会常务委员会第十二次会议《关于修改〈河南省实施土地管理法办法〉的决定》第一次修正，根据 2009 年 11 月 27 日河南省第十一届人民代表大会常务委员会第十二次会议《关于修改〈河南省实施土地管理法办法〉的决定》第二次修正。

③ 1992 年 9 月 9 日天津市第十一届人民代表大会常务委员会第三十七次会议通过；根据 1997 年 7 月 30 日天津市第十二届人民代表大会常务委员会第三十四次会议通过的《关于修改〈天津市土地管理条例〉的决定》第一次修正；2000 年 9 月 14 日天津市第十三届人民代表大会常务委员会第十九次会议第一次修订；2006 年 12 月 18 日天津市第十四届人民代表大会常务委员会第三十四次会议第二次修订；根据 2012 年 5 月 9 日天津市第十五届人民代表大会常务委员会第三十二次会议通过的《天津市人民代表大会常务委员会关于修改部分地方性法规的决定》第二次修正。

实施〈土地管理法〉办法》(第二次修正)的规定因与《物权法》相抵触而违背了“不抵触原则”。

3. 小结

综上,目前,集体土地征收程序立法有多处违背《宪法》确立的法制统一原则。从法律实施角度看,违背法制统一原则,不仅损害宪法权威,而且也损害法律面前人人平等原则。

(二)集体土地征收程序立法将公共利益予以泛化和虚化

前文已述,《宪法》第10条第3款规定:“国家为了公共利益的需要,可以依照法律规定对土地实行征收或者征用并给予补偿。”这就对集体土地征收提出了三个限制:一是目的性限制,即国家只能基于公共利益的需要来征收集体土地。二是依据性限制,即国家如何实行征收和给予补偿,只能依据法律的规定;而且,这里的“法律”应当指狭义的法律,即全国人大及其常委会制定的法律规范。三是结果限制,即必须给予补偿。

就目的性限制与依据性限制的关系而言,前者对后者具有指导作用和制约作用,即后者在规定如何实行征收时,要么对符合“公共利益的需要”的事项进行列举,要么为判断集体土地征收是否符合“公共利益的需要”提供验证方法,而这种验证方法正是借助征收程序进行的。可见,依据性限制是实现目的性限制的重要、甚至唯一途径。当依据性限制未能发挥预期作用时,目的性限制就将滑入虚无的深渊。

1. 法律在实现集体土地征收目的性限制中的作用

目前,规范集体土地征收的“法律”主要是《土地管理法》和《物权法》,但两者对实现《宪法》的目的性限制未进行充分探索。具体来说,《土地管理法》第2条第4款规定:“国家为了公共利益的需要,可以依法对土地实行征收或者征用并给予补偿。”这一规定看似复制了《宪法》第10条第3款,实则有所创新,即将《宪法》第10条第3款中的“依照法律”替换为“依法”,扩大了可以对集体土地征收进行限制的法律依据的范围。这是因为,“依法”不是“依照法律”的缩略语或简称,毕竟,在《中华人民共和国立法法》(以下简称《立法法》)的语境之内,“法”不仅包括法律,还包括行政法规、地方性法规、自治条例、单行条例、部门规章、地方政府规章以及法律解释。对《土地管理法》的这一创新,笔者无意进行合宪性评价,毕竟《宪法》对"法律"能否进行二次授权并无明确规定,况且《土地管理法》的这一规定是否属于二次授权也值得推敲。笔者关注的是,《土地管理法》及其第 2 条第 4 款中的"法"是否能保证集体土地征收确实在"公共利益的需要"之下发生。

何谓"公共利益"?《土地管理法》第 2 条第 4 款的规定没有提供任何有价值的信息。诚然,《土地管理法》第 58 条也使用了"公共利益"概念,即"为公共利益需要使用土地的","有关人民政府土地行政主管部门报经原批准用地的人民政府或者有批准权的人民政府批准,可以收回国有土地使用权",但同样没有指明"公共利益"的判断规则。

《土地管理法》对集体土地征收的规定集中于第五章。该章的标题是"建设用地",这就标明该章的要旨是为用地方提供建设用地。对于建设用地的来源,根据《土地管理法》第 43 条的规定,除兴办乡镇企业和村民建设住宅经依法批准使用本集体经济组织农民集体所有的土地,或者乡(镇)村公共设施和公益事业建设经依法批准使用农民集体所有的土地的除外,"任何单位和个人进行建设,需要使用土地的,必须依法申请使用国有土地",包括"国家所有的土地和国家征收的原属于农民集体所有的土地"。至于单位和个人使用"国家征收的原属于农民集体所有的土地"进行的"建设"是否是"为了公共利益的需要",若立足于立法简洁主义,《土地管理法》第 43 条未作限制也无可厚非。

随后,基于为用地方提供可资申请使用的国有建设用地的逻辑,《土地管理法》规定了不同情形下农用地转建设用地的审批机关(第 44 条)、征收集体土地的审批机关和征收农用地的审批程序与农用地转建设用地审批程序的关系(第 45 条)、征收土地公告及征地补偿登记程序(第 46 条)、征地补偿安置方案确定后的听取意见程序(第 48 条)等内容。这也是《土地管理法》关于集体土地征收程序的全部规定。其中,就土地征收的审批而言,只是明确规定了审批机关以及与农用地转建设用地审批的先后关系,而未要求审批机关在审批时必须审查征收土地是否符合公共利益的需要。至于随后的征地实施程序,主要服务于征地补偿安置,与征地行为是否符合公共利益的需要,就更没有任何瓜葛了。一句话,《土地管理法》关于集体土地征收程序的规定,并未提供征地行为是否符合公共利益的判断规则。这样,结合该法第43条的规定,结论显而易见:只要是“建设”,国家都可以征收集体土地。于是,《宪法》对集体土地征收所施加的目的性限制“为了公共利益的需要”在《土地管理法》中遭遇“滑铁卢”。

确实,除《土地管理法》外,《物权法》也规定了集体土地征收。不过,与立法目的相关,《物权法》并不关注土地征收的具体程序,只是规定“为了公共利益的需要,依照法律规定的权限和程序可以征收集体所有的土地和单位、个人的房屋及其他不动产”,[①]并强调“不得违反法律规定的权限和程序征收集体所有的土地”。[②] 值得肯定的是,《物权法》未逾越《宪法》设定的藩篱,除对集体土地征收进行目的性限制外,还要求征收必须“依照法律规定”的权限和程序进行。遗憾的是,对集体土地征收的权限和程序作出的规定的“法律”只有《土地管理法》!换言之,《物权法》同样不能为集体土地征收是否符合公共利益提供判断规则。

2. 行政法规、地方性法规和规章在实现集体土地征收目的性限制中的作用

退一步看,《土地管理法》第2条第4款将《宪法》第10条第3款的“依照法律”扩展为“依法”,那么,除《土地管理法》和《物权法》之外,其他“法”是否能保证集体土地征收确实在“公共利益的需要”之下发生?如前所述,其他的“法”,除国务院的《土地管理法实施条例》和各省、自治区、直辖市的人大常委会制定的土地管理法实施办法外,还包括国土资源部制定的《国土资源听证规定》(国土资源部令第22号)、《建设项目用地预审管理办法》(国土资源部令第42号)、《建设用地审查报批管理办法(2010年修正)》(国土资源部令第49号)、《征收土地公告办法(2010年修正)》(国土资源部令第49号)等部门规章,以及省、自治区、直辖市人民政府制定的地方政府规章,如《北京市建设征地补偿安置办

① 《物权法》第42条第1款。
② 《物权法》第43条。

法》(北京市人民政府令第148号)、[①]《山东省土地征收管理办法》(山东省人民政府令第226号)、[②]《重庆市土地管理规定》(重庆市人民政府令第53号)[③]等。

第一,《土地管理法实施条例》对实现集体土地征收目的性限制的作用。

《土地管理法实施条例》全篇未使用“公共利益”概念,与集体土地征收相关的规定集中于第五章“建设用地”,主要包括批次征地程序、建设项目单独选址征地程序、征地公告与补偿登记程序、征地补偿安置方案确定程序。与《土地管理法》相比,《土地管理法实施条例》粗略地规定了批次征地程序中报有批准权的人民政府批准前的程序——市、县人民政府按照土地利用年度计划拟订农用地转用方案、补充耕地方案、征收土地方案,分批次逐级上报有批准权的人民政府,而有批准权的人民政府土地行政主管部门对农用地转用方案、补充耕地方案、征收土地方案进行审查,提出审查意见,但未规定市、县人民政府如何拟定征收土地方案和征收土地方案的内容,也没有规定有批准权的人民政府土地行政主管部门如何审查征收土地方案,更没有规定有批准权的人民政府在审批时应当考虑的因素和具体程序。同时,建设项目单独选址征地程序与批次征地程序的内容基本相同,无非是该程序基于用地单位的建设用地申请而启动。也就是说,在《土地管理法实施条例》之下的征地审批程序中,丝毫看不到“公共利益”的身影。至于征地公告与补偿登记程序,以及征地补偿安置方案确定程序,虽然较《土地管理法》更具有操作性,但服务于征地批准之后的征地补偿安置,而不涉及对征地审批决定的异议,因此与征地是否符合“公共利益的需要”的判

---

① 2004年4月29日市人民政府第二十四次常务会议通过,2004年5月21日公布,自2004年7月1日起施行。

② 2010年8月5日省政府第七十八次常务会议通过,2010年8月17日公布,自2011年1月1日起施行。

③ 1999年3月22日市人民政府第三十五次常务会议审议通过,1999年3月30日公布,自1999年1月1日起施行。笔者通过申请政府信息公开,收到重庆市国土资源和房屋管理局《重庆市国土房管局关于李春燕申请信息公开有关问题的复函》(渝国土房管公开〔2015〕236号),确认该规章依然有效。至于该规章的施行日期早于通过日期和公布日期的原因,笔者尚不知晓。

断没有关联。

第二，各地有关土地管理的地方性法规对实现集体土地征收目的性限制的作用。

《土地管理法》在2004年的修改以及《土地管理法实施条例》在2011年的修改都是对“征收”与“征用”的修改，而《土地管理法实施条例》2014年的修改与集体土地征收无关。或许基于对“征收”“征用”两者之间差异的不同认识，某些省、自治区、直辖市人大常委会并没有及时修改本行政区内根据《土地管理法》和《土地管理法实施条例》制定的地方性法规。总体上，自1999年1月1日《土地管理法》（1998年）和《土地管理法实施条例》（1998年）生效以来，除台湾地区、香港特别行政区、澳门特别行政区、北京市、重庆市外，其余23个省、5个自治区、2个直辖市的人大常委会都出台了以某省（自治区或直辖市）“土地管理条例”“实施《土地管理法》办法”或“《土地管理法》实施办法”命名的地方性法规（以下统称《土地管理法》实施办法）；针对集体土地征收，甘肃省人大常委会和江西省人大常委会还专门出台了地方性法规《甘肃省基础设施建设征用土地办法》和《江西省征收土地管理办法》。对前述地方性法规的分析发现：

首先，仅《山西省实施〈中华人民共和国土地管理法〉办法》①在第2条第3款中重申了《土地管理法》第2条第4款的规定，即“国家为了公共利益的需要，可以依法对土地实行征收或者征用并给予补偿”。对这一立法模式，理论上无可厚非，因为地方性法规无须重复上位法的规定。不过，在实践中，“县官不如现管”的地方主义执法思维严重。这就可能导致“公共利益”淡出执法者的视野。

其次，在30部《土地管理法》实施办法中，大都在“建设用地”“建设

① 1999年9月26日山西省第九届人民代表大会常务委员会第十二次会议通过，根据2008年5月16日山西省第十一届人民代表大会常务委员会第二次会议通过的关于修改《山西省实施〈中华人民共和国土地管理法〉办法》的决定修正。

用地管理”“建设用地审批和管理”“城市建设用地”[①]等标题之下规定集体土地征收问题，即将集体土地征收程序混入建设用地管理程序。例外在于，《海南经济特区土地管理条例》分设“农用地转用与土地征收”与“国有土地使用权市场管理”两章；《福建省实施〈中华人民共和国土地管理法〉办法》第五章虽为“建设用地”，但分为“农用地转用和征地”“征地补偿安置”和“建设用地供应”等三节，即将集体土地征收程序从建设用地管理程序中独立出来。将集体土地征收程序混入建设用地管理程序的立法模式沿袭自《土地管理法》及《土地管理法实施条例》，它将“建设”作为征收集体土地的理由，而不关注“建设”与“公共利益”的关系。

最后，32 部地方性法规对集体土地征收程序的规定有详有略，简单的如《西藏自治区实施〈中华人民共和国土地管理法〉办法》，除第 32 条规定，“征用下列土地的，由自治区人民政府批准，并报国务院备案：……”外，没有任何关于集体土地征收程序的规定；复杂的如《海南经济特区土地管理条例》，详细规定了预征地公告程序和征地申请被批准后的实施程序，“两公告一登记”，江西省人大常委会和甘肃省人大常委会更是专门制定地方性法规。不过，即便是“详细”规定集体土地征收审批程序的地方性法规，它们也只是对征地申请前的预征地公告程序、征地方案的拟定程序和征地申请批准后的实施程序进行具体化，对征地审批程序则保持沉默，唯一的例外是《甘肃省基础设施建设征用土地办法》。不过，《甘肃省基础设施建设征用土地办法》只是明确规定了省人民政府对征地申请的审批期限，而没有规定“如何”审批，进而无法判断审批时是否考虑了“公共利益的需要”。[②]

综上，目前，有关集体土地征收的 32 部地方性法规中，仅《山西省实施〈中华人民共和国土地管理法〉办法》要求征收集体土地必须基于“公

---

① 大部分地方性法规使用“建设用地”这一标题，而《宁夏回族自治区土地管理条例》中的标题是“建设用地管理”，《甘肃省实施〈中华人民共和国土地管理法〉办法》中的标题是“建设用地审批和管理”，《天津市土地管理条例》中的标题是“城市建设用地”。

② 《甘肃省基础设施建设征用土地办法》第 6 条第 3 款规定：“对报省人民政府审批的用地项目，资料齐全的，省人民政府应当在收到报批资料后的 10 个工作日内完成审批工作；对报国务院审批的用地项目，资料齐全的，省人民政府应当在收到报批资料后的 10 个工作日内完成审核上报工作。”

共利益的需要”,仅《甘肃省基础设施建设征用土地办法》明确规定集体土地征收的审批期限,其他均未规定集体土地征收的目的性限制和审批程序。这一立法现状意味着,集体土地征收程序对证成集体土地征收符合“公共利益的需要”几乎没有任何作用。

第三,有关部门规章对实现集体土地征收目的性限制的作用。

首先,《国土资源听证规定》(国土资源部令第22号)的适用范围中与集体土地征收相关的事项是拟定或者修改区域性征地补偿标准和拟定拟征地项目的补偿标准和安置方案,前者属于依职权听证,后者属于依申请听证。这两类听证都聚焦于征地补偿,而征地补偿与征地是否“为了公共利益的需要”无关。

其次,《建设项目用地预审管理办法》(国土资源部令第42号)的制定目的是“保证土地利用总体规划的实施,充分发挥土地供应的宏观调控作用,控制建设用地总量”,[①]要求土地行政主管部门在预审时应审查如下内容:(1)建设项目选址是否符合土地利用总体规划,是否符合国家供地政策和土地管理法律、法规规定的条件;(2)建设项目用地规模是否符合有关建设用地指标的规定;(3)建设项目占用耕地的,补充耕地初步方案是否可行;(4)征地补偿费用和矿山项目土地复垦资金的拟安排情况;(5)属《土地管理法》第26条规定情形,建设项目用地需修改土地利用总体规划的,规划的修改方案、规划修改对规划实施影响评估报告等是否符合法律、法规的规定。[②] 可见,《建设项目用地预审管理办法》未明确将集体土地征收是否是“为了公共利益的需要”纳入建设用地预审程序的审查范围。

再次,《建设用地审查报批管理办法》(2010年修正)(国土资源部令第49号)的制定目的是“加强土地管理,规范建设用地审查报批工作”,因此适用于“依法应当报国务院和省、自治区、直辖市人民政府批准的建设用地的申请、审查、报批和实施”等事项,而不适用于该类建设用地应

① 《建设项目用地预审管理办法》第1条。

② 《建设项目用地预审管理办法》第11条。

先行征收时的“审批”事项。[①] 同时，在具体内容上，该办法要求市、县人民政府拟定的征收土地方案应当“包括征收土地的范围、种类、面积、权属，土地补偿费和安置补助费标准，需要安置人员的安置途径等”内容；当征收土地方案符合下列条件时，土地行政主管部门可以报人民政府批准：(1)被征收土地界址、地类、面积清楚，权属无争议的；(2)被征收土地的补偿标准符合法律、法规规定的；(3)被征收土地上需要安置人员的安置途径切实可行。[②] 可见，有批准权的人民政府的土地行政主管部门在审查征收土地方案时，并不审查土地征收行为是否是“为了公共利益的需要”。

最后，《征收土地公告办法》(2010年修正)(国土资源部令第49号)的调整对象是征收土地公告和征地补偿、安置方案公告，而这两类公告都发生于征地批准之后，因此，无法透过该办法来洞察征地审批程序是否有助于集体土地征收目的性限制的实现。

综上，目前有关集体土地征收的部门规章对实现集体土地征收的目的性限制几乎没有帮助。[③]

第四，有关地方政府规章对实现集体土地征收目的性限制的作用。

首先，《北京市建设征地补偿安置办法》(北京市人民政府令第148

---

① 《建设用地审查报批管理办法》(2010年修正)第1、2条。

② 《建设用地审查报批管理办法》(2010年修正)第10条、第14条。

③ 笔者在“几乎”与“完全”之间纠结，并最终选择了“几乎”，理由如下：1999年10月14日，国土资源部、国家经贸委发布《关于发布和实施〈限制供地项目目录〉、〈禁止供地项目目录〉(第一批)的通知》(国土资发〔1999〕357号)，除对禁止供地项目进行列举外，还有一概括性规定，即“按照《禁止供地项目目录》禁止提供建设用地的是：危害国家安全或者损害社会公共利益的，国家产业政策明令淘汰的生产方式、产品和工艺涉及的，国家产业政策规定禁止投资的，按照法律法规规定禁止的其他建设项目。”这说明，建设项目损害社会公共利益时，国家将禁止供地。2006年12月12日，国土资源部和国家发展和改革委员会发布《关于发布实施〈限制用地项目目录(2006年本)〉和〈禁止用地项目目录(2006年本)〉的通知》(国土资发〔2006〕296号)，保留了对禁止用地项目的列举，如将别墅类房地产开发项目、高尔夫球场项目、赛马场项目、党政机关、国有企业、事业单位新建培训中心项目等列为“禁止用地项目”，但取消了对禁止用地项目的概括性规定。另外，根据《建设项目用地预审管理办法》的规定，审查内容之一是“建设项目选址”——而非建设项目——是否符合“国家供地政策和土地管理法律、法规规定的条件”。因此，建设项目用地预审程序中对公共利益即便有所考量，也将是一种弱考量。况且，在批次征地程序中，征地程序先于建设项目用地预审程序，即便后者考虑公共利益，也无法挽回集体土地已经被征收的事实。

号)旨在规范北京市行政区域内依法征用农民集体所有土地后的补偿安置,因此,对集体土地征收程序规定较少,仅仅规定了征地申请报批前的征地补偿安置协议签订程序和征地申请批准后的征地公告程序。同时,全文未提及公共利益。

其次,《山东省土地征收管理办法》(山东省人民政府令第226号)第3条将土地征收界定为"根据经济社会发展等公共利益需要,依照法律、法规规定的权限和程序,报经国务院或者省人民政府批准,将农民集体所有的土地征为国家所有,并依法、合理予以补偿和安置的行为"。这意味着"经济社会发展"的需要是"公共利益"的表现形式之一。同时,第7条规定:"市、县人民政府应当根据国民经济和社会发展计划、土地利用总体规划、城乡规划和土地利用年度计划,统筹安排本行政区域内的土地征收工作。"这是否意味着实施"国民经济和社会发展计划、土地利用总体规划、城乡规划和土地利用年度计划"就是"经济社会发展等公共利益需要"?如果答案是肯定的,那么集体土地征收的目的性限制恐怕就不是集体土地征收过程所能完成的使命,或者说,在编制国民经济和社会发展计划、土地利用总体规划、城乡规划和土地利用年度计划时,就必须考虑公共利益的需要。不过,若认同这一理解,那么,《宪法》和《土地管理法》中集体土地征收的目的性限制就成了一种摆设。同时,在规定了土地预征公告程序、土地征收补偿安置方案的拟定与公告程序、土地征收补偿安置协议的签订、土地征收补偿标准的裁决程序之后,《山东省土地征收管理办法》第14条规定:"土地征收补偿安置协议签订或者补偿标准裁决后,市、县人民政府国土资源行政主管部门应当按照国家和省有关规定,组织编制土地征收方案,连同有关材料,报有批准权的人民政府批准。"第15条规定:"市、县人民政府应当自收到土地征收批准文件后,在被征收土地农村集体经济组织所在地予以公告。"[①]至于有批准权的人民政府通过何种方式、方法来确保审批时坚守土地征收的目的性限制,《山东省土地征收管理办法》语焉不详。

① 《山东省土地征收管理办法》第14条、第15条。

最后,土地《重庆市土地管理规定》(重庆市人民政府令第53号)要求土地征收的审批权限按照《土地管理法》第45条的规定办理,并明确征收土地方案经依法批准后,市或区县(自治县、市)人民政府应当按照批准的方案,组织土地等行政主管部门实施,同样没有规定有批准权的人民政府如何审批。①

综上,前述关于土地征收的地方政府规章未规定土地征收的具体审批程序,审批过程能否实现对土地征收的目的性限制不得而知。

3.小结

目前关于集体土地征收程序的立法,从法律到行政法规,以及地方性法规、部门规章和地方政府规章,关注的重点都是集体土地征收批准后的实施程序以及批准前的拟征地公告程序与报批程序,而均未规定批准程序;在报批程序中,未留有对土地征收目的进行审查的痕迹。这样的程序立法使得土地征收可以游离于《宪法》的目的性限制之外,或者说,“为了公共利益的需要”徒具宣示意义。

(三)集体土地征收程序立法不利于国家履行“尊重和保障人权”的宪法义务

1.“国家尊重和保障人权”之内涵

第十届全国人民代表大会第二次会议于2004年3月14日通过《宪法修正案》,将“国家尊重和保障人权”作为《宪法》第33条第3款写入《宪法》。

对“国家尊重和保障人权”的理解,可以从三个方面进行:首先,它为国家设定了尊重和保障人权的宪法义务。众所周知,国家作为政治组织,其义务需要通过能够代表它的国家机构来履行。而且,不同性质的国家机构在履行这一宪法义务时有适当分工,如立法机关重在确立规则,行政机关重在执行规则,而司法机关通过解决纠纷来保障规则的实现。因此,国家履行“尊重和保障人权”的宪法义务的逻辑开端是立法机关制定“尊重和保障人权”的法律规范。其次,它明确了国家承担着两方

① 《重庆市土地管理规定》第21条、第22条、第29条。

面的宪法义务,尊重人权和保障人权。其中,尊重人权的"尊重",不仅"表明国家对人权的基本立场和宪政理念的提升,即以人权的实现为国家权力运作的价值取向,而不再仅单纯地追求社会秩序的稳定性",而且要求"国家权力要受到合理的限制,防止国家公共权力对人权的侵犯,从而从国家根本法的角度约束公权对人权的侵害"。也就是说,"'尊重'意味着'不侵犯',国家负有不侵犯的消极义务"。[①] 而保障人权的"保障"为国家设定了积极义务,要求"国家采取有效措施来保障人权的充分实现,当人的权利遭到侵犯后国家要对被侵犯的权利进行救济"。[②] 也就是说,立法机关制定的法律规范,不仅要防范公权力侵害人权,而且要创造条件保障人权的实现,包括在人权受到侵害时提供必要的救济。最后,在确定"人权"的范围时,既要考虑《宪法》的规定,也应当关注国际共识。中国将"国家尊重和保障人权"写入《宪法》,主要基于两点考虑:"一是尊重和保障人权是我们党和国家的一贯方针,这次把它写入宪法,可以进一步为这一方针的贯彻执行提供宪法保障。二是党的十五大、十六大都明确地提出了'尊重和保障人权'。在宪法中作出尊重和保障人权的宣示,体现了社会主义制度的本质要求,有利于推进我国社会主义人权事业的发展,有利于我们在国际人权事业中进行交流和合作。"[③]国际人权事业的交流与合作,奠基于认可和实施国际社会的人权共识,而非纯粹的文字宣示。目前,国际社会对"人权"的认识依然存有分歧,但对"财产权"作为人权已基本达成共识。具体来说,《世界人权宣言》明确将财产权作为人权来予以列举式规定;[④]《经济、社会、文化权利国际公约》[⑤]未将财产权列入人权的范围,但表示"对于任何国家中依据法律、

① 焦洪昌:《"国家尊重和保障人权"的宪法分析》,载《中国法学》2004 年第 3 期。

② 孙平华:《论"国家尊重和保障人权"载入宪法》,载《人权》2012 年第 6 期。

③ 王兆国:《关于〈中华人民共和国宪法修正案(草案)〉的说明》,2004 年 3 月 8 日第十届全国人民代表大会第二次会议。

④ 《世界人权宣言》第 17 条规定:"(一)人人得有单独的财产所有权以及同他人合有的所有权。(二)任何人的财产不得任意剥夺。"

⑤ 《经济、社会、文化权利国际公约》第 5 条第 2 款。《经济、社会、文化权利国际公约》于 1966 年 12 月 6 日获联合国大会通过,1976 年 3 月 23 日正式生效。我国全国人民代表大会常务委员会于 2001 年 2 月 28 日通过《关于批准〈经济、社会及文化权利国际公约〉的决定》。

惯例、条例或习惯而被承认或存在的任何基本人权，不得借口本公约未予承认或只在较小范围上予以承认而予以限制或克减。”在区域性国际条约层面，《欧洲保障人权和根本自由公约》之第一议定书（1952 年 3 月 20 日订于巴黎）第 1 条、《美洲人权公约》（1969 年）第 21 条和《非洲人权和民族权宪章》第 14 条都明确规定了财产权。① 中国《宪法》第二章“公民的基本权利和义务”未规定财产权，而是在第一章“总纲”中规定了财产权，将财产分为社会主义的公共财产和公民的私有财产，前者又分为国家所有的财产和集体所有的财产。其中，社会主义的公共财产“神圣不可侵犯”，受到国家“保护”，国家“禁止任何组织或者个人用任何手段侵占或者破坏国家的和集体的财产”，但“国家为了公共利益的需要，可以依照法律规定”对属于集体所有的土地实行征收或者征用并给予补偿。② 同时，公民的合法的私有财产“不受侵犯”，国家依照法律规定保护公民的私有财产权和继承权；而且，国家为了公共利益的需要，可以依照法律规定对公民的私有财产实行征收或者征用并给予补偿。③《宪法》将“财产权”规定在“总纲”一章中，是否意味着财产权不是基本人权？笔者认为，答案是否定的。因为第一章“总纲”在法律地位上对《宪法》其他章节具有统帅和指导作用。《宪法》未在第二章“公民的基本权利和义务”中明确规定“财产权”，或许是考虑到宪法内在结构的统一。在中国，财产权的主体不限于“公民”，若置于第二章，则与第二章的

① 《欧洲保障人权和根本自由公约》又称《欧洲人权公约》之第一议定书第 1 条规定：“每个自然人或法人都被授予和平地享用其财产的资格。除非为了公共利益并且符合法律以及国际法一般原则所规定的条件，任何人都不应当被剥夺其财产。但是，前款规定不应当以任何方式损害一国的如下权利：按其认为必要的方式去强制执行此类法律以便依据一般利益来控制财产使用，或者保证税收或其他捐税或罚金的支付。”《美洲人权公约》（1969 年）第 21 条规定：“一、人人都有使用和享受财产的权利。法律可以使这种使用和享受服从于社会利益。二、不得剥夺任何人的财产，但因公用事业或社会利益等理由以及法律规定的情况和按法律规定的形式，赋予正当赔偿的情况除外。三、高利贷和任何其他人剥削人的形式都应受到法律的禁止。”《非洲人权和民族权宪章》又称《班珠尔人权和民族权宪章》，1981 年 6 月 28 日非洲统一组织通过，同年 10 月 21 日生效，其第 14 条规定：“财产权利应受到保障。除非为了公共需要或者为了整个社会的利益并依照适当的法律规定，否则不受侵犯。”

② 《宪法》第 12 条、第 10 条第 3 款。

③ 参见《宪法》第 13 条。

标题“公民的基本权利和义务”有冲突;若将财产权规定于“总纲”和“公民的基本权利和义务”两章之内,则显得过于零散,并且不利于清晰说明国国对待公共财产和私有财产的不同态度。

2. 集体土地征收领域“国家尊重和保障人权”的宪法义务的履行

在集体土地征收领域,国家如何履行《宪法》确立的“国家尊重和保障人权”的宪法义务?或者说,立法机关应当为国家确立怎样的积极义务和消极义务?笔者认为,在《宪法》容忍国家可以基于公共利益的需要而征收集体土地并给予补偿的情况下,国家“尊重人权”的消极义务的履行,应着力于尽量不征收集体土地,这就需要立法为“公共利益”设定边界;国家“保障人权”的积极义务的履行,一是应在土地征收过程中保障土地所有权人和使用权人的合法权益,二是应在土地征收结束后为土地所有权人和使用权人提供充分的权利救济机制。

如前文所述,目前的集体土地征收立法没有明确界定“公共利益”的内涵和外延,甚至使之等同于“国家建设”,而且集体土地征收程序立法也没有提供证成“公共利益的需要”的机制。换言之,当前的集体土地征收立法使国家无法履行“尊重人权”的消极义务。

论及“保障人权”的积极义务的履行,必须关注实体权利与程序权利的关系。“在现代法学看来,程序权利和实体权利紧紧联系在一起,程序权利是实现实体权利的前提和基础,没有程序规范,实体权利也无从实现,而且程序权利本身也有其独立的意义。”①仅从土地使用权人角度看,无论是土地承包经营权、宅基地使用权,还是地上附着物的所有权,都属于实体权利,它们需要借助程序性权利予以实现。从征收集体土地的行政机关角度看,土地使用权人的程序性权利恰恰为行政机关设定了程序性义务。而且,“行政机关掌握巨大权力,权力的行使必须公平而且有效率。达到公平和效率的目的,在很大程度上取决于行政机关所使用的程序。从抽象的观点来说,实体法是基础,处于首要地位,程序法是执行,处于次要地位。然而从实际来说,程序法的重要性超过实体法,法律的

---

① 黄学贤:《论现代公法中的程序》,载《徐州师范大学学报》(哲学社会科学版)2006年第2期。

生命在于执行。一个健全的法律,如果使用武断的专横的程序法执行,不能产生良好的效果,如果用一个健全的程序去执行,可以限制或削弱不良效果。"①

行政机关"健全的程序",在法律人看来,指的就是正当的行政程序。中国学者孙笑侠教授认为,行政程序的正当性标准至少包括以下四个方面:一是行政相对人的程序性权利是否在行政程序中受到承认和保护,这是行政程序正当与否的前提标准;二是行政主体的权力与行为是否受到行政程序控制,这是行政程序正当与否的核心;三是行政效率的考虑是否建立在合理基础上,这是行政程序正当与否的关键;四是能否确保行政主体从行政相对人实体权利角度来考虑问题,这是行政程序正当与否的最终标准。② 日本著名行政法学者盐野宏教授认为,告知和听证、文书阅览、理由附记、处分基准的设定和公布是正当行政程序的四项原则。③ 美国学者福斯则进一步认为,正当程序包括足够时间的告知权、咨询权、调查证据权、查找反证权、当面交叉质证权、公平审判和公平合理审判地点权。④ 诚然,中外学者对正当行政程序的认知和表述不尽相同,但都包括以下要素:一是告知;二是听取意见,其形式包括听证,其间需要赋予行政相对人以调查证据权、查找反证权、当面交叉质证权、文书阅览权等程序性权利,以提高行政相对人与行政主体进行平等对抗的能力;三是说明理由;四是行政过程及结果应当公开。

以前述正当行政程序的标准来审视集体土地征收程序立法,其结果如下:

(1)任何位阶的法律规范,从法律,到法规,再到规章,都没有规定集体土地征收审批机关国务院与省、自治区、直辖市人民政府的审批程序,更没有要求审批机关说明理由。这样,不公开的审批程序使得集体土地的所有权人和使用权人丧失了对集体土地应否被征收表达意见的机会,

---

① 王名扬著:《美国行政法》,中国法制出版社 1995 年版,第 41 页。

② 参见孙笑侠著:《法律对行政的控制——现代行政法的法理解释》,山东人民出版社 1999 年版,第 229~232 页。

③ 参见[日]盐野宏著:《行政法》,杨建顺译,法律出版社 1999 年版,第 191~193 页。

④ 高秦伟:《正当行政程序的判断模式》,载《法商研究》2004 年第 4 期。

同时无法判断征地批准与公共利益的关联。

(2)在法律与行政法规层面,《物权法》未涉及集体土地征收的程序,《土地管理法》和《土地管理法实施条例》仅仅规定了集体土地征收被批准之后的实施程序,但操作性较弱,无法实现保障土地所有权人和使用权人实体权利的目的。如在土地征收决定及拟定的土地征收补偿安置方案的告知程序中,都采用"公告"而非"通知"的方式。姑且不考虑这两种方式对获得该信息的人数的影响,仅"通知"方式较"公告"方式在内容上的确定性程度和蕴含的对被征收人的尊重,就值得重视。又如,虽规定拟定征地补偿安置方案时应听取农民的意见,但未规定听取意见的方式、方法和期限。而且,仅仅听取"农民"的意见,必然遗漏了非农民的其他利害关系人的意见,如土地承包经营权人的意见,更不用说遗漏了公共组织的意见。需要说明的是,"公告"作为广而告之的一种方式,与"通知"相比,有助于提高行政效率,但无法保证相关行政相对人都能够获知该信息。

(3)在地方性法规层面,大部分土地管理法实施办法都是对《土地管理法》和《土地管理法实施条例》的程序性规定的简单重复或略作具体化,因此所涉及的程序事项与两者没有本质区别。例外在于,《海南经济特区土地管理条例》《青海省实施〈中华人民共和国土地管理法〉办法》和《吉林市土地管理条例》还规定了拟征地公告(通知)程序,其中前两者要求公告拟征地块的用途、位置、补偿标准、安置途径等事项,后者仅要求市(州)、县(市)人民政府在土地征收前应当向被征地单位发出拟征地通知书;同时,三者均未要求就拟征地相关事项听取被征收人的意见和建议。[①] 因此,这三部地方性法规中的拟征地公告(通知)程序都只是保障了被征地人的知情权,而对保障被征地人的财产权等实体权益并无帮助。而且,《吉林市土地管理条例》明确规定,"土地征收前,市(州)、县(市)人民政府应当向被征地单位发出拟征地通知书。拟征地通知书送达后,拟征收土地上新栽种的农作物、树木和新建的设施,不予

① 参见《海南经济特区土地管理条例》第28条、《青海省实施〈中华人民共和国土地管理法〉办法》第36条、《吉林市土地管理条例》第26条。

补偿”,[①]这就说明拟征地通知承载的是确定补偿的时间节点的工具性意义,而不可能对征地程序的启动施加限制。此外,《海南经济特区土地管理条例》和《青海省实施〈中华人民共和国土地管理法〉办法》还要求被征收土地利用现状的调查结果应由被征地农村集体经济组织和农(牧)户共同确认,区别在于前者发生于征地申请获得批准后,而后者发生于征地申请报批前。[②] 这一土地利用现状调查结果共同确认程序体现了对被征收人的尊重,对维护被征收人的征收补偿权具有重要意义。不过,该确认程序在时间节点上的不一致性,是否意味着土地利用现状在征地审批程序中可有可无?

(4)在部门规章层面,《建设项目用地预审管理办法》将建设项目用地预审程序作为土地征收程序的前置程序,关注的是建设项目用地单位与土地行政主管部门的关系,而没有任何关于拟征收土地所有权人和使用权人的规定。《国土资源听证规定》要求土地行政主管在组织听证时,“应当遵循公开、公平、公正和便民的原则,充分听取公民、法人和其他组织的意见,保证其陈述意见、质证和申辩的权利”。[③] 不过,《国土资源听证规定》的适用范围决定了它对土地征收决定不具有约束力。同时,在适用该规定的拟定或者修改区域性征地补偿标准听证以及拟定拟征地项目的补偿标准和安置方案听证中,只是要求在上报相关材料时分别“附具”听证纪要和听证笔录,而未论及听证纪要和听证笔录的法律效力。而且,对“法律、法规和规章规定应当听证的事项,当事人要求听证而未组织的,对直接负责的主管人员和其他直接责任人员依法给予行政处分”,[④]但未规定重新组织听证等补救程序。此外,在依申请启动的拟定拟征地项目的补偿标准和安置方案听证中,听证机构不予受理听证申

① 《吉林市土地管理条例》第27条第3款。

② 参见《海南经济特区土地管理条例》第27条规定:“……(三)市、县、自治县人民政府土地行政主管部门组织勘测,调查土地权属,清点青苗及地上建筑物等其他附着物,调查结果经市、县、自治县人民政府土地行政主管部门与被征地农村集体经济组织、农民和其他权利人共同确认。”《青海省实施〈中华人民共和国土地管理法〉办法》第37条规定:“土地行政主管部门应当对拟征土地的利用现状进行调查,调查结果由被征地农村集体经济组织和农(牧)户共同确认。”

③ 《国土资源听证规定》第4条。

④ 《国土资源听证规定》第34条。

请以及在处理当事人的回避申请时,都不需要向当事人说明理由。这样的程序设置,虽有其进步意义,但同时也具有“程序藩篱”的消极色彩。《征收土地公告办法》(2010年修正)大大提高了征收土地公告程序和征地补偿、安置方案公告程序的透明度和可操作性,但依然存在不足:一是征收土地公告不能等同于征收土地方案的公告,即征收土地方案依然处于暗箱之内;二是征地补偿、安置方案拟定过程中收集的意见(包括听证笔录)对市、县人民政府审批该方案时的约束力处于不明状态;三是对未依法进行征收土地公告和征地补偿、安置方案公告的法律后果的设置不具有合理性。①

(5)在地方政府规章层面,《北京市建设征地补偿安置办法》特别重视征地报批前征地单位与被征地农村集体经济组织或者村民委员会之间征地补偿安置协议的签订程序——不仅要求两者之间应协商签订征地补偿安置协议,而且要求被征地农村集体经济组织或者村民委员会在签订协议前,应当就协议主要内容经村民大会或者村民代表大会等民主程序形成书面决议,在签订协议后,应当向农村村民公示征地补偿安置协议。② 这一程序设计确实有助于“保护被征地农村村民、农村集体经济组织和征地单位合法权益,促进首都经济发展,维护社会稳定”。③ 同样致力于“加强土地征收管理,规范土地征收程序,维护被征收土地的农村集体经济组织、农民和其他权利人的合法权益,保障经济社会协调发展”的《山东省土地征收管理办法》不仅规定了拟征收土地的公告程序,而且对拟定土地征收补偿安置方案时的公示程序、听取意见程序有严格要求。但是,无法回避的问题是,《北京市建设征地补偿安置办法》和《山东省土

① 参见《征收土地公告办法》(2010年修正)第14条规定:“未依法进行征收土地公告的,被征地农村集体经济组织、农村村民或者其他权利人有权依法要求公告,有权拒绝办理征地补偿登记手续。未依法进行征地补偿、安置方案公告的,被征地农村集体经济组织、农村村民或者其他权利人有权依法要求公告,有权拒绝办理征地补偿、安置手续。”根据这一规定,似乎被征地农村集体经济组织、农村村民或者其他权利人可以通过“拒绝”办理征地补偿登记手续、征地补偿安置手续来“要挟”市、县人民政府及土地行政主管部门依法进行公告。事实上,这种“拒绝”并不能阻止相关程序的进行,甚至给拒绝者带来不利后果。如前所述,《广东省实施〈中华人民共和国土地管理法〉办法》第32条就明确规定,“不按规定办理登记的,不列入补偿范围”。

② 参见《北京市建设征地补偿安置办法》第10条。

③ 《北京市建设征地补偿安置办法》第1条。

地征收管理办法》的前述规定将土地征收补偿安置方案(协议)的确定程序置于土地征收审批程序之前,这与《土地管理法》及《土地管理法实施条例》存在明显冲突。另外,《重庆市土地管理规定》仅仅规定征收土地方案由区县(自治县、市)人民政府按照土地利用年度计划拟定,经市土地行政主管部门提出审查意见后,报市人民政府依法批准或上报,随后即进入实施程序。[①] 在这一程序性规定中,土地被征收人未曾露面。

3. 小结

中国著名人权专家徐显明教授曾明确指出:“人权不是令人栽树、后人乘凉的美好愿望,而应当成为政府的底线政治伦理。政府的人权伦理不能等待渐进的实现,而是政府之为政府的要件。”[②]目前,“国家尊重和保障人权”赋予国家以宪法义务。国家履行这一宪法义务,首先必须制定尊重人权和保障人权的法律规范。土地所有权和使用权作为重要的财产权,应当得到国家的尊重与保障。然而,当前集体土地征收立法对“公共利益”概念泛化与虚化使得国家无法履行其“尊重人权”的消极义务;同时,关于集体土地征收的程序性规定逐渐增多,为国家履行其“保障人权”的积极义务提供了可能性。然而,进一步地审视发现,现有程序性规定主要是关于土地征收公告程序和征地补偿安置方案确定程序的规定,而土地征收审批程序尚未公开进行;同时,现有程序性规定具有浓厚的“程式化”色彩,缺少正当程序所具有的人文关怀;多笼统地规定“听取意见”,但不赋予土地被征收人以调查证据权、查找反证权、当面交叉质证权、文书阅览权等能够与土地征收审批机关以及土地行政主管部门进行平等对抗的程序性权利,而且也未对未采纳土地被征收人的意见的情形进行理由说明。在这种情况下,国家能否履行“保障人权”的积极义务不能不令人生疑。

---

① 参见《重庆市土地管理规定》(重庆市人民政府令第53号)第21条。

② 徐显明:《〈人权研究〉集刊序》,载徐显明主编:《人权研究》(第8卷),山东人民出版社2009年版,第1页。

二、执法困境:集体土地征收程序立法弱化了行政正当性

(一)政治正当性的形成及其维系

“政治正当性”这一概念源自西方,其对应的英文是 legitimacy。汉语学界对 legitimacy 有多种翻译,如“合法性”“肯认性”“认受性”和“正当性”。笔者赞同周濂学者的观点,即采用“正当性”这一翻译方法。①

据考证,在政治哲学史上,最早提出政治正当性问题的是古希腊人,其核心是“是什么使得权力或强力成为道德上对的?”②或者说,在政治统治关系中,是什么使一部分人应当服从另一部分人的命令?进一步说,在政治正当性的理论框架内,统治者一旦获得了政治统治的正当性,就可以名正言顺地实施统治行为,包括动用国家机器来采取一些强制措施;作为政治统治的另一方,相应地,则负有服从政治统治的义务。换言之,政治正当性具有“使统治者拥有统治的权利”和“使被统治者负有服从的义务”的理论效果。③ 也正因此,国家基于降低政治统治的成本和提高政治稳定性的需要,特别关注政治正当性。同样,鉴于“服从”,或者说“顺从”,是“依照他人的命令(直接的或间接的)所做出的不考虑自己利

① 将 legitimacy 译作“正当性”理由在于,legitimacy 虽衍生于原义为“合法性”的拉丁语 *lex*,但今天不宜翻译为“合法性”,一则“当时有自然法传统或者上帝意志作为依归,所以合法性这个概念仍旧保留有超越的道德维度,但如今这些超验的根据都已式微,在这样的时代背景下仍把 legitimacy 翻译、解释为‘合法性’,就会使 legitimacy 丧失道德批判的维度,彻底沦为替现实政治作辩护的工具”;二则 legitimacy 的外延超出了“合法有效”,还包括“正统的”“正确的”等多重含义。同时,“肯认性”“认受性”等翻译过多强调了 legitimacy 的主观性,“似乎只要获得被统治者的‘肯认’就足以为政治权力奠定道德理据……但却忽视了 legitimacy 的客观性、规范性的一面”。参见周濂:《政治正当性与政治义务》,载《吉林大学社会科学学报》2006 年第 2 期。

② 据研究,公元前 416 年夏,雅典人发动对米洛斯岛的远征,雅典同盟的大军由 38 艘舰船、3100 名重装步兵、300 名弓箭手和 20 名骑兵射手组成。在大军压境、战争一触即发之前,雅典人派遣使者与米洛斯人谈判,双方于是展开一场对话,大意如下:雅典人劝米洛斯人要明事理,这个世界就是弱肉强食,强权就是公理;米洛斯人比较迂腐,这样回答雅典人:“在我们看来,无论如何,这只是一种权宜之计——因为你们强迫我们置公正的原则于不顾,而只是从利益关系着眼……”!可见,米洛斯人虽身为弱者,但并不同意雅典人的逻辑,认为公正的原则不等于利益计算,武力并不能使权力成为道德上是对的。最终,对话不欢而散,强大的雅典同盟用武力征服了米洛斯岛。参见周濂:《政治正当性的四重根》,载《学海》2007 年第 2 期。

③ 周濂:《政治正当性的四重根》,载《学海》2007 年第 2 期。

益的行动”,[①]而人民基于对与服从相伴生的利益的丧失的恐惧,也特别关注政治正当性。特别是在倡导平等、自由等价值理念的今天,国家与人民对政治正当性的关注度更是持续升温。

那么,怎样的政治统治才具有正当性?“在概念层面上,正当性是一种‘回溯性’的概念,它关注的是政治权力的来源和谱系,也就是从‘发生的进路’去评价政治权力”。[②] 虽然,在不同历史时期,人们对国家政治正当性的评价标准并不相同,但是,始终有两条主线贯穿于评价标准之中:一是政治正当性“有其客观面向(objective dimension),即要符合某种规范乃至客观的标准”;二是政治正当性“有其主观面向(subjective dimension),即包括“被统治者的主观意志表达”。[③] 或者说,客观面向与主观面向是政治正当性的两个结构性要素。而且,从人类历史发展角度看,“古代政治更倾向于正当性的客观因素,强调一个政治制度是正当的乃是因为它符合某种外在于人的主观态度和政治制度本身的客观规范,而现代政治则更注重正当性的主观因素,也就是强调被统治者的意志表达”。[④] 所谓“被统治者的意志表达”,是指被统治者对国家的政治统治持何种态度,是反对抑或同意——又可分为两个层面:一是是否同意“统治者”成为“统治者”;二是是否同意统治者的统治规则。在现代社会中,普选制是被统治者对前者表达态度的制度设计,而民主立法则是被统治者对后者表达态度的制度设计。其中,在民主立法之下,被统治者有机会参与法律规范的制定,有机会影响甚至决定法律规范的内容,进而将自身的意志转化为国家意志。这样,即便法律规范限制或剥夺被统治者的利益,但因已经获得其“同意”,故被统治者只能服从该法律规范,而不能质疑其正当性。简言之,被统治者的“同意”是型塑政治正当性的关键性素材。

形成政治正当性是重要的,而维系政治正当性同样是重要的。与政

① 这是当代社会学家罗德里克·马丁(Roderick Martin)的观点。转引自周濂:《政治正当性的四重根》,载《学海》2007 年第 2 期。

② 周濂:《政治正当性与政治义务》,载《吉林大学社会科学学报》2006 年第 2 期。

③ 周濂:《政治正当性的四重根》,载《学海》2007 年第 2 期。

④ 周濂:《政治正当性的四重根》,载《学海》2007 年第 2 期。

治正当性的形成不同,政治正当性的维系,客观上要求上升为法律规范的被统治者的意志在实践中被彻底遵行。从国家权力的分工角度看,如果说政治正当性的形成是立法机关的要务,那么政治正当性的维系就是行政机关和司法机关的要务,即行政机关应当依据法律行政,司法机关应当依据法律裁判。基于此,当提及行政的正当性时,“依据法律行政”是最具有说服力的制度选择。进一步讲,作为非民意机关,行政机关本身无法直接获取被统治者的同意,这导致行政过程不能培育正当性因子,因而行政正当性是一种传来的正当性,是政治正当性在行政领域的实现形式。这样,“依据法律行政”原则不仅是立法权对行政权的规范与控制,而且是行政机关对公共事务和社会事务进行规范和管理的正当性保障,同时也是社会公众评判行政正当性的依据。

(二)集体土地征收程序对行政正当性的弱化

如前所述,行政机关是否依据法律行政,是社会公众评判行政正当性程度的重要标准,甚至可以说是唯一标准。以该标准审视集体土地征收程序立法,一个不容乐观的事实显现出来——集体土地征收程序弱化了行政正当性。具体表现如下:

1. 集体土地征收程序立法的构成偏重行政立法

根据《立法法》的规定,中国确立的是多层级多元立法体制,即既有中央立法,也有地方立法;既有权力机关立法,也有行政机关立法。具体来说,能进入《立法法》的“法”的序列的法律文件包括:宪法,法律,法律解释,行政法规,地方性法规,自治条例,单行条例,部门规章,地方政府规章。其中,行政法规、部门规章与地方政府规章的制定主体都是行政机关,故统称行政立法。

目前,中国的集体土地征收程序立法,除包括《立法法》意义上的“法”之外,还包括其他规范性文件,具体构成如表 5 - 1 所示。

若单纯考察集体土地征收程序立法的数量,可以发现,民意机关,包括全国人大及其常委会、省级人大及其常委会、设区的市的人大及其常委会制定的法律和地方性法规的数量多于行政机关制定的行政法规、部门规章、地方政府规章和其他行政规范性文件。不过,值得注意的是,民意机关立法的数量优势来源于中国省级行政区划众多,包括 23 个省、5

个自治区、4 个直辖市、2 个特别行政区，并且除台湾地区及两个特别行政区外，都制定有《土地管理法》实施办法，而《土地管理法》实施办法中多多少少都有一些关于集体土地征收程序的规定。但是，就特定一个省级行政区划而言，该行政区域内所适用的集体土地征收程序立法除了宪法、法律、行政法规和 1 ~ 2 部地方性法规外，就是大量的部门规章、地方政府规章和其他行政规范性文件。因此，从这一角度看，在特定行政区划内，集体土地征收程序立法在构成上具有明显的行政性，与民意机关立法相比，行政法规、部门规章、地方政府规章和其他行政规范性文件具有明显的数量优势。

表 5 - 1　集体土地征收程序立法的构成

序号	类型	法律文件名称
1	宪法	《宪法》
2	法律	《土地管理法》《物权法》……
3	行政法规	《土地管理法实施条例》
4	地方性法规	各省、自治区、直辖市均有《土地管理法》实施办法，名称不一；另有专门规范集体土地征收的地方性法规，如《江西省征收土地管理办法》
5	部门规章	《建设项目用地预审管理办法》《建设用地审查报批管理办法》(2010 修正)《国土资源听证规定》《征收土地公告办法》(2010 修正)……
6	省级地方政府规章	《北京市建设征地补偿安置办法》《山东省土地征收管理办法》《重庆市土地管理规定》……
7	其他规范性文件	《国务院关于深化改革严格土地管理的决定》(国发〔2004〕28 号)；《国务院办公厅关于进一步严格征地拆迁管理工作切实维护群众合法权益的紧急通知》(国办发明电〔2010〕15 号)；《关于加强征地管理工作的通知》(国土资发〔1999〕480 号)；《关于切实做好征地补偿安置工作的通知》(国土资发〔2001〕358 号)；《关于切实维护被征地农民合法权益的通知》(国土资发〔2002〕225 号)；《关于印发〈关于完善征地补偿安置制度的指导意见〉的通知》(国土资发〔2004〕238 号)；《国家土地总督察关于印发〈农用地转用和土地征收审批事项督察办法〉的函》(国土督察函〔2008〕1 号)；《关于进一步做好征地管理工作的通知》(国土资发〔2010〕96 号)；《国土资源部办公厅关于做好征地信息公开工作的通知》(国土资厅发〔2013〕3 号)；《国土资源部办公厅关于严格管理防止违法违规征地的紧急通知》(国土资电发〔2013〕28 号)；《关于切实做好被征地农民社会保障工作有关问题的通知》(劳社部发〔2007〕14 号)；《关于加强农村集体经济组织征地补偿费监督管理指导工作的意见》(农经发〔2005〕1 号)；《最高人民法院关于审理破坏土地资源刑事案件具体应用法律若干问题的解释》(法释〔2000〕14 号)；《最高人民法院关于审理涉及农村集体土地行政案件若干问题的规定》(法释〔2011〕20 号)；《最高人民法院关于坚决防止土地征收、房屋拆迁强制执行引发恶性事件的紧急通知》(2011 年 5 月 6 日)……

而且,除数量优势外,行政法规、部门规章、地方政府规章和其他行政规范性文件还切实控制着集体土地征收程序的运行。这是因为,与宪法、法律、地方性法规相比,行政法规、部门规章、地方政府规章和其他行政规范性文件对集体土地征收程序的规定更为细致、具体,更具有操作性。譬如说,关于集体土地征收批准后的实施问题,《土地管理法》在第46条第1款规定:"国家征收土地的,依照法定程序批准后,由县级以上地方人民政府予以公告并组织实施。"这一条款一方面明确了实施主体,另一方面明确了实施过程中的必经程序,即对土地征收进行公告。从土地征收实施程序的可操作性角度看,这一条款至少有两个问题亟待明确:一是"县级以上地方人民政府"包括省级人民政府、市级人民政府和县级人民政府,那么集体土地征收究竟由哪一级人民政府实施?是级别最高的省级人民政府,抑或级别最低的县级人民政府,还是由省级人民政府指定的某一级人民政府?是根据集体土地征收的审批机关来确定实施主体,抑或不考虑审批机关的差异?二是公告的内容、方式、时间和地点。对此,作为行政法规的《土地管理法实施条例》作出了重要贡献。《土地管理法实施条例》第25条第1款规定:"征收土地方案经依法批准后,由被征收土地所在地的市、县人民政府组织实施,并将批准征地机关、批准文号、征收土地的用途、范围、面积以及征地补偿标准、农业人员安置办法和办理征地补偿的期限等,在被征收土地所在地的乡(镇)、村予以公告。"这不仅确立了唯一的土地征收的实施机关,而且明确了土地征收公告的内容和公告地点。至于土地征收公告的发布时间,则由国土资源部制定的《征收土地公告办法》(2010年修正)予以明确。《征收土地公告办法》(2010年修正)第4条规定:"被征收土地所在地的市、县人民政府应当在收到征收土地方案批准文件之日起10个工作日内进行征收土地公告,该市、县人民政府土地行政主管部门负责具体实施。"可见,《土地管理法》只是提供了集体土地征收公告程序的框架,而真正使集体土地征收程序丰满起来的是行政机关制定的法律文件,特别是行政法规与部门规章。此外,各省、自治区、直辖市的《土地管理法》实施办法在内容上虽然都会涉及集体土地征收,但对程序的规定都比较简略,甚至仅仅规定“应当依法办理土地征用审批手续”,[①]这几乎等同于未对集体土地征收程序作出规定,迫使行政机关为实施集体土地征收而制定程序规则。客观地说,在集体土地征收程序领域,行政机关担当着制定规则的重任。或者说,“依据法律行政”受到“依据行政机关制定的法律规范行政”的挤兑,甚至被后者所吞噬。

然而,作为非民意机关的行政机关,其制定规则的正当性何在?诚然,根据《行政法规制定程序条例》和《规章制定程序条例》的规定,行政法规、规章和其他行政规范性文件在起草阶段和送审稿的审查阶段,都应当广泛听取意见,甚至召开听证会,[②]但不得不正视的现实是,在行政法规、规章和其他行政规范性文件的决定程序中,民主集中制与行政首长负责制发挥重要作用,这与权力机关立法所遵循的民主立法原则有显著不同,况且参与行政法规、规章和其他行政规范性文件的决定程序的行政机关工作人员的民意基础大多低于作为民意机关的人大代表。[③] 在这种情况下,以行政法规、规章和其他行政规范性文件形式呈现的集体土地征收程序立法的正当性受到质疑。

2. 集体土地征收程序立法具有较大的裁量空间

如前所述,《宪法》、《土地管理法》和《物权法》等集体土地征收程序的

① 《江苏省土地管理条例》第24条第2款。该地方性法规于2000年10月17日由江苏省第九届人民代表大会常务委员会第十九次会议通过,后根据2003年4月21日江苏省第十届人民代表大会常务委员会第二次会议《关于修改〈江苏省土地管理条例〉的决定》和2004年5月1日起施行的《江苏省人民代表大会常务委员会关于修改〈江苏省土地管理条例〉的决定》进行了两次修正。在用语方面,该地方性法规中依然使用“征用”来表达“征收”。

② 参见《行政法规制定程序条例》第12条、第20条至第22条;《规章制定程序条例》第14条至第15条、第21条至第23条。同时,《规章制定程序条例》第36条规定:“依法不具有规章制定权的县级以上地方人民政府制定、发布具有普遍约束力的决定、命令,参照本条例规定的程序执行。”这就意味着其他行政规范性文件的制定也应当广泛听取意见。

③ 根据《宪法》《中华人民共和国全国人民代表大会和地方各级人民代表大会选举法》和《中华人民共和国地方各级人民代表大会和地方各级人民政府组织法》的规定,全国人大代表和省级人大代表由下一级人民代表大会间接选举产生;国务院总理由国家主席提名,全国人民代表大会决定;国务院副总理、国务委员、各部部长、各委员会主任、审计长、秘书长的人选由国务院总理提名,全国人民代表大会决定;地方各级人民代表大会分别选举并且有权罢免本级人民政府的省长和副省长、市长和副市长、县长和副县长、区长和副区长、乡长和副乡长、镇长和副镇长;根据省长、自治区主席、市长、州长、县长、区长的提名,县级以上的地方各级人民代表大会常务委员会负责决定本级人民政府秘书长、厅长、局长、委员会主任、科长的任免,报上一级人民政府备案。

规定较为笼统,必须借助于《土地管理法实施条例》《国土资源听证规定》《征收土地公告办法》等行政机关制定的法律文件进行具体化,并付诸实施。事实上,即便是行政机关,它们与作为民意机关的人民代表大会及其常委会相比,具有丰富的专业知识和实践经验,因此,其制定的行政法规、规章等更能回应推进集体土地征收程序的需要。但是,与社会生活的复杂性和多样性相比,行政机关的预见能力同作为民意机关的人民代表大会及其常委会一样,也是捉襟见肘,无非是程度不同而已。同样,以前述集体土地征收公告程序为例,《土地管理法》《土地管理法实施条例》和《征收土地公告办法》(2010 年修正)看似明确规定了土地征收公告的实施主体、公告内容、公告地点和公告时间,但实质上仍留有许多空间供实施主体选择:第一,关于公告内容。《土地管理法实施条例》对公告内容的规定以"等"字结束,该"等"是"等内等"还是"等外等"?第二,关于公告地点。"被征收土地所在地的乡(镇)、村"具体指何处?是乡(镇)人民政府所在地和村民委员会办公室所在地,还是被征收了土地的农民的经常聚集地?是以张贴纸质公告的形式进行公告,还是同时辅以流动或固定广播?若张贴纸质公告,至少张贴几份或至少在哪几个地点必须张贴?张贴公告之后,张贴者是否有义务保证该公告在一定期限内不因自然原因(如狂风暴雨)或人为原因而被毁坏?第三,关于公告时间。被征收土地所在地的市、县人民政府在可以在收到征收土地方案批准文件之日起 10 个工作日内进行选择。①

前述集体土地征收公告程序立法中的种种不确定并留待行政机关选择的情形,就是学界所谓的行政机关的裁量事项。对于行政裁量权,学界视其为现代行政法无法避免进而必须容忍的事情。然而,"容忍"应当是有限度的。或者说,对于直接关系社会公众合法权益的事项,行政机关的裁量权应当受到一定限制,至少是程序规则的限制,如告知程序、参与程序。令人遗憾的是,在集体土地征收中,最关键的是审批环节,而对这一环节,社会公众能获知的信息非常有限。具体来说,《土地管理法》和《土地管理法实施条例》只是明确规定国务院和省、自治区、直辖市人民政府拥有审批

① 而且,对公告时间的限制性规定是推进土地征收实施程序的需要,是提高行政效率的制度安排,与有效维护土地被征收人的合法权益并无关联。

权,而未涉及具体的审批程序。诚然,《建设用地审查报批管理办法》(2010年修正)提供了土地征收方案的拟定与审查图景,即市、县人民政府土地行政主管部门拟订征收土地方案,报经同级人民政府审核;同级人民政府审核同意后,逐级上报有批准权的人民政府,并将审查所需的材料及时送该级土地行政主管部门审查;有批准权的人民政府土地行政主管部门在规定期限内,通过内部会审制度进行审查,审查完毕后报有批准权的人民政府;有批准权的人民政府批准后,同级土地行政主管部门在收到批件后5日内将批复发出。社会公众从中可以发现,立法对集体土地征收非常重视,设置了三道防线:拟定土地征收方案的土地行政主管部门所属的人民政府——有批准权的人民政府的同级土地行政主管部门——有批准权的人民政府。不过,在集体土地征收立法明确规定土地征收的审批权归属于国务院和省、自治区、直辖市人民政府的情形下,社会公众不禁会问:国务院和省、自治区、直辖市人民政府是在实实在在地行使土地征收审批权,还是一律认同同级土地行政主管部门的审查结果,仅仅负责提供一枚印章?若为前者,那么国务院和省、自治区、直辖市人民政府究竟是如何审查的?若为后者,那么显然已经构成虚假立法。

《土地管理法》的制定者是全国人民代表大会常务委员会,是最高权力机关的常设机关。如果虚假立法成立,那将对代议制民主构成致命打击。因此,笔者宁愿相信,这是全国人大常委会授予国务院和省、自治区、直辖市人民政府的裁量权。作为裁量权,国务院和省、自治区、直辖市人民政府在行使时,应当合理考量法律因素、事实因素和政策因素。在这一过程中,国务院和省、自治区、直辖市人民政府的判断和意志发挥了主导作用。与此同时,作为民意机关的全国人大常委会的意志逐渐模糊。换句话说,国务院和省、自治区、直辖市人民政府在多大程度上按照“依据法律行政”原则行使审批权,是很难判断的。在这种情况下,国务院和省、自治区、直辖市人民政府通过土地征收对被征收人合法权益的剥夺,其正当性基础就受到了挑战,除非在审批过程中充分听取土地被征收人的意见,进而形成土地被征收人“同意”征收的格局。

三、司法困境：集体土地征收程序立法使行政行为合法性审查无法全面推进

行政诉讼制度是司法权监督行政权的重要形式。行政诉讼制度的发展状况，成为衡量一国法治发展程度的标杆。基于政治体制和历史传统的差异，特别考虑到司法权与行政权的不同属性，各国通过行政诉讼制度所呈现的司法权对行政权的监督程度并不相同。《中华人民共和国行政诉讼法》（以下简称《行政诉讼法》）经过修改，确立了行政行为的合法性审查原则。[①]

行政行为的合法性审查原则要求对被诉行政行为是否合法进行全面审查。根据《行政诉讼法》（2014年）第70条的规定，人民法院的审查应围绕六个方面进行：一是行政行为的主要证据是否充分；二是行政行为适用法律、法规是否正确；三是行政行为是否违反法定程序；四是行政行为是否超越职权的；五是行政机关是否滥用职权；六是行政行为是否明显不当。同时，根据《行政诉讼法》（2014年）第63条的规定，人民法院在审查被诉行政行为是否合法时，应当以法律、行政法规、地方性法规、自治条例和单行条例为依据。

反观集体土地征收程序立法，可以发现，它使行政行为的合法性审查无法全面推进。因为如前所述，目前关于集体土地征收的法律、行政法规、地方性法规、自治条例和单行条例非常少，程序性规范更是奇缺。而且，集体土地征收程序由批前程序、批准程序和批准后的实施程序构成。不同阶段，行为主体不同，形成的行政行为也不同。如果将集体土地征收立法中有限的程序性规范分解到各个阶段，某些阶段就呈现程序立法的缺位现象。如关于集体土地征收的批准程序，我们能够从法律、行政法规中获得的信息仅仅是具有批准权限的主体是国务院和省级人民政府，至于作为程

① 《中华人民共和国行政诉讼法》于1989年4月4日第七届全国人民代表大会第二次会议通过，1990年10月1日实施。2014年11月1日，第十二届全国人民代表大会常务委员会第十一次会议通过《关于修改〈中华人民共和国行政诉讼法〉的决定》，对《行政诉讼法》进行修正。2017年6月27日第十二届全国人民代表大会常务委员会第二十八次会议通过修改决定。此次修改未涉及本部分相关内容，此处不予讨论。为呈现立法差异，在具体行文中，将以《行政诉讼法》（1989年）和《行政诉讼法》（2014年）相区别。关于司法审查的广度和深度，《行政诉讼法》（1989年）第5条规定："人民法院审理行政案件，对具体行政行为是否合法进行审查。"《行政诉讼法》（2014年）第6条规定："人民法院审理行政案件，对行政行为是否合法进行审查。"

序构成要素的批准的时间、步骤和方法，法律、行政法规均未涉及。在这种情况下，人民法院就丧失了判断集体土地征收程序是否合法的准则。或许正因此，只有对“未批先征”这一明显违法的情形，人民法院才敢理直气壮地判定为“程序违法”。

诚然，在行政审判过程中，人民法院可以参照规章。但如前所述，涉及集体土地征收程序的规章比较多，并且内容之间存在诸多不一致之处。在这种情况下，大多数人民法院都选择知难而退，放弃对规章的甄别与适用。最终，在法院的裁判文书中，我们很难找到规章的踪迹。

四、小结

集体土地征收程序立法由多位阶法律规范构成。其中，法律与行政法规层面的法律规范不仅少，而且与依宪治国的基本要求并不完全吻合。同时，这有限的法律与行政法规，根本无法满足集体土地征收实践，于是，行政机关不得不出台大量的规章和其他规范性文件。这些行政规范性文件缓解了对集体土地征收“无法可依”的质疑，但也弱化了行政正当性。集体土地征收程序在立法与执法领域的困境，延伸至司法领域，就抑制了行政诉讼制度的监督功能。

《中共中央关于全面推进依法治国若干重大问题的决定》提出全面推进依法治国的总目标是“建设中国特色社会主义法治体系，建设社会主义法治国家”，而中国特色的社会主义法治体系由完备的法律规范体系、高效的法治实施体系、严密的法治监督体系、有力的法治保障体系等构成。可见，改进集体土地征收程序，需要从完善集体土地征收程序立法入手。

第六章　域外土地征收程序及其发展趋势

土地征收不仅仅发生在中国大陆地区。他山之石，或许可以攻玉。本章将对法国、德国、日本、英国、美国以及中国台湾地区的土地征收程序做一概览式介绍，以期揭示其特色，为完善中国土地征收程序储备给养。

一、法国的土地征收程序

（一）土地征收立法概况

法国的土地征收立法具有严密的体系性，主要由四个层次的法律规范构成：

1. 宪法规范

法国现行宪法，即《法兰西共和国宪法》（1958 年）以 1789 年的《人权宣言》为序言。《人权宣言》第 17 条规定："财产权是神圣不可侵犯的权利，非经合理证明确为公共需要，并且在公平而预先赔偿的条件下，任何人的财产不得受到剥夺。"这一规定明确了国家征收私人财产（包括土地）的两项基本条件：一是公共需要；二是预先给予公平赔偿。诚然，该条文对财产征收的程序未加明确规定，但它要求对"公共需要"进行"合理证明"，而"合理证明"的过程必然表现为程序。因此，《人权宣言》或者说法国 1958 年宪法对土地征收程序不仅具有约束意义，而且具有最高约束力。

2. 法律

1804 年《法国民法典》第 545 条规定："任何人不得被强制出让所有

权。但因公用,且受公正并事前补偿时不在此限。”《法国民法典》将《人权宣言》中的“公共需要”扩展为“公用”,削弱了财产权的绝对性,公用征收的适用范围有所扩大。

1810 年 3 月 8 日的《土地征用法》是法国第一部对公用征收作出全面规定的法律,它规定了财产征收的两阶段保障程序,即行政阶段旨在准备有关财产征收正当性的文件,司法阶段旨在由普通法院保障被征收财产的所有权的转移和确定被征收财产的补偿金额。这一立法确立了公用征收程序的基本架构,并一直延续至今。

19 世纪中期,在运河、道路、铁路等重要工程建设中,大量适用公用征收程序。行政机关认为普通法院确定的补偿金过高,不利于实现公用目的,要求改革补偿金确定体系。于是,1833 年 7 月 7 日的法律仅保留了普通法院宣告财产转移的权力,而改由所有权人陪审团来确定补偿金。为节约公共财政,1841 年 5 月 3 日的法律又将确定补偿金的权力授予纳税人陪审团。为简化和加速征收程序,1935 年 8 月 8 日的法律又对 1841 年法律进行修改,以评估仲裁委员会取代纳税人陪审团。评估仲裁委员会由财产所有者和行政机关公务员组成,由法官主持。对评估仲裁委员会的决定不服时,可以向普通法院上诉。鉴于评估仲裁委员会不了解不动产市场,它所确定的补偿金额很难获得当事人的认可,因此,这次改革的成效不是很理想。

1958 年 10 月 23 日,以《法兰西共和国宪法》第 92 条赋予政府立法权能为契机,同时为了解决土地征收程序冗长、补偿金额过高等问题,中央政府行政院颁布法令,对公用征收制度进行两方面重大改革:一是行政阶段与司法阶段不可以同步进行,而必须是先后承继;二是创设公用征收法官来确定补偿金额。1977 年,以前述 1958 年 10 月 23 日法令为基础,法国正式颁布了《公用征收法典》。这是一部与公用征收相关的法律汇编,它不仅规定了公用征收的一般事项,如将公用征收的主体限定为国家,排除了地方政府的征收主体地位,明确补偿范围包括因公用征收产生的全部直接的、物质的和确定的损失,规范公用征收的程序,而且规定其他法典中与公用征收相关的条目,本法典可以直接引用,如《民法典》《城市规划法典》《环境法典》《建筑与住房法典》《森林法》《农村与海洋渔业法典》。其中，《环境法典》对相关公益性项目的项目申请做了具体规定并且对征收之初的民意调查程序作出规定；《城市规划法典》对城市土地的用途以及土地利用规划与土地征收之间的冲突作出规定。

3. 行政法令

行政法令是中央政府行政院制定的法律规范的总称。与土地征收相关的行政法令，除前述 1958 年 10 月 23 日法令外，主要是根据《公用征收法典》，行政院针对某个具体项目的土地征收所颁布的专门的行政法令，如《1996 年 5 月 14 日对东欧高铁进行公用性宣告的法令》以及《2011 年 3 月 28 日关于修改 1996 年 5 月 14 日对东欧高铁进行公用性宣告的法令》。

4. 国际条约

《法兰西共和国宪法》第 55 条规定："国际条约或协议经正式批准或认可并经签约国对方付诸实施者，自公布日起具有优于法律之效力。"因此，国际条约在法国法中具有重要地位。其中，与土地征收最为密切是法国 1974 年批准的《欧洲人权公约》。《欧洲人权公约》又称《保护人权与基本自由公约》，是 1950 年 11 月 4 日在欧洲理事会主持下于罗马签署，于 1953 年 9 月 3 日生效。它是第一个区域性国际人权条约，旨在规定集体保障和施行《世界人权宣言》中所规定的某些权利及基本自由。为保证该公约的有效执行，欧洲人权委员会和欧洲人权法院相继建立，而且欧洲理事会部长委员会又先后拟定了《欧洲人权公约》的若干议定书。其中，第一议定书的第 1 条规定："所有自然人或法人的财产都应受到保护。除非是出于公共使用的需要并且符合法律或国际法基本原则所规定的条件，任何人不得被剥夺财产。"

5. 其他

除前述成文性法源外，宪法委员会的判例和欧洲人权法院的判例也是公用征收的重要法律规范载体。

（二）土地征收的程序①

根据《公用征收法典》的规定，法国土地征收程序由行政阶段和司法

---

① 本部分主要参考王蔚著：《法国公用征收制度研究报告》，载张千帆主编：《土地管理制度比较研究》，中国民主法制出版社 2013 年版，第 127 ~ 139 页。

阶段构成。简要说明如下：

1. 行政阶段[①]

行政阶段包含事前调查、公用目的的批准、拟征收土地具体位置调查和可转让土地决定等四个环节。

第一，事前调查。

事前调查程序旨在收集与土地征收相关的信息和被征收人的意见，为论证公用目的的正当性和土地征收的必要性做准备。主要步骤如下：(1)申请。土地征收人向被征收土地所在地的省长提交土地调查申请书。申请书一般包括如下内容：土地征收计划说明书，标明被征收土地具体位置的地图；工程的规划与性质，经费的估算，可能对周围生态环境造成的影响；等等。(2)对调查申请的审查与决定。省长对土地征收人的调查申请书进行审查，并作出是否同意调查的决定。申请人对省长拒绝进行调查的决定，有权提起行政诉讼。省长若同意进行调查，则决定中应指定一个调查专员或调查委员会，明确调查的对象和起止时间，规定公众查阅申请文件以及表达并提交意见书的时间、地点。而且，进行调查的决定必须公开发布，登载于报纸上，张贴于调查范围内各市镇政府的公告场所。(3)开展调查并撰写调查报告。调查专员或调查委员会根据调查决定的要求开展调查工作，并在调查结束后撰写调查报告，连同调查记录一起送交省长。调查报告应当对实施土地征收行为是否符合公用目的给出明确结论。调查报告除送交省长外，还必须将副本存放在被调查地所在的市镇、专区和省政府内，供公众查阅。

第二，公用目的的批准。

公用目的的批准是土地征收项目合法推进的前提。根据征地项目的性质和重要性，公用目的的批准权分别由省长、部长和最高行政法院行使。具体权限划分如下：(1)省长。被征收土地在本省辖区内时，省长拥有批准权；被征收土地跨多个省辖区时，由相关各省省长进行联合批

---

① 在法国，行政法院对土地征收程序的行政阶段有所介入，不仅直接受理对事前调查决定、公用目的的批准决定、可以转让土地的决定等行政行为不服提起的行政诉讼，而且对特定项目的公用目的享有批准权。但是，这并不改变这一阶段的行政性，因为行政法院在性质上是承担审判职能的行政机关。

准。批准公用目的的决定一般在地方新闻上公布或在公共场所公布。(2)部长。与中央行政机关修建有关的土地征收以及全国性的与公务有关的土地征收,部长应当以部长令形式批准公用目的,并在《政府公报》上公布。(3)最高行政法院。涉及某些飞机场、高速公路、全国性铁路、热电站、水电站、核能设备、沟通两个区域的饮水工程等的征地项目的公用目的批准权,由最高行政法院享有。

根据《公用征收法典》的规定,省长、部长和最高行政法院应当在事前调查结束后1年内作出决定;对省长、部长负责批准的项目,若需要咨询最高行政法院的意见,批准期限可以延长6个月。在规定期限内未获得批准的公用目的,若要启动土地征收程序,则必须重新进行事前调查。

公用目的的批准决定虽然不改变被征收土地的法律地位,但使土地征收行为获得了合法性。基于此,土地征收的申请人、被征收土地的所有权人及利害关系人以及对土地征收有直接利益的人,对批准公用目的决定不服时,都可以在决定公布后2个月内向行政法院提起撤销之诉。

第三,拟征收土地具体位置的调查。

这一程序与事前调查程序类似,由省长负责实施,目的是确定可以转移的土地的具体位置以及应受补偿的所有权人和其他权利人,并听取利害关系人的意见。拟征土地的所有权人在该程序中有机会陈述理由,说明拟议中的工程或计划没有必要征收某一部分土地。

第四,作出可以转让土地的决定。

省长在完成对拟征土地具体位置的调查以后,可以作出转让土地的决定,并予以宣布,同时要逐一通知所有的利害关系人。当事人若不服该决定,可以提起行政诉讼。

可以转让土地的决定一般包含以下内容:可以转让的土地的性质、位置、面积以及地籍册上关于该土地的记载;所有权人及其他权利人的姓名、住址、出生时间与出生地址、身体状况、职业等。不过,可以转让土地的决定只是指明可以转让的土地的具体位置,而并不发生实际转让的法律效果。

2. 司法阶段

1958年的法令确立了普通法院对涉及土地征收行政阶段以后的纠

纷的管辖权。这类纠纷的第一审机构是设置在大审法庭内部的公用征收法官。公用征收法官任期 3 年,可以连任,由有管辖权的上诉法院院长任命。他们的主要任务是裁判土地所有权的转移,评定补偿金额。当事人对公用征收法官的决定不服,除转移土地所有权的裁判和紧急程序中的临时补偿金的裁判外,都可以向设置在上诉法院内的公用征收庭提出上诉。

司法阶段主要包括土地所有权转移裁判和确定补偿金两个环节。

第一,转移土地所有权的裁判。

转移土地所有权的裁判程序因被征收土地所在地在省长或其代理人的申请而启动。省长或其代理人在提出申请时,必须同时提交以下资料:一是公用目的的批准决定;二是对拟征地具体位置进行调查的材料;三是可以转让土地的决定;四是其他事前收集到的材料和作出的相关决定。

公用征收法官在收到申请书及相关文件后,根据情况,可以要求省长补交或补正有关文件。若文件齐备,公用征收法官经过书面审查和形式审查,一般应在 8 日内作出转移所有权的裁判。该裁判必须记载证明土地征收程序已经合法进行的文件,并且详细指明被征收的土地及其所有权人和其他权利人,以及土地征收的受益人。在省长递交的文件不齐备并且拒绝补正时,公用征收法官可以作出拒绝转让所有权裁判。

另外,公用征收法官并不直接将转让所有权裁判通知被征地所有权人和其他权利人,而是由土地征收人通知前者,并将转让所有权裁判在抵押权登记处公布,以对抗第三人。

可见,在作出转让土地所有权裁判过程中,公用征收法官对土地征收的监控能力是非常有限的。

第二,补偿金的确定程序。

自 1958 年法令实行以来,补偿金的确定程序就非常灵活——在土地征收程序的任何阶段、任何时候都可以进行。也就是说,补偿金的确定程序可以与土地征收程序同步进行,贯穿土地征收程序始终。

根据《公用征收法典》的规定,补偿金首先由土地征收人和利害关系人协商确定。一般来说,利害关系人应先向土地征收人主张权利。随即,土地征收人通知权利人在 15 天内提出所主张的补偿金额和主张补偿的身份根据。双方就补偿金额不能达成一致时,任何一方都可以在土地征收人在发出通知后1个月内向法院请求确定补偿金。法院收到申请后,必须及时作出裁定,派专人对征地项目进行实地调查。参加实地调查的人员包括法官、书记官、双方当事人或其代表,以及代表公有财产管理机构的政府专员;如有必要,还可以邀请公证人和技术人员参加。实地调查必须在实地调查裁定作出后2个月内进行,而且其中必须为被诉人预留一个月的时间准备答辩状。公用征收法官必须在实地调查之日起8日后宣判,并且其确定的补偿金额必须在补偿权利人请求的金额和土地征收人愿意支付的金额范围内。当事人不服该判决时,可以在收到判决书后15天内上诉至上诉法院的公用征收庭。政府专员虽然不是当事人,但若不服上诉法院关于补偿金的判决,可以在收到判决书后2个月内,就法律问题向最高法院提起复核诉讼。最高法院认为有理由时,撤销上诉法院裁判,交另一同级法院重新审理。与初审程序不同,上诉法院公用征收庭的法官可以自由决定是否进行实地调查。

补偿金额经当事人协商或法院判决确定后,土地征收人应当及时支付,补偿权利人必须证明自身具有受领资格。清偿结束1个月后,土地征收人取得被征收土地的实际占有权。补偿权利人不能提供足够的凭证,或者其受领资格在法律上尚有争议时,土地征收人可以将这份金额提存,其效果与清偿相同。土地征收人在清偿判决确定后1年内既不支付补偿金,也不提存时,补偿权利人可以请求公用征收法官重新确定补偿金额。

(三)土地征收程序的特点

综上,法国土地征收程序具有以下特点:

第一,行政阶段与司法阶段分工明确,并且补偿金确定程序可与行政阶段并行。行政阶段的主要任务是确定拟征地项目是否符合公用目的,并在公用目的获得批准的基础上,进一步确定被征收土地的具体位置,作出可转让土地的决定;司法阶段的主要任务是裁判土地所有权的转移和确定补偿金金额。简言之,能否征收土地是行政阶段要解决的核心问题,而如何补偿则是司法阶段要解决的核心问题。鉴于土地征收与否与土地补偿金额的确定没有必然联系,所以,即便是在行政阶段,土地征收人和被征收人以及其他权利人也可以就补偿金额进行协商。行政阶段与补偿金额确定程序的并行,大大提高了土地征收的效率。

第二,被征收人和其他权利人在土地征收程序中享有广泛的参与权。一方面,在事前调查程序和拟征地项目具体位置调查程序中,被征收人和其他权利人有权提出意见书,陈述理由。另一方面,公用目的批准决定和可转让土地决定都必须公布,而且可以转让土地决定必须通知到所有利害关系人。正是这样的公开和通知程序,为被征收人和其他权利人获知相关信息、及时提起行政诉讼提供了可能。此外,在补偿金确定程序中,给予土地征收人与被征收人和其他权利人进行充分协商的机会。

二、德国的土地征收程序

(一)土地征收立法概况

德国的土地所有制形式比较复杂,包括联邦政府所有、州和地方政府所有、教堂所有和私人所有。早在 1874 年,普鲁士王国就制定了《普鲁士土地征收法》,对土地征收的条件、程序、补偿范围等作出明确规定。这是德国关于土地征收的最早的统一立法。受个人主义所有权思想影响,1896 年制定的《德国民法典》未涉及土地征收问题。魏玛共和国时期,德国将土地征收纳入《魏玛帝国宪法》,规定:“财产征收,唯有因公共福利,根据法律,方可准许之。除了联邦法律有特别规定外,征收必须给予适当的补偿,有关征收的争讼,由普通法院审判。”[①]“二战”结束后,《德国基本法》第 14 条在肯定国家保障财产权和财产权负有社会义务之后,规定“财产之征收,必须为公共利益始得为之。其执行,必须根据法律始得为之,此项法律应规定赔偿之性质与范围。赔偿之决定应公平衡量公共利益与关系人之利益。赔偿范围如有争执,得向普通法院提起诉讼”。目前,德国在联邦层面并不存在一部统一的土地征收法,相关规定散见于《建设法典》《土地取得法》《街道法》《水运法》等联邦法律以及各州的征收法。其中,《建设法典》对与建设活动相关的土地征收程序作

① 《魏玛帝国宪法》第 153 条第 2 项。

出规定。

(二)土地征收的程序——以建设活动中的土地征收为例

《建设法典》是德国建设方面最权威的法律文件,对建设的各个方面都作出详细规定与要求。其中,第一章第五节是“征收”,包括“征收的许可”“补偿”“征收程序”三小节。根据《建设法典》的规定,与建设活动相关的土地征收应当遵循以下程序:

1. 土地征收的前置程序

《建筑法典》第 87 条第 1 项规定:“只有当公共利益需要征收并且征收的目的不能通过其他可以期待的方式被达成的情况下,征收在具体的情况下才是被许可的。”①因此,用地人在申请土地征收之前,必须努力通过“其他可以期待的方式”来实现征收目的。“其他可以期待的方式”主要包括三种:一是选择其他能够满足公共利益需要并且不需要予以征收的土地;二是与土地所有权人协商,购买实现公共利益所需要的土地;三是通过对土地设定负担来满足公共利益的需要。

2. 土地征收申请

在无法通过其他可以期待的方式取得土地的情况下,用地人,即土地征收申请人,应当向拟征收土地所在的镇政府提出征收申请,镇政府应当在一个月内,将申请及自身的表态提交给土地征收的审批机构——征收局。土地征收的申请人一般是行政机关,特殊情况下也可以是私法主体。征收局一般是土地征收申请人的上级,通常是大区政府主席。同时,州政府可以通过法律条例规定,名誉参事可以协助征收局作出征收决定。

3. 言词审理程序

第一,为保证征收程序的快速进行,征收局在言词审理之前应当做好准备。征收局应当给土地所有权人、征收申请人以及与征收业务有关联的相关部门表达意见的机会。

第二,征收局向特定人员发出参加言词审理的通知。“特定人员”包

① 转引自李泠烨:《土地使用的公共限制——以德国城市规划法为考察对象》,载《清华法学》2011 年第 1 期,第 157 ~ 159 页。

括征收申请人、拟征收土地的所有权人、其他根据土地登记簿可以确认的参加人和镇政府。邀请的期限是1个月。通知应当包含四项内容:一是申请人及涉及的地块;二是征收申请的核心内容,并声明该申请及所附材料可以在征收局查阅;三是说明对征收申请有异议的,尽可能在言词审理前以书面形式向征收局提出,或者以口头形式提出,由征收局予以记录;四是说明被邀请人的缺席不影响对征收申请作出决定。

第三,征收局发布启动征收程序的公告。公告应当对拟征收的土地、土地登记簿中登记的所有权人、言词审理的日期及参加者等作出说明,并告知参加人应当最迟在言词审理中主张其权利,同时说明其缺席不影响征收决定的作出。

第四,征收局通知土地登记局已启动土地征收程序,并请求土地登记局在拟征收地块的土地登记簿中载明该事实,即进行征收标注。征收程序结束后,征求局应当请求土地登记局清除征收标注。在土地征收程序启动之后发生的登记行为,土地登记局都应当通知征收局。

第五,自启动土地征收程序的公告发布之日起,实施《建设法典》第51条规定的法律措施和分割地块等行为,均需得到征收局的书面许可。除非有理由证明前述行为将导致征收目的无法实现,或严重增加其实现难度,否则,征收局应当予以许可。许可后,征收局应当予以公示,并通知土地登记局。

4. 土地征收协议的达成

征收局应当促使参加言词审理程序的参加者达成协议。当达成协议时,征收局应当记录在案,并由参加人签字确认,由此形成的征收协议与征收决定具有同等效力。参加人如果仅仅就被征收土地所有权的转移达成协议,而就补偿问题未达成协议时,征收局仍然可以制作土地征收协议,并命令申请人提前给付预期的补偿款,协议另有约定的除外。

5. 准予提前占有决定的作出

基于公共利益的需要而必须采取相关措施时,征收局可以根据申请人的申请,准予其进入拟征收的土地,即作出准予提前占有决定。不过,该决定必须在经过一次言词审理之后才能作出,而且应当向土地征收的申请人、土地的所有权人和直接占有人送达。同时,征收局可以要求申请人支付预期的补偿额作为保证金,并提前履行其他义务。根据准予提前占有决定,征收申请人可以在该地块上实施其在征收申请中所确定的建筑计划以及相关措施。

6. 土地征收决定的作出

若参加人未能达成协议,征收局应当根据言词审理情况,对征收申请进行裁决,作出不予批准决定或予以批准决定。这两类决定都应当向所有参加人送达,并详细说明可否向行政法院提起诉讼,以及提起诉讼的形式和期限。

其中,予以批准决定,即土地征收决定,应当包含以下内容:(1)受征收影响的人和征收受益人;(2)言词审理程序的其他参加人;(3)征收目的和期限,并说明在该期限内被征收土地应当用于规定的目的;(4)详细描述征收的客体;(5)征收前与征收后的所有权及其他权利状况;(6)补偿的方式和额度。其中,在特定情形下,征收局可以在征收期限届满前应申请延长该期限,如征收受益人证明,其在规定期限内对不能达成征收目的没有过错。不过,延长征收期限必须听取被征收土地的前所有权人的意见。

7. 土地征收决定的执行

第一,当土地征收决定具有了不可撤销性,并且征收受益人已经支付了补偿款,或者依法对补偿款办理了提存手续时,征收局根据参加人之一的申请,应当作出执行命令。执行命令应当向所有法律地位受到土地征收决定影响的参加人送达,并且以副本的形式通知被征收土地所在地的市镇。自执行命令中确定的日期起,土地征收决定中所确定的新的法律状态取代现有的法律状态,即被征收土地的所有权依法发生转移。

第二,当征收受益人在土地征收决定不可撤销之后一个月内没有履行支付补偿款的义务时,应当获得补偿款的任何人均可申请征收局废止土地征收决定。征收局在作出废止决定前,应当听取征收受益人的意见。同时,废止决定应当向所有土地征收参加人送达,并以副本形式通知市镇和土地登记局。

(三)土地征收程序的特点

第一,充分体现了对被征收人意志的尊重和对被征收人合法权益的维护。首先,土地征收是用地人在穷尽其他方式尚不能取得土地之后的无奈选择。其次,即便已经启动征收程序,征收局也是极力促成用地人和被征收人达成协议。再次,以言词审理方式作出土地征收决定,给予被征收人充分地表达意见的机会。最后,以征收受益人是否支付补偿款作为决定土地征收决定命运的关键因素——或作出执行命令,或废止土地征收决定。

第二,努力提高行政效率。一方面赋予了土地征收协议与土地征收决定同等法律效力;另一方面确立了紧急情况下的提前占有制度。

(四)空间规划与城市规划制度

论及德国建设领域的土地征收制度,有必要了解一下德国的空间规划和城市规划制度。

德国的空间规划分为总体规划和专项规划。其中,总体规划是法定的正式规划,指各种范围的土地及其上部空间的使用规划和秩序的总和,主要由联邦、州、地方等三个层面组成——联邦层面是联邦空间秩序规划(bundesraumord-nung),即联邦土地空间规划;州层面是州域规划(landesplanung)和地区规划(regionalplanung);地方层面是城市建设指导规划(Bauleitplan),分为土地利用规划(Flae-chennutzungsplanung,F-plan)和建设规划(Bauungsplan,B-plan)。

一般提及城市规划,主要指城市建设规划。根据《基本法》的规定,城市建设指导规划属于市镇的自治事务。其中,土地利用规划是根据城市发展的战略目标和各种土地需求,通过调研预测,确定土地利用类型、规模以及市政公共设施的规划,为土地资源的利用提供了一个基本的意见。建设规划,即 B-plan,是通过一系列法定指标加以规范,如各地块的用地性质、容积率等规划控制指标,来达到控制、规范和引导建设活动的目的。在性质上,土地利用规划只是市镇议会的决议,是市镇政府制定建设规划的依据,但对市民没有法律上的直接约束力,但在某些地区,它是审查建筑计划是否损害或者阻碍公共利益的依据。相比较而言,建设规划属于"规章",具有以下法律效力:第一,建设规划对建设开发行为具有约束力,土地所有权人必须按照建设规划确定的规划控制指标来使用土地,否则就无法获得建设工程许可,即建成的建筑将被认定为违法建筑(Schwarzbau)。第二,为执行建设规划,市镇可以颁布建设命令、现代化和修缮命令、种植命令和清除命令等城市建设性命令。此时,土地所有权人就必须按照城市建设性命令的要求来使用土地,否则,市镇可以征收土地。这种征收被称为"规划附属性征收"。当然,市镇征收土地必须符合《建筑法典》第 87 条第 1 项的规定,即"只有当公共利益需要征收并且征收的目的不能通过其他可以期待的方式被达成的情况下,征收在具体的情况下才是被许可的"。不过,一般执行建设规划本身就构成"公共利益需要",市镇在个案中需要判断的主要是采用其他方法实现建设规划目的的可能性。

因此,在关注土地征收时,不能不关注城市建设规划本身是否符合"公共利益"的需要。针对这一问题,《建设法典》采用程序控制和司法控制相结合的"双重控制",来保证城市建设指导规划的质量。

第一,为公正权衡公共利益之间、私人利益之间和公共利益与私人利益之间的冲突,《建设法典》第 3 条为城市建设规划的制定设置了详尽的公众参与和机关参与制度。一方面在城市建设规划草案形成前,市镇应该告知社会公众规划的目的和目标、不同的方案以及规划可能产生的不同效果,由社会公众提出批评和建议。这一时期的参与者具有广泛性,不受是否与规划相关的限制。另一方面在城市建设规划草案形成后,市镇应当进行为期一个月的公示,以进一步听取社会公众的意见。对社会公众在公示期间提出的意见,市镇必须进行审查,并告知审查结果。在公示期间届满后,社会公众仍然可以提出意见,但对市镇不再具有约束力——市镇在最终确定规划时可以不予考虑这些意见。

第二,建设规划生效后,需要接受严格的司法审查。一方面根据《建设法典》的规定,建设规划属于"规章"。根据《行政法院法》的规定,与建设规划直接相关的土地所有权人、使用权人以及认为权益受到建设规划损害的自然人、法人甚至行政机关,在建设规划颁布后一年内,有权申请高等行政法院对建设规划进行审查。高等行政法院将依据联邦法、州法,对建设规划的程序和实体进行全面审查,如是否遵守关于建设规划制定、批准、公布等程序要求,是否符合土地利用总体规划,是否遵守了利益权衡的规定。经审查,高等行政法院有权宣布建设规划全部或者部分无效，或通过增补程序对程序瑕疵进行补正。另一方面在有关建筑许可的行政诉讼中，如当事人要求撤销已颁发的建筑许可时，行政法院需要对作为建筑许可的依据的建设规划的合法性进行附带性审查。[①]

总之，透过城市建设规划的制定程序和法律控制机制，可以发现，德国在城市建设规划的制定阶段，就对城市建设领域公共利益的甄别达成共识。而土地征收，无非是实施城市建设规划的一种方法。也正因此，某种程度上，可以说，土地征收程序中的公众参与为公共利益的实现又提供了一层保障。

三、日本的土地征收程序

（一）土地征收立法概况

日本实行土地私有制。一般情况下，用地人都是通过协商方式取得其他人的土地。当协商不成时，土地征收制度就登场了。不过，土地征收仅仅能为公益事业提供土地。日本早在 1889 年就制定有《土地征收法》，对土地征收的主体、程序和补偿等问题作出规定。现行有效的《土地征收法》制定于 1951 年，并在 1953 年、1964 年、1967 年、1999 年、2001 年和 2004 年进行修订。[②] 除《土地征收法》这一规范土地征收行为的基本法外，《城市规划法》等特别法中的相关规定也构成了日本土地征收立法的组成部分。而土地征收立法内容的展开，最终都服务于《日本宪法》第 29 条第 3 项的规定，即"私有财产在正当补偿之下，可将其收为公用"。

（二）土地征收的程序

2004 年最新修订的《土地征收法》总计 146 条，分为总则、事业准备、事业认定、征收裁决程序、征收委员会、损失补偿、与征收相关的特别程序、手续费与费用的负担、不服申诉与诉讼、杂则、罚则等章。就一般程序而言，分为事业准备、事业认定、征收裁决以及不服申诉和诉讼等四个阶段。

---

① 参见李泠烨：《土地使用的公共限制——以德国城市规划法为考察对象》，载《清华法学》2011 年第 1 期。

② 下文对 2004 年《土地征收法》的内容的介绍，主要参考肖军著：《城市地下空间利用法律制度研究》一书的附录《日本土地征收法》，知识产权出版社 2008 年版，第 190 ~ 266 页。

1. 事业准备

事业准备阶段包含两项工作:一是用地人[①]为准备实施公益事业,进入他人的土地进行测量或调查;二是用地人与相关当事人无法就取得土地及相关权利达成合议时,通过调解、仲裁等方式解决纠纷。

就测量与调查而言,《土地征收法》设置了如下规则:

(1)进入土地的许可或通知。用地人向管辖拟征收土地的都道府县[②]知事递交申请书,说明拟从事的公益事业的种类、拟进入的土地区域与期间。除非拟从事的公益事业不是《土地征收法》规定的公益事业的种类,或者拟进入的土地区域与期间对事业准备而言超出了必要范围,否则,都道府县应当准许用地人进入。当用地人是国家或地方公共团体[③]时,则无须申请,将前述事项直接通知都道府县知事即可。

(2)准许进入土地的通知。都道府县作出准予用地人进入土地许可或收到用地人进入土地的通知后,应立即通知土地的占有者,告知用地人的名称、公益事业的种类、拟进入土地的区域与期间,同时公布这些事项。

(3)进入土地的通知。用地人或其任命、委托的人必须在拟进入他人土地之日 5 日前将具体的日期、时间和场所通知市町村长,市町村长接通知后,立即通知土地占有者,并进行公告。特别提出的是,用地人拟进入宅地或者垣墙、栅栏等围成的土地时,必须在进入前将其意图告知土地占有者。而且日出前或日落后,不得进入前述土地。

(4)清除障碍物及试掘土地时的意见听取程序。一般来说,土地占有者除非具有正当理由,否则不得拒绝或妨碍用地人进入土地实施测量或调查。在实施测量或调查时,若需要清除植物、垣墙或栅栏等障碍物,

---

① 根据日本《土地征收法》第 8 条的规定,"用地人"指有必要征收土地、与土地相关的权利(指地上权、永佃权、地役权、采石权、质权、抵押权、因使用借贷或租赁借贷而得权利、其他与土地相关的所有权以外的权利、矿业权、温泉利用权)、土地上的树木、建筑物、其他土地附着物以及属于土地的土石砂砾等各项事业的实施者。

② 都道府县是日本的地方建制,在级别上相当于中国的省、自治区、直辖市。日本由 1 都、1 道、2 府、43 县,1 都指东京都,1 道指北海道,2 府指大阪府、京都府,43 县指广岛县等 43 个县。

③ 地方公共团体是指日本的地方政府,包括其议会。日本地方自治法规定了两种地方公共团体:普通地方公共团体和特别地方公共团体,前者包括都道府县与市町村,后者包括特别区、地方公共团体组合、财产区与地方开发事业团。

或者在土地上进行试掘，但该障碍物或土地所有者和占有者不同意，用地人应当分别向管辖该障碍物和土地所在地的市町村长、都道府县知事提出申请。市町村长拟准予清除障碍物时，必须给予障碍物所有者和占有者陈述意见的机会；都道府县知事拟准予实施试掘行为时，同样必须给予土地所有者和占有者陈述意见的机会。而且，即便获得了许可，用地人在实施清除或试掘之日 3 日前，必须通知该障碍物或土地的所有者和占有者。当然，对于特殊情形，如障碍物处于山林、原野或其他类似土地上，难以获得土地所有者和占有者同意，并且没有明显损害障碍物现状时，用地人可以在获得障碍物所在地的市町村长的许可后直接清除障碍物，但在清除后必须毫无迟延地通知土地所有者和占有者。

（5）身份证件及许可证的携带与出示。用地人进入土地和实施清除障碍物、试掘等行为时，必须携带能够表明其身份的证件和市町村长、都道府县知事等颁发的许可证件，并根据土地或障碍物的所有者、占有者、其他利害关系人的请求进行出示。

就土地等取得纠纷的处理，《土地征收法》规定了调解和仲裁等两种方式，前者适用于所有的土地取得纠纷，后者只适用于土地取得价格纠纷。程序上，首先是纠纷当事人双方或一方向涉案土地所在的都道府县知事提出申请，要求将纠纷提交调解委员或仲裁委员解决。然后，确认调解委员和仲裁委员的人选。其中，调解委员 5 人，征收委员会从其委员中推荐 1 人，并由都道府县知事任命，其他 4 人从具有相关知识和经验的人员中产生；仲裁委员 3 人，由征收委员会从其成员中推荐，并由都道府县知事任命。最后，调解委员和仲裁委员开展工作，并将过程和结果及时告知都道府县知事。调解程序和仲裁程序的设置，目的是通过不启动土地征收程序的方式来取得需要的土地。因此，当公益事业认定公告发布后，调解和仲裁必须停止。

2. 事业认定

《土地征收法》第 2 条规定："有必要向公益事业提供用地，且将该土地提供给该事业能够使土地的利用达到适当、合理时，可以根据本法的规定对该土地进行征收或者使用。"因此，对用地人拟从事的事业是否是公益事业以及该事业对土地的利用是否适当、合理等进行认定，成为启动征收程序的第一步。从功能上看,事业认定决定着应否征收特定土地,因此成为《土地征收法》的核心内容之一。《土地征收法》主要从事业认定机关、认定程序和事业认定的法律效果方面对事业认定进行规范。

(1)事业认定机关

国土交通大臣和都道府县知事是事业认定机关。其中,国土交通大臣对以下四类事业进行认定:一是国家或都道府县为用地人的事业;二是跨越两个以上都道府县区域的事业;三是影响跨越一个都道府县区域或者道的全部区域的事业,或者是与港湾法中重要港湾相关的事业等7类事业;四是前三类事业的关联事业。除此之外的各类事业,均由都道府县知事进行认定。① 不过,当都道府县知事拒绝进行事业认定或在规定期限内未实施事业认定相关行政行为时,用地人可以向国土交通大臣申请事业认定,并通知都道府县知事。对都道府县知事拒绝实施事业认定的,国土交通大臣收到申请后,必须先听取公害等调整委员会的意见,然后再实施事业认定等相关行政行为;对都道府县知事在规定期限内未实施事业认定的,国土交通大臣收到申请后,必须先听取都道府县知事的意见,然后指示都道府县知事在适当的时期内实施事业认定相关行政行为,遭到拒绝时则亲自实施事业认定相关行政行为。②

(2)事业认定程序的启动

事业认定程序因用地人的申请而启动。而且,在申请事业认定前,用地人必须先举行国土交通省令规定的说明会和采取其他措施,向与该事业认定有利害关系的人③说明该事业的目的与内容。④ 在申请时,用地

---

① 参见日本《土地征收法》第17条。

② 参见日本《土地征收法》第27条。

③ 根据日本《土地征收法》第8条的规定,“与土地有利害关系人的人”,除指土地所有人外,还包括以下主体:征收土地时,对该土地具有地上权、永佃权、地役权、采石权、质权、抵押权、因使用借贷或租赁借贷而得权利、其他所有权以外之权利者,以及对该土地上的物件具有所有权、其他所有权以外之权利者;征收地上权、永佃权、地役权、采石权、质权、抵押权、因使用借贷或租赁借贷而得权利、其他所有权以外之权利时对前述权利具有质权、抵押权、因使用借贷或租赁借贷而得权利、其他所有权以外之权利者;征收土地上之树木、建筑物、其他附着物时对该物件具有所有权以外之权利者;征收土石砂砾时对该土石砂砾所在地具有所有权以外之权利者和对该土地上物件具有所有权、其他权利者。

④ 参见日本《土地征收法》第15条之14。

人应向具有权限的事业认定机关提交记载用地人名称、公益事业的种类、明确区分征收抑或使用的拟用地以及申请事业认定的理由等事项的事业认定申请书，并提交符合规定样式的事业计划书等6类附带文书。其中，对拟征土地的表示，必须能让土地所有人或关系人轻松判断出与自己权利相关的土地包含在内。[①]

（3）事业认定的程序

第一，送达与公告。事业认定机关实施事业认定时，除申请明显不符合《土地征收法》第20条规定的情形[②]外，必须向拟征地所在的市町村长送达事业认定申请书及其附带文书中与该市町村有关系的内容。与此同时，如果事业认定机关是国土交通大臣，那么国土交通大臣还必须立即通知管辖拟征地的都道府县知事，并抄送事业认定申请书和附带文书的副本。市町村长在收到该文书后，必须立即公告用地人的名称、事业种类和拟征地，并自公告之日起两周内将这些文书供于公众阅览。市町村长在规定期限内未实施前述行为时，管辖拟征地的都道府县知事可以根据用地人的申请，代替该市町村长实施该程序。[③]

第二，利害关系人提交意见书。公告后，与该事业认定有利害关系的人可以在公众阅览期限内向都道府县知事提交意见书。对于属于国土交通大臣管辖的事业认定，都道府县知事收到意见书后，必须立即交送国土交通大臣；如果在规定的期间内没有人提交意见书，都道府县知事必须报告国土交通大臣。[④]

第三，听取专家和有经验者的意见。事业认定机关拟实施事业认定相关行政行为时，如认为有必要，可以就与申请相关事业的事业计划征求专家和有经验者的意见。[⑤]

---

① 参见日本《土地征收法》第18条。

② 参见日本《土地征收法》第20条规定：与申请相关的事业符合下列各项时，国土交通大臣或都道府县知事可以作出事业认定：（1）申请的事业是《土地征收法》第3条所列举的各项事业之一；（2）用地人具有完成该事业的充分意思和能力；（3）事业计划有利于土地的适当、合理利用；（4）在公益上有必要征收或使用土地。

③ 参见日本《土地征收法》第24条。

④ 参见日本《土地征收法》第25条之1。

⑤ 参见日本《土地征收法》第22条。

第四,召开公听会。事业认定机关拟实施事业认定相关行政行为时,若与该事业认定有利害关系者在公众阅览期限内,根据国土交通省令请求召开公听会,或者认为有必要的,必须召开公听会征求意见。拟召开公听会时,必须公告用地人名称、事业种类与拟征地、公听会日期与场所。①

第五,听取社会资本整备审议会等的意见。除非与该事业认定有利害关系的人在公众阅览期限内没有提交意见书,否则:一方面,国土交通大臣拟实施事业认定相关行政行为时,必须预先听取社会资本整备审议会的意见,并尊重其意见;另一方面,都道府县知事拟实施事业认定相关行政行为时,必须预先听取审议会、其他合议制机关的意见,并尊重其意见。②

第六,事业认定的公告。事业认定机关应在受理事业认定申请后3个月以内实施事业认定相关行政行为,并在作出事业认定后,必须毫无迟延地书面通知用地人,同时在政府公报(国土交通大臣的事业认定)、都道府县知事规定的方式(都道府县知事的事业认定)公告用地人名称、事业种类、拟征地、实施事业认定的理由和图纸的公众阅览场所。事业认定自公告之日起生效。都道府县知事发布事业认定公告的,还必须立即报告国土交通大臣,并根据国土交通大臣的要求提交与事业认定相关的文书副本;国土交通大臣发布事业认定公告的,必须立即通知相关的都道府县知事。③

(4)事业认定的法律效果

事业认定行为是具有法律意义的行政行为,能够产生多重法律效果。一方面,程序推进角度,自事业认定公告发布之日起1年内,用地人未依法提出征收裁决申请的,或自事业认定公告发布之日起4年内,用地人未依法提出让出裁决申请的,事业认定自期间届满之日的第二日起失效。④ 另一方面,土地所有人及与土地有利害关系的其他人依法取得

---

① 参见日本《土地征收法》第23条。

② 参见日本《土地征收法》第25条之2。

③ 参见日本《土地征收法》第26条。

④ 参见日本《土地征收法》第29条。

申请土地征收裁决请求权和补偿费支付请求权。

3. 土地征收裁决程序

如前所述,事业认定程序的功能是判断用地人拟实施的事业是否属于公益事业以及是否适合征收土地。在事业认定之后,用地人如何实施征收?这是土地征收裁决程序的目标所在。

(1)土地征收裁决机关

与事业认定机关不同,土地征收的裁决机关是都道府县所辖内设置的征收委员会。征收委员会由7名委员组成,独立行使职权。同时,为保证裁决工作的顺利进行,必须设置两人以上的预备委员。委员与预备委员的任期都是3年,可以连任;委员缺位时,由顺位在先的预备委员就任。

无论是委员,还是预备委员,都必须具有丰富的法律、经济或行政等方面的经验和知识,能够对公共福祉作出公正判断;程序上,必须经过都道府县议会的同意,由都道府县知事任命。而且,委员和预备委员不得兼任地方公共团体议会的议员、地方公共团体的首长或常务职员、地方公务员法规定的承担短期勤务的职员。征收委员会设会长。会长由委员在委员中选出。会长代表征收委员会处理议事及其他会务。会长有意外情况时,由委员在委员中选出一人,代理会长职务。

征收委员会的会议由会长召集。征收委员会若没有会长和3名以上委员出席,不能开会或作出决议。一般来说,征收委员会审议事项由出席者过半数通过;赞同和反对人数相同时由会长决定。例外在于,在任期内,违背委员会和预备委员的意志对其进行罢免,必须获得除本人外的全体一致同意。

(2)土地征收裁决的具体程序

第一,启动程序。用地人在事业认定公告之日起一年内,可以向征收土地所在地的都道府县征收委员会申请征收裁决,并根据国土交通省令规定的样式提交裁决申请书及其附带文书。

附带文书包括三类:一是事业计划书和表示用地人与事业计划的图纸;二是记载拟征收土地的如下信息的文书,如拟征收土地的所在地和类型、面积、土地所有人和对土地有权利的关系人的姓名与住址、对土地所有权或与土地相关的所有权以外之权利的损害补偿估算及其细目、权利取得或消灭的时间;三是土地调查书或其副本。

其中,土地调查书是在事业认定公告后,用地人或其受委托人依法进入土地、土地上的工作物件,对土地、土地上或土地工作物上的物件进行调查之后制作的文书。制作时,用地人必须在调查书上署名盖章,必须让土地所有者和关系人(用地人无过失地无法知道时除外)到场,并在调查书上署名盖章。对土地调查书上记载事项的真实性有异议的土地所有人和关系人,可以在调查书上附记其异议内容后署名盖章。土地所有人和关系人无法到场或到场后拒绝署名盖章的,用地人必须请求市町村长到场和署名盖章;市町村长拒绝时,都道府县知事必须根据用地人的申请,在都道府县的职员中指定到场人,并让其署名盖章。而且,到场人不能是与用地人有利害关系的人。当用地人预测对拟征收土地或土地上的物件具有权利的人超过100人时,也可以通过如下程序制作土地调查书:用地人先在土地调查书上署名盖章,然后根据国土交通省令的规定向拟征收土地所在的市町村长提交附带土地调查书副本的申请书。市町村长收到申请书后,立即公告用地人名称、事业种类和与申请相关的土地或物件的所在地,并且自公告之日起1个月内将该文书供于公众阅览。而且,用地人必须在公告之日起1周内通知姓名和住址都记载于土地调查书上的土地所有人和关系人,后者认为土地调查书记载事项不真实时,可以在公众阅览期间内根据国土交通省令的规定,向用地者提交异议申请书,用地人必须将该异议附加到土地调查书内。

另外,为了防止用地人迟延启动征收裁决程序而损害被征收人的财产权,《土地征收法》赋予土地所有人(包括权利关系人)请求用地人作出申请裁决的请求权。

第二,通知、公告程序。征收委员会在受理用地人的裁决申请书及其附带文书后,除根据规定驳回裁决申请外,必须向市町村长抄送与该市町村相关部分的副本,同时将发生裁决申请之意通知附带文书中记载的土地所有人和权利关系人。市町村长接到文书后,必须立即公告发生裁决申请之事和拟征收土地的所在地、地址和用途,自公告之日起两周内将文书供于公众阅览。市町村长实施公告后,必须毫无迟延地向征收委员会报告公告之日。①

第三,提交意见书。公告后,土地所有人和权利关系人可以在公众阅览期间向征收委员会提交意见书,对公告的土地及其权利实施了临时处理者、其他因损失补偿决定而有可能权利受到侵害者(准关系人)可以在征收委员会审理程序结束前,在自己权利受影响的限度内,就损失补偿向征收委员会提交意见书。需要特别说明的是,上述意见书中不得记载与征收委员会审理无关的事项(如对事业认定不服等)。②

第四,裁决程序的开始与公告、登记。征收委员会必须在公众阅览期间过后,毫无迟延地根据国土交通省令的规定,决定开始裁决程序,并予以公告,同时嘱托管辖拟征土地的登记所就该土地及其相关权利做好登记工作。

第五,审理程序。征收委员会必须在公众阅览期间过后,毫无迟延地开始审理。开始审理时,必须预先将审理日期与地点通知用地人、裁决申请书附带文书记载的土地所有人与权利关系人以及提交意见书者。除征收委员会认为公开有可能损害审理的公正或有其他公益上的必要,征收委员会的审理必须公开。审理中,用地人、土地所有人与权利关系人就已提交的意见书进行说明或口头陈述意见,可以就损失补偿的相关事项提交新的意见书或者口头陈述意见,可以向征收委员会提交资料、要求质询必要的知情人、申请鉴定、对土地或物件进行实地调查,可以申请对征收委员会指定的知情人或鉴定人进行质询。为进行审理,征收委员会可以命令用地人、土地所有人、权利关系人、知情人出面接受质询,或者命令提交意见书或资料,命令鉴定人进行鉴定,进行土地或物件的现场调查。

在审理过程中,征收委员会可以随时建议用地人、土地所有人和关系人实施和解。用地人与土地所有人和关系人的全体就征收土地的全部或部分,对裁决事项达成和解,并且内容合法时,征收委员会可以根据用地人、土地所有人和关系人的申请制作和解调查书。和解调查书必须

① 参见日本《土地征收法》第42条。

② 参见日本《土地征收法》第43条。

由征收委员会会长、制作和解调查书的委员、用地人、土地所有人和关系人署名盖章,其正本在加盖征收委员会的印章后送达用地人、土地所有人和关系人。和解调查书的效力与土地征收裁决相同,并且用地人、土地所有人和关系人不得对和解的成立及其内容进行争议。

(3)土地征收裁决的种类及效果

征收委员会的裁决分为驳回裁决和征收裁决。当申请裁决征收的事业与事业认定公告认定的事业不同,或事业计划与事业认定申请书中的事业计划书所记载的计划明显不同,或者裁决申请有其他违反《土地征收法》规定的情形时,征收委员会必须作出驳回申请的裁决。反之,征收委员会必须作出征收裁决。①

征收裁决分为权利取得裁决和让出裁决。权利取得裁决是指对于应征收土地的区域及其使用方法与期间、土地或与土地相关的所有权以外权利的损失、权利取得或消灭的期日等事项作出的裁决。用地人必须在该裁决所规定的权利取得期日以前,支付或托管与权利取得裁决相关的补偿金等,让渡、交付或托管替地,修建宅地,托管金钱、有价证券,否则,权利取得裁决失效,裁决程序开始的决定视为被撤销。让出裁决是指基于用地人、土地所有人或权利关系人的申请,与权利取得裁决一起或在该裁决作出之后,就权利取得裁决所指示的内容以外的损失、土地或物件的交付、物件转移期限等作出的裁决。用地人必须在该裁决规定的让出期限之前,支付、托管让出裁决相关的补偿金,代行物件转移,修建宅地,托管金钱、有价证券,否则,让出裁决失效。

用地人一旦履行以上义务,在权利取得裁决规定的权利取得时限内取得该土地所有权;在让出裁决规定的让出期限内,占有该土地或该土地上物件者必须向用地人交付土地或物件,或转移该物件。如果不履行、履行不充分或者虽履行但预测可能超过让出期限的,都道府县知事可以根据用地人的申请,依据《行政代执行法》的规定,采取代执行的方式完成义务履行。

---

① 参见日本《土地征收法》第47条。

4. 不服申诉和诉讼

事业认定程序与土地征收裁决程序各自承担的功能不同，针对相应程序产生的行政行为，行政不服申诉程序和行政诉讼程序提供了不同的救济途径。

（1）不服事业认定的申诉和诉讼。事业认定的性质是行政行为，因此，根据《土地征收法》的规定，对事业认定不服的，可以提起异议申诉或审查请求，也可提起抗告诉讼。

（2）不服土地征收裁决的异议申诉和诉讼。如前所述，征收委员会的裁决既包括对土地征收等与公共利益具有密切关系的公益性事项的裁决，也包括对损失补偿等以当事人之间的合意决定的私益性事项的裁决。这两类裁决事项性质不同，法律救济途径也不同：对损失补偿以外的事项不服的，可以向国土交通大臣提出审查请求，也可提起抗告诉讼，但对损失补偿的事项不服的，则只能通过行政诉讼中的当事人诉讼来解决补偿金额的增减问题。

（三）土地征收程序的特点

如上，日本的土地征收程序由公益事业认定程序和征收裁决程序构成。从中可以发现，《土地征收法》具有双重功能：一是保护私人土地所有权；二是实现社会公共利益。也正因此，公平与效率成为《土地征收法》的价值取向。

就公平而言，以下制度设计有助于公平的实现：首先，公益事业认定与征收裁决由不同主体承担。基于保护私人土地所有权的需要，用地人拟从事的事业能否被认定为公益事业成为启动土地征收程序的前提。为此，《土地征收法》规定由能够代表国家利益的国土交通大臣和都道府县知事来实施公益事业认定行为。相比较而言，征收裁决程序关注的是征收补偿与赔偿的公平问题。对此，裁决机构的独立性具有重要意义。为此，《土地征收法》设置了独立的征收委员会，并且对委员的专业知识背景提出要求。其次，高度重视土地所有人和利害关系人的参与。一方面，在申请事业认定前，用地人必须召开说明会以及采取其他措施，向与该事业认定有利害关系的人说明事业的目的与内容。另一方面，在事业认定程序中，利害关系人可以提交意见书，事业认定机关不仅要听取专家和有经验者的意见以及听取社会资本整备审议会等的意见,而且还要召开公听会。此外,在征收裁决程序中,土地所有人和权利关系人可以在公众阅览期间向征收委员会提交意见书,对公告的土地及其权利实施了临时处理者、其他因损失补偿决定而有可能权利受到侵害者(准关系人)可以在征收委员会审理程序结束前,在自己权利受影响的限度内,就损失补偿向征收委员会提交意见书。最后,充分利用通知、公告程序,使土地征收程序公开透明。从事业准备阶段,到事业认定程序,再到土地征收裁决程序,用地人、国土交通大臣、都道府县知事、土地征收委员会都发布过不同类型的通知和公告。正是这些通知和公告,使得土地所有人和相关权利人能够及时了解土地征收程序的进展,并积极采取维权措施。

就效率而言,以下制度值得一提:首先,事业认定公告前的调解与仲裁制度。事业认定公告之前,对于与土地等的取得相关的纠纷,用地人、土地所有权人、其他关系人等相关当事人的双方或一方可以通过书面形式,向该纠纷相关土地等所在的都道府县知事提出申请,将该纠纷的解决交予调解委员会;对于只与土地等取得的价格相关的纠纷,相关当事人可以通过书面形式,向该纠纷土地等所在的都道府县知事申请仲裁员的仲裁程序。也就是说,土地征收是用地人无法通过调解制度或仲裁制度取得土地及与土地相关权利时的选择。相比较而言,调解制度和仲裁制度的效率高于土地征收制度的效率。其次,在征收裁决程序中,虽然允许土地所有人和关系人提出意见书,但该意见书不能包含对公益事业的认定的质疑。最后,对事业认定行为及征收裁决行为设置不同的救济途径,有助于快速解决相关纠纷。

四、英国的土地征收程序

(一)土地征收立法概况

在英国,政府部门取得私人土地的方式有两种:一是协议购买土地(Purchase of Land by Agreement);二是强制收购土地(Compulsory Purchase),即土地征收。而且,考虑到土地征收程序复杂,耗时长,一般,只有在前者无法奏效时,政府部门才会启动土地征收程序;并且,即便已经启动土地征收程序，政府部门依然可以与土地权利人进行谈判，寻求通过协议取得土地。

土地征收在英国具有悠久的历史，并且始终秉承公共性与补偿性两大原则，在法治的轨道内运行。目前，土地征收法律体系由习惯法、判例法和成文法构成。就成文法而言，主要有两大类型：第一，适用于所有土地征收的一般法，包括：以规范土地补偿为主旨的1961年《土地补偿法》（The Land Compensation Act 1961），规范土地征收程序的1965年《强制收购法》（The Compulsory Purchase Act 1965）和1981年《土地征收法》［The Acquisition of Land Act 1981，后被2004年《规划与强制收购法》（Planning and Compulsory Purchase Act 2004）部分修正］，以及与前述法令相关的法规，如1994年《土地强制收购法规》（Compulsory Purchase of Land Regulation 1994）、2004年《土地强制收购（法定形式）法规》［Compulsory Purchase of Land（Prescribed Forms）Regulation 2004］，等。第二，适用于特定领域的土地征收的特别法，如1992年《交通与工程法》（The Transport and Works Act 1992）对因修建铁路、电车轨道、轨道车等交通工程而征收土地的程序作出特别规定。特别提及的是，根据1998年《人权法案》（Human Rights Act 1998）的规定，《欧洲人权公约》已被纳入英国国内法体系。因此，《欧洲人权公约》（European Convention of Human Rights）第一议定书第1条的规定："每一个自然人或法人均有权平等地享用其财产。除非是为了公共利益及受管制于法律与国际法的普遍原则所规定的条件，否则，任何人不得剥夺他的财产。上述规定不能以任何方式损害国家根据普遍利益或为了保证税收或其他奖惩措施而实施必要的控制财产使用的权利。"这一规定对土地征收的目的构成严格限制。另外，2004年，英国政府制定了一份征地守则（Guidance on Compulsory purchase process and The Crichel Down Rules for the disposal of surplus land acquired by，or under the threat of，compulsion 2004），该文件虽然不具有法律效力，但对指导土地征收机构开展土地征收工作具有重要意义。下文仅简要介绍土地征收的一般程序。

(二)土地征收的一般程序①

在英国,广义上的土地征收的一般程序包括土地征收授权、土地征收决策、土地征收的实施、土地征收补偿及土地征收争议的解决等环节;狭义上的土地征收程序就是指土地征收决策程序,即强制收购令的作出程序。为完整地呈现土地征收过程,下文对广义的土地征收程序做一介绍。

1. 土地征收的授权

获得授权是政府部门实施土地征收的正当性基础。宏观上,土地征收的授权方式包括皇家特权、私人法案和议会一般公法(Public General Act)的概括授权与强制收购令的具体授权。从20世纪初开始,一般公法的概括授权成为征地授权的主要方式。概括授权的基本模式是:只指明某机构基于特定的公共目的可以强制收购土地,但不指明具体的征收对象和征收项目——后者,有待强制收购令的具体授权来予以明确。如根据1972年《地方政府法》(Local Government Act 1972)第125条的规定,区自治会为履行地方自治机构职权,在不能通过协议购买土地的方式获得所需土地的情况下,可以行使土地征收权。至于“公共目的”的具体内容,只能仰赖单行立法的规定。

从单行立法的授权对象来看,有权实施土地征收的征收机构(acquiring authorities)具有多元性,特别是在私有化浪潮之下,并非严格限于政府部门。总体上,包括四类:一是中央政府部门。其中,有土地征收权的部长主要指主管各政府部门的国务大臣,如有关铁路、公路、轻轨、隧道及港口等建设涉及土地征收时,有土地征收权的是交通部长;有关水供给建设涉及土地征收时,有土地征收权的是卫生部长。二是地方政府机构(local authority),包括郡、区、自治市镇的政务委员会和伦敦的共同委员会及其他地方政府部门,如水务局、排水局等。三是其他公权力机构。四是经营公共服务产业的私人公司,如进行城市开发和建设大

① 本部分关于英国土地征收程序的介绍参见彭錞:《英国征地法律制度考察报告——历史、现实与启示》,载张千帆主编:《土地管理制度比较研究》,中国民主法制出版社2013年版,第12~32页。

型基础设施的公司等。为行文方便，下文统称土地征收机构。

2. 土地征收决策

土地征收决策，类似于中国土地征收的批准程序，是土地征收机构获得具体授权的过程，即土地征收机构根据一般公法的授权制定强制收购令（Compulsory Purchase Order，CPO），明确具体的征收土地的目的和征收范围，并提交一般公法规定的批准机构（confirming authorities）进行批准。一般，中央部门提交的强制收购令，由相关部长批准，即部长权力征收（acquisition by a ministerial authority）；其他征收机构提交的强制收购令，由中央政府部门的部长（Minister/Secretary of State）批准，即非部长征收机构征收（acquisition by a non-ministerial authority）。征收特殊类型的土地时，强制收购令还需要经过议会审批。① 下文仅介绍非部长征收机构征收的程序。②

（1）土地征收的准备

因特定目的或计划需要征收土地时，土地征收机构应当对拟征收土地进行初步调查，确定土地征收的范围和界限，以及对拟征收土地享有权利或利益的“有资格人员”（qualifying persons）。根据 1981 年《土地征收法》的规定，“有资格人员”包括三类：一是所有者（owner）、租户（tenant）、承租人（lessee）或者土地占有者（occupier）；二是 1965 年《强制收购法》要求通知的人员，即所有经审慎调查可知的对拟征收土地享有利益，或有权出售、转让或让予该土地的人；三是受强制收购令影响，可能提出“有害影响”（injurious affection）的人员，如自己的土地虽未被列入拟征收范围，但其价值因征收行为受到减损。

---

① 特殊类型的土地，主要指法定承包人（依据法律授权进行铁路、轻轨、电车轨道、道路交通、水路交通、运河、内陆航道、码头、港口、灯塔、水利设施、民航或邮政建设工程的人）施工所占用的土地、地方政府拥有的土地、国家信托基金会（National Trust）拥有的土地、公地（commons）和公共空间（open spaces）、墓地、教会或皇室财产，等等。

② 部长权力征收的决策程序与非部长征收机构征收的决策程序基本相同，其区别在于，作为征收机构的中央政府部门部长制定的是强制收购令草案（Draft CPOs），而非强制收购令；经过通知、公告、召开公共听证会处理反对意见等程序后，对强制收购令草案进行批准的有权机构（appropriate authority）一般是制定草案的部长本身。某些情形下，如在有关公路建设的征地中，有权机构则由公路部长和规划部长联合组成。

调查时，若需要进入拟征收土地进行测量和勘探，征收机构应当提前通知土地所有人和占有人；造成损害的，应当承担赔偿责任。土地所有人或占有人，或其他任何人，拒绝或阻挠征收机构进入土地的，征收机构可以向拟征收土地所在地的县治安官（Sheriff）签发执行令，要求县治安官将该土地转移给执行令中指定的人员占有。经过初步调查，土地征收机构作出征收土地的决议。随即，土地征收机构进一步开展调查，特别是寻找和确定对拟征收土地享有权利或利益的“有资格人员”，并做好记录和统计工作。

（2）强制收购令的制定、公告和通知

强制收购令主要包括两项内容：一是征收机构可以征收土地的法律依据，即议会的授权立法；二是制作强制收购令的目的，即拟征收土地的用途。同时，根据2004年《土地强制收购（法定形式）法规》的要求，强制收购令的标题（Title）必须包含拟征收土地的所在地名称、“强制收购令”一词以及制定年份。此外，强制收购令中还应当附有一份包含以下信息的明细表：第一，拟被征收土地的范围和位置；第二，对拟征收土地享有权利或利益的“有资格人员”的姓名和地址。

在向批准机构提交申请前，土地征收机构必须将强制收购令在拟征收土地所在地的一份或两份报纸上发布连续两周的土地征收公告。土地征收公告应对以下事项作出说明：第一，该项强制收购令已经制定，并即将提请批准机构批准；第二，拟征收土地的范围及征收目的；第三，在何处能够获得强制收购令的复制件；第四，对强制收购令提出异议的期限（要求是首次公开后至少21天内）；第五，提出异议的形式。同时，土地征收机构还应当在拟征收土地或附近张贴强制收购令的复制件。

除发布土地征收公告外，土地征收机构还必须向那些在拟征收土地上享有权利或利益的“有资格人员”发布土地征收通知。土地征收通知的内容与土地征收公告的内容基本相同，但更具有针对性，有利于保障“有资格人员”的知情权和参与权。

（3）强制收购令等申请材料的提交

土地征收机构在发布土地征收公告和通知之后，就可以向批准机构申请批准强制收购令。申请时，土地征收机构需要提交五项材料：一是强制收购令;二是征地范围演示图;三是支持申请的一般证书,如已经完成某些送达程序的证明;四是拟征收土地范围内受保护财产的相关证明,包括因土地征收而被拆除的建筑清单、有权机构同意拆除列入建筑保护名录的建筑和位于保护区内的建筑的证明等;五是征收土地的详细的理由陈述(statement of reasons)。

(4)批准机构对异议的处理

在土地征收公告和通知规定的时间内,任何人都可以针对强制收购令向批准机构提出异议。其中,“有资格人员”提出的异议统称“相关异议”(relevant objection)。“相关异议”主要集中于土地征收的必要性、合目的性和可行性,如是否有足够的资金保障等。

在规定期限内,相关异议的提出者可以撤回异议。同时,涉及征收补偿的相关异议,由土地裁判所(Land Tribunal)处理。对于提出者未撤回以及不属于土地裁判所处理的相关异议,即“剩余异议”(remaining objection),批准机构可以采取两种处理方式:一是通过书面代表程序(written representations procedure)听取意见。适用该程序的前提是该强制收购令无须经特别国会程序审批,以及剩余异议的提出者全部同意采取该方式。二是召开地方公共听证会(local public inquiry),或者基于同样的目的,任命一个听证人员,使每个剩余异议的提出者都有机会陈述意见,而且,此时,土地征收机构以及批准机构认为合适的任何人,都应当获得这一听证机会。

地方公共听证会的程序比较复杂,需要遵守1990年《非部长强制收购(调查程序)规则》[Compulsory Purchase by Non-ministerial Acquiring Authorities (Inquiries Procedure) Rules 1990]的规定。总体上,地方公共听证会由以下环节构成:

第一,举行公共听证会的通知。土地征收通知规定的异议期届满后14日内,或者强制收购令提交批准后14日内(以更晚的日期为准),批准机构应当向“法定异议者”(statutory objector)和征收机构发布举行公共听证会的通知,说明决定举行听证会的意向及异议的内容。

第二,听证前会议(pre-inquiry meetings)。这不是公共听证的必经程序。是否举行听证前会议,由批准机构决定。不过,批准机构若是准备召开听证前会议,则必须自公共听证会通知发布之日起 16 周内举行,并且至少在召开的 21 日前通知征收机构和法定异议者。

第三,概要陈述和案由陈述的提交。公共听证会通知发布之日起 8 周内,征收机构应当向批准机构和法定异议者提交一份"概要陈述"(outline statements),简要说明申请征收土地的理由和依据。除提交"概要陈述"外,征收机构还需要向批准机构和法定异议者提交详细的"案由陈述"(statement of case),具体而全面地说明征收的理由和依据,并附上相关证明文件。提交案由陈述的时间因是否举行了听证前会议而异:若举行了听证前会议,则在该会议结束后 4 周内提交;若未举行听证前会议,则在公共听证会举行 4 周前或自公共听证会通知发布之日起 4 周内提交。除主动提交外,批准机构也可以要求征收机构和异议者提交相关材料。

第四,公共听证会的召开。公共听证会应当在听证前会议结束后 8 周内或听证会通知发布后 22 周内举行,而且,一般是在征收机构提交强制收购令申请之日起半年内举行。批准机构应当在听证会日前至少 42 天向征收机构和异议者发出正式听证通知,征收机构应当在听证前至少 14 天在拟征收土地所在地的报纸和物理场所公布举行听证会的时间、地点和参加者。

听证会由批准机构委任的调查员主持,征收机构和法定反对者在调查员的主持下陈述意见和进行辩论。听证会结束后,调查员撰写听证报告,提出对异议的处理建议。在案卷排他性原则之下,批准机构若考虑新的证据或事实而决定不采纳调查员的建议时,则应重新召开听证会。

(5)强制收购令的批准与公布

在以下三种情形下,批准机构将批准强制收购令:一是在土地征收通知规定的期限内,没有人提出异议;二是在土地征收通知规定的期限内,虽有人提出异议,但随即撤回,或者所提异议属于土地裁判所的管辖事项;三是在土地征收通知规定的期限内,虽有人提出异议,但批准机构已经通过书面代表程序或者公共听证程序听取异议,并认为强制收购令符合法定条件。

批准机构可以全部或部分批准强制收购令。而且,基于行政效率的考虑，批准机构可以直接对强制收购令进行修改，并在修改后予以批准。批准之后，批准机构应当在当地报纸上发布公告，说明予以批准的理由。强制收购令的有效期是3年，自强制收购令公告发布之日起计算。在特定情形下，经法定程序，强制收购令的期限可以延长。

值得注意的是，根据1981年《土地征收法》第14条的规定，在满足以下条件时，审批机构可以通知土地征收机构自行批准强制收购令：第一，强制收购令不涉及特殊类型的土地，即不需要经议会批准。第二，征收机构已经依法履行土地征收公告和通知义务。第三，没有人对强制收购令提出异议，或者已经撤回异议。第四，强制收购令无须修改即可批准。对于征收机构来说，行使自行批准权，一是必须以收到批准机构的通知、并且该通知未被撤销为前提；二是必须对强制收购令进行完整批准——不能修改，也不能进行部分批准。

3. 土地征收的实施

强制收购令获得批准后，征收机构可以通过三种方式实现对土地的占有。第一，与土地权利人签订协议。第二，根据1965年《强制收购法》第5条的规定，向所有"经审慎调查可知的所有对土地享有利益或有权出售、转让或让予土地的人"发出征收通知，告知拟征收土地的相关信息以及如何申报权利和利益，并表明愿意补偿因土地征收给他们造成的损失。前述人员收到该通知后21天内，可以提出补偿要求。补偿确定并履行完毕，征收机构即完成土地征收。前述人员未提出补偿要求的，征收机构将提交土地裁判所处理补偿适宜。第三，在强制收购令获得批准的通知发出的同时，发出一般转让意向通知（preliminary notice），请相关权利人在一般转让宣告（general vesting declaration）作出后提出补偿要求。随后，征收机构作出一般转让宣告，一是通知相关权利人尽快提出补偿要求；二是规定不少于28天的期限，到期当日，土地权利视为自动交付给征收机构。不过，自动取得土地权利的期限至少须在发布一般转让意向通知2个月之后。

4. 土地征收补偿

1961年《土地补偿法》对土地补偿的标准、内容和估价日期作出详细规定。本书不予赘述。

5. 土地征收争议的解决

从内容上看，土地征收争议包括两类争议：

第一，关于强制收购令的争议，如强制收购令是否获得一般公共法的授权，是否获得批准机构的批准，批准程序是否合法，等等。这类争议由普通法院管辖。被征收人或其他利益受损者可以在强制收购令批准通知发出或生效起6周内向高等法院提起司法审查。一方面，高等法院将根据越权无效原则，对强制收购令的合法性、合理性以及是否程序不当、滥用权力等进行审查；另一方面，高等法院还要审查强制收购令是否遵守了1981年《土地征收法》。如果违反1981年《土地征收法》的行为对起诉者构成实质损害（substantially prejudiced），那么高等法院可以判决撤销强制收购令。而且，违反程序性规定，也可以构成实质损害。

第二，关于土地补偿的争议。这类争议由土地裁判所管辖。土地裁判所在人员组成上，除普通法院的法官外，还包括出庭律师和具有土地评估经验的测量师，以便能够胜任土地补偿纠纷的专业性要求。在程序上，土地征收机构与被征收人无法达成协议时，均可在强制收购令批准通知发出后28天内转交土地裁判所，由土地裁判所根据情况，通过书面陈述程序、简易程序、标准程序或特别程序予以解决。对土地裁判所的判决，当事人只可以就其法律问题向上诉法院提出上诉。

（三）土地征收程序的特点

可见，在英国，从土地征收机构到作为批准机构的中央政府部门，甚至到议会；从土地裁判所到普通法院，从土地所有权人，到土地的承租人、占有人以及其他对土地享有权益的人，都参与到土地征收程序之中。参与主体虽然很多，但依然有序推进。这源自土地征收程序立法的完备。总体上，英国土地征收程序具有以下特点：

第一，合意优先。这表现在，一方面征收土地是土地征收机构在无法通过协议购买方式取得土地之后的无奈选择；另一方面在启动土地征收程序之后，强制收购令获得批准之前，土地征收机构依然可以与被征收人进行协商，尝试着协议购买土地。此外，在补偿程序上，更是将土地征收机构与被征收人置于平等地位，两者可以进行充分协商，并且都享有将争议提交土地裁判所解决的主动权。

第二,强制收购令的批准程序注重效率与公平的平衡。英国非常注重对私人财产权的保障,只有基于公共目的的需要才可以征收私人的土地。显然,对"公共目的"的判断不能单纯依赖土地征收机构的判断。因此,土地征收机构必须向批准机构申请强制收购令。批准机构在审查强制收购令时,通过土地征收公告与通知、土地征收异议与处理等程序设置,给予所有被征收人以参与机会,而非把批准程序视做封闭的"内部程序"。换句话说,被征收人具有左右强制收购令的命运的能力。一般认为,参与程序在保障公平的同时,对效率也构成影响。但是,英国通过制度设计,将这种影响控制在可以接受的范围之内:首先,在批准的次数上,根据拟征收土地的类型,分成一次批准与二次批准;其次,在听取意见的方式上,根据拟征收土地的类型和被征收人的意愿,分成书面代表程序与公共听证会程序;最后,根据被征收人的异议情况和对强制收购令审查结果的初步判断,批准机构可以授权土地征收机构自行批准强制收购令。正是这一系列的分类处理,大大提高了土地征收的效率。

第三,尊重司法。普通法院对强制收购令拥有管辖权,可以对其进行司法审查。而且,司法实践中,征收机构或批准机构不遵守 1981 年《土地征收法》规定的程序,对被征收人构成实质性损害时,普通法院将撤销强制收购令。从另一角度看,土地征收机构和批准机构为了谋求在司法审查中的有利地位,必然会遵守《土地征收法》规定的程序。同时,对于土地补偿争议,当事人可以提交土地裁判所解决。土地裁判所的出现,是应对纠纷专业化的需要。在性质和功能上,土地裁判所都被认为是一个法院。同时,土地裁判所的人员,也都是大法官任命的。因此,可以说,因土地征收发生的纠纷,最终都是由司法机关解决的。

五、美国的土地征收程序

(一)土地征收程序立法概况

土地征收权在美国被称为国家征收权(Eminent Domain)。美国征收权的主要法律渊源是宪法、一般制定法和判例法。

就宪法而言,美国联邦宪法第五修正案规定:"非依正当法律程序,不得剥夺生命、自由以及财产;非经合理补偿,不得征收私有财产用作公用。”同时,第十四修正案规定:“任何州非经正当法律程序,不得剥夺该州公民的生命、自由以及财产。”这样,按照前述正当程序条款的要求,在土地被征收前,土地所有者应当得到通知,并且有机会参加听证。同时,各州宪法也对土地征收施加一定限制。

除联邦宪法和州宪法外,美国的50个州和1个直辖特区(首都所在地华盛顿哥伦比亚特区)都制定有财产征收方面的法律,而土地征收是财产征收的重要内容。不过,各州对财产征收程序的规定存在较大差异——亚拉巴马州等12个州对财产征收提供了全面的正当程序保护,包括事前提议和谈判,以及征收前的通知和听证;阿拉斯加州等21个州和哥伦比亚特区彻底废除了对财产征收的程序性保护,在征收前不通知财产所有人,也不提供具有正当程序保障功能的司法程序,征收机关甚至可以直接通过发布“征收声明”就取得被征收的土地;加利福尼亚州等17个州采取中间路线,对财产征收提供某些程序性保护。①

在司法实践中,“联邦和州的判例法都没有一致认可在土地征收领域适用基本程序性保护的必要性”,“联邦最高法院从未确切地界定过一位财产所有人在面对政府(地方、州或联邦)的土地征收行动时所具有的正当程序权利”,“在许多情形中,州的判例法用于确认不要求事前通知或征收前听证的州法案条文有效”,也有“一些州法院在法案要求的范围之外提供了一些程序性保护”。②

(二)土地征收的程序——以亚拉巴马州为例

《亚拉巴马州宪法》(Constitution of Alabama 1901)第23条对征收权的行使作出限制性规定,即未经所有权人同意,政府不能为了私人利益而征收私人财产;即便为了公共利益,也只有在提供公平补偿之后,才能征收私人财产。该条文并未要求对征收行为提供正当程序保护。另外,第6条规定,被刑事指控的犯罪嫌疑人“未经正当法律程序,不得被剥夺生命、自由和财产”。

---

① [美]扎卡里·哈德逊:《美国土地征收的正当程序》,牟效波译,载张千帆主编:《土地管理制度比较研究》,中国民主法制出版社2013年版,第67~74页。

② [美]扎卡里·哈德逊:《美国土地征收的正当程序》,牟效波译,载张千帆主编:《土地管理制度比较研究》,中国民主法制出版社2013年版,第65、71、74、75页。

《亚拉巴马州征收法》(Alabama Eminent Domain Code)适用于对不动产(Real Property)和附着于不动产以及与不动产相关的动产(Personal Property)的征收;其中,不动产,是指土地以及构筑于土地之上或与土地相关的附属设施,同时包括土地通行权(Easement)、地役权(Servitude)以及其他权益。该法由四章构成:第一章是关于财产征收的一般性规定,特别是对财产征收的限制性规定;第二章至第四章对财产征收中的特殊情形作出规定,包括为满足工厂、发电厂等的需要而修建大坝时的土地征收程序,基于私人对铁路、高速公路和公墓的通行权而实施征收的程序;征收住宅时对丧失住宅的人提供的各种救助措施。下文仅介绍财产征收的一般程序。

1. 征收前置程序

在征收程序启动前和启动后,当事人之间可以就任何问题,包括赔偿问题和其他救济问题,进行磋商,并达成协议和履行协议。其中,征收人向土地所有人发出报价,表示愿意以购买方式取得需要的土地是启动征收程序的前置条件。

在启动征收程序前,征收人(condemnor)应当对被征收财产进行评估,以确定公平补偿的补偿数额。在这一过程中,财产所有人或其代理人应当有机会与评估人一同对财产进行调查。然后,在评估的基础上,征收人向财产所有人提出以购买方式取得该土地时的价款——该价款不得低于公平补偿原则下确定的补偿数额。被征收人若接受这一价款,则双方达成协议。在征收人按照协议支付价款或者依法将该价款进行提存之前,财产所有人不得被要求退出对财产的占有。除非情况紧急,在合法占有财产的人收到应予搬迁的书面通知90天之内,征收人不得要求其搬迁。

为评估土地及其他拟征收财产的价值,或者为了判断是否适宜征收该土地以实现公共利益,在合理的时间内,征收人及其机构、工作人员可以进入土地,实施调查、检查、拍照、探测、钻孔、取样以及其他行为。但是,这一行为必须符合以下要求:第一,在进入之前,已经以合理的方式,尽力将进入土地的时间、目的、范围和拟采取的行为等通知了所有权人和其他事实上占有财产的人。第二,相关调查应当在白天合理的时间段内进行,并且次数也是合理的。第三,以和平方式实施调查,不得对财产造成实质性损害。第四,不得违反任何法律。

如果合法进入土地或者对土地实施被授权的调查行为遇到阻碍或被拒绝,或将徒劳,征收人可以向拟征收土地所在地的巡回法庭申请颁发进入令(an order permitting entry)。除非有正当理由,一般,巡回法庭应当制作进入令。进入令应对进入土地的目的、准予进行的调查行为的性质和范围等进行说明,并可依法要求征收人提供保证金;为了加速调查,减少损害和阻碍,还可以对进入土地的时间、方式和准许实施的行为作出限制性规定。而且,在签发进入令之前,巡回法庭应当对征收人因实施调查行为而应当给予拟征收土地的所有权人或合法占有人的补偿进行初步评估,并形成补偿协议,同时要求征收人提供具有良好信誉的担保人。除非根据协议或法院命令,征收人很快就支付了补偿款,否则,被征收人可以要求结束调查行为。征收人对进入行为造成的损害应当承担法律责任。受损害人可以依法提起民事诉讼,也可以要求巡回法庭从征收人已经支付的保证金内进行清偿。

2. 征收行为的开始和进行

除《征收法》另有规定外,征收程序适用民事诉讼法规定的程序(Alabama Rules of Civil Procedure)。《征收法》主要规定了在遗嘱认证法庭(Probate Courts)适用的程序。

第一,起诉。土地征收始于征收人向拟征收土地所在地的遗嘱认证法庭提起土地征收诉讼。除其他法律的规定外,征收人在起诉时应当:(1)指定任意一个能够代表拟征收利益的人作为原告;(2)将拟征收土地的所有权人或者对拟征收土地享有利益的人命名为被告,并说明每个被告所享有的权益的性质;(3)对拟征收土地及其他权益进行描述;(4)提出原告有权通过征收方式取得土地的法律依据;(5)提供拟征收财产清单。同时,应当提供一份有关拟征收财产的地图或示意图。

第二,法律文书的送达及诉讼未决通知的发布。收到征收人的起诉状后,遗嘱认定法庭应当确定审理日期,并通知被告,同时将起诉状副本送达被告。征收程序启动后,原告应当在拟征收财产所在地的遗嘱认证法庭的办公地点发布一份诉讼未决通知(notice of the pendency of the proceedings)。该通知应当包含以下内容:(1)征收行为与遗嘱认证法庭的名称、案号、起诉时间;(2)对拟征收财产的描述,并且该描述与起诉状中的描述应当一致;(3)起诉状中指定的原告和被告的姓名。

第三,被告的答复及弃权声明。对原告的起诉状,被告不是必须作出答复,除非他认为征收人不具有征收权,或对拟征收的地块有异议。被告若主张自己对公平补偿没有权益之争,他可以提交一份弃权声明。

根据法律的规定,被告可以在答复中陈述以下内容:(1)他对拟征收财产享有的权益及其性质。(2)初步异议(preliminary objections)的性质及依据,包括:原告未依法获得取得被告财产的授权;开始或维持征收行为的强制性先决条件尚未满足;遗嘱认证法庭对被告或争议标的没有管辖权,或在诉讼或其他程序方面有缺陷,存在不足或不当之处。

弃权声明没有特别的形式要求,但被告或其代理律师应当签名,并且包含一项声明——被告对拟征收的财产或拟判决的补偿费用不享有利益。被告可以在任何时间提交弃权声明,并且该弃权声明可以取代此前的其他回复。遗嘱认证法庭可以通过适当的命令来实施弃权声明。

第四,对初步异议的审理。在最终决定公平补偿的数额前,遗嘱认证法庭应当根据职权或者一方当事人的申请,对初步异议进行审理,并作出裁判。在审理过程中,原告对与初步异议相关的全部事实承担举证责任。不过,被告若声称原告或其任何官员、代理人或雇员存在欺诈、腐败、恶意或粗暴滥用裁量权的情形,则被告应当提供明确和令人信服的证据证明前述事实。

第五,对初步异议的处理。遗嘱认证法庭如果认为初步异议是值得称赞的,那么它应当制作一份合适的裁判,包括:(1)全部或部分驳回征收申请,如果原告未获得授权取得财产,或取得财产的一部分,或者构成初步异议基础的那些行为、疏忽将给被告带来无法弥补的损害;(2)附条件的全部或部分驳回征收申请,除非在指定期限内,原告采取了裁判中规定的补救性措施,包括重新获得征收授权等;(3)根据情况作出的其他处置。遗嘱认证法庭如果认为初步异议不成立,则将作出准予征收的裁判。

3. 征收补偿程序

对征收补偿争议,征收人和被征收人可以通过巡回法庭解决,相关审理程序适用州民事诉讼法的规定。同时,对补偿争议,双方也可以根据仲裁协议,通过仲裁程序解决。

(三)土地征收程序的特点

如前所述,美国各州的土地征收程序差异很大,有的对被征收人提供全面的正当程序保护,有的仅提供部分程序保护,有的根本不提供程序性保护。当然,所谓的"不提供程序性保护",并不意味着没有程序,而是指那些程序与被征收人表达异议、维护自身权益无关,仅仅是国家权力系统内的一种工作流程。因此,差异性是美国土地征收程序的最典型特征。

就全面提供正当程序保护的州而言,其土地征收程序大多具有以下特点:

第一,协议购买土地优先。在启动土地征收程序之前,征收人与被征收人必须进行充分协商。只有在无法以购买方式以及其他方式取得土地的情况下,具有高度强制性的土地征收才可以走到前台。

第二,通知与听证程序较为完善。无论是能否征收土地的问题,还是如何补偿问题,征收人都会事前通知被征收人,并通过召开听证会等方式,广泛听取被征收人的意见。

第三,注重司法程序。有的州将征收决定问题与征收补偿问题的决定权都交给法院,被征收人对法院的决定不服,可以提出上诉;有的州将行使征收决定问题与补偿问题的首次判断权分别授予行政机关和法院。法院的介入,在一定程度上缓解了征收人与被征收人之间的紧张关系。同时,法院追求正义的良好形象也为相关争议的和平解决注入了催化剂。

六、中国台湾地区的土地征收程序

(一)土地征收立法概况

在我国台湾地区,根据"中央法规标准法"第 2 ~ 3 条的规定,"法律"一般称为"法、律、条例或通则",而各机关发布的命令,根据其性质,可称为"规程、规则、细则、办法、纲要、标准或准则"。

论及土地征收,首先需要关注的是"中华民国宪法"。该"法"第 15

条规定,“人民之生存权、工作权及财产权应予保障”。这是对土地征收进行“法律”规制的“宪法”依据。其次,“土地法”是台湾的土地的基本规范,由总则、地籍、土地使用、土地税、土地征收等五编247条构成。其中,第208条和第209条规定:“‘国家’因公共事业的需要,得依本‘法’的规定,征收私有土地。”“‘政府’机关因实施‘国家’经济政策,得征收私有土地,但应以‘法律’规定者为限。”最后,“土地法”虽然对土地征收的目的、程序和补偿等事项均有规定,但在实践中,为适应经济建设发展的需要,出现了为某一特定公共建设目的,另行制定特别规定以排除“土地法”部分条文的适用的现象,如“平均地权条例”“都市计划法”“促进产业升级条例”“科学园区设置管理条例”“加工出口区设置管理条例”等。这样一来,相关土地征收的规定时有分歧,形成“一制数法”,不仅增加了执行难度,而且也因征收程序不同、补偿项目及补偿标准不一致,加剧了土地征收的阻力。为此,2000年2月2日公布实施“土地征收条例”。“土地征收条例”第1条规定:“为实施土地征收,促进土地利用,增进公共利益,保障私人财产,特制定本‘条例’。土地征收,依本‘条例’之规定,本‘条例’未规定者,适用其他‘法律’之规定。其他‘法律’有关征收程序、征收补偿标准与本条例抵触者,优先适用本条例。”这就明确了“土地征收条例”在土地征收规定中的“法律”地位——优先适用。依据“土地征收条例”第62条的授权,土地征收的“中央”主管机关,即“内政部”,又制定了“土地征收条例施行细则”。

在土地征收实践中,除“土地法”“土地征收条例”和“土地征收条例施行细则”外,“内政部土地征收审议委员会组织规程”“土地或土地改良物征收补偿费核计核发对象及领取办法”“土地征收未受领补偿费保管办法”“建筑改良物征收补偿费查估基准”“农作改良物征收补偿费查估基准”“建筑改良物征收营业损失补偿基准”“土地征收迁移费查估基准”“土地征收法令补充规定”和“撤销土地征收作业规定”等规范性文件也发挥了重要作用。另外,“司法院”及“大法官会议解释”和“内政部”的函释,也对土地征收有所规范。

(二)土地征收的程序①

1. 土地征收的核准机关与执行机关

在我国台湾地区,土地征收核准机关是“内政部”,执行机关是被征收土地所在地的该管“直辖市”或县(市)“政府”。执行机关主要负责发布土地征收公告和通知,办理补偿费、迁移费等的估价与发放。

2. 土地征收的前置程序

在申请土地征收前,用地人应当做好以下工作:

(1)勘选需用土地

用地人在提出用地申请前,应按照兴办事业的性质及实际需要,核实勘选适当的用地位置和范围。在勘选时,应当以公益事业所必需的土地为限,并尽量避免征收耕地。若与当地的都市计划有冲突,则应先办理都市计划变更手续。若涉及土地用途的变更,则要依法办理土地用途变更手续。如若无法绕开文物古迹,则要拟定文物古迹保护计划,征得文物主管机关的同意。

(2)举行公听会

土地征收是取得公共建设所需土地的手段之一,但对人民财产权的严重影响也不应忽视。为兼顾公益考量与私益维护,促进决策的透明化,“土地征收条例”第10条规定:“需用土地人兴办之事业依法应经目的事业主管机关许可者,于申请征收土地或土地改良物②前,应将其事业计划报经目的事业主管机关许可。需用土地人于事业计划报请目的事业主管机关许可前,应举行公听会,听取土地所有权人及利害关系人之意见。但因举办具机密性之‘国防’事业或已举行公听会或说明会者,不在此限。”而且,“土地征收条例施行细则”第11条不仅对“具机密性之国防事业”和“已举行公听会或说明会”作出具体解释,而且规定,“需用土地人兴办之事业无须报经目的事业主管机关许可者,除有前项情形外,仍应于与所有权人协议价购或以其他方式取得前,先举行公听会,听

① 本部分主要依据“土地征收条例”和“土地征收条例施行细则”,并参考张元旭主编:《土地征收作业手册》,台北,2004年版。

② 土地改良物分为建筑改良物和农作改良物。附着于土地的建筑物或工程,是建筑改良物;附着于土地的农作物及其他植物与水利土壤的改良,是农作改良物。

取土地所有权人及利害关系人之意见”。可见,不管用地人兴办的公共事业是否需要报经目的事业主管机关许可,都需要举行公听会,听取土地所有权人和利害关系人的意见。

用地人举行公听会时,应当在7日前,将举行公听会的事由、日期及地点在需用土地所在地的公共地方、当地“直辖市”或县(市)“政府”、乡(镇、市、区)公所及村(里)等的办公处所进行公告,并在“政府”公报或报纸上刊登。同时,用地人应当将土地所有权人及利害关系人的意见及对意见的处理情况制作成听证记录,在事业计划报请目的事业主管机关许可时和征收案件送交征收机关核准时一并提交。

(3)报经目的事业主管机关许可

用地人兴办的事业依规范应报目的事业主管部门许可的,在申请征收土地或土地改良物前,应将其事业计划报经目的事业主管机关许可。

(4)用地测量分割

初步确定需用土地的位置及范围后,用地人应根据土地所在区域的性质,即都市计划区或非都市计划区,按照程序,商洽土地管理部门,对土地进行测量和分割,埋设界桩,计算坐标,以进一步明确拟征收土地的位置和范围。

(5)调查用地资料

用地人应当对拟征收范围内的土地开展详细调查,包括:摘录地号;向土地所在地政事务所查阅土地登记簿,并将土地标示、权属(包括所有权人姓名、住所、权利范围等事项)、他项权利(设定有抵押权、地上权、典权、永佃权、地役权、耕作权等他项权利者,应查明他项权利人姓名、住所、权利价值、存续期间和设定面积)、限制登记及其他加注事项(如土地登记簿上载有法院查封等事项)等资料建立电脑档案;商洽地政机构,调查征收当期的土地价值。

(6)协议价购或以其他方式取得土地

台湾地区“行政程序法”确立了比例原则,要求行政机关在有多种同样能达成目的的方法时,应当选择对人民权益损害最小的方法,并且采取的方法所造成的损害不得与达成目的的利益显失均衡。与比例原则的要求相同,“土地征收条例”第11条规定,“需用土地人申请征收土地或土地改良物前,除‘国防’、交通、水利、公共卫生或环境保护事业,因公共安全急需使用土地未及与土地所有权人协议者外,应先与所有权人协议价购或以其他方式取得;所有权人拒绝参与协议或经开会未能达成协议者,始得依本‘条例’申请征收。”同时,确因公共安全急需使用,来不及与土地所有权人协议取得的土地,用地人应当在申请征收前,拟具理由报请目的事业主管机关许可,并说明事由,通知土地所有权人。因此,与其说土地征收是相关部门取得土地所有权的一种方法,不如说这是一种穷尽其他方法之后不得已的选择。

就协议价购而言,在召开协议价购会议时,用地人应对兴办事业的目的、工程规划、用地范围、用地取得的方式、协议价购价格(或补偿)等事项作出详细说明,并给予所有权人以充分陈述意见的时间,同时说明协议不成时依法办理征收的情形、征收程序、征收补偿及所有权人享有的权利。若能达成协议,用地人和土地所有权人就可以依法签订买卖契约书,并依法办理土地转移登记手续。

除协议价购外,还可以通过租用、设定地上权、捐赠、联合开发、无偿提供使用等方式满足兴办公益事业的需要。因此,在申请征收土地前,用地人应当就前述方式与土地所有权人进行磋商。

(7)所有权人陈述意见

“行政程序法”第 102 条规定:“行政机关作成限制或剥夺人民自由或权利之行政处分前,除已依第 39 条规定,通知处分相对人陈述意见,或决定举行听证者外,应给予该处分相对人陈述意见之机会。但‘法规’另有规定者,从其规定。”因此,用地人如果未根据“土地征收条例”第 10、11 条的规定,通过公听会或者协议价购会议等方式,给予土地所有权人充分陈述意见的机会,那么在申请征收土地或土地改良物前,应以书面形式通知被征收土地或土地改良物所有权人陈述意见。

3. 土地征收的批准程序

用地人未能通过协议价购等方式取得兴建公益事业所需要的土地时,则可以启动土地征收的批准程序。

(1)申请程序

用地人申请征收土地或土地改良物,应拟具详细征收计划书,并附具征收土地图册或土地改良物清册及土地使用计划图等各二份,送由内政部核准。在具体运作上,用地人为“中央机关”“直辖市”或县(市)“政府”时,直接送“内政部”核定;用地人为“中央机关”所属机关时,由其上级机关核转“内政部”核定;用地人为乡(镇、市)公所时,由该管县(市)“政府”核转内政部核定;用地人为农田水利会时,由该管县(市)“政府”报经“中央”目的事业主管机关核转“内政部”核定。同时,用地人申请时,应同时告知土地所在地“直辖市”或县(市)“政府”,但用地人为乡(镇、市)公所或农田水利会者除外。

根据“土地征收条例施行细则”第 17 条的规定,用地人提交的征收计划书,应载明下列 16 类事项:第一,征收土地或土地改良物的原因;第二,征收土地或土地改良物所在地范围及面积;第三,兴办事业的种类;第四,兴办事业的依据;第五,土地使用的现状及其使用人的姓名、住所;第六,土地改良物的情形;第七,一并征收土地改良物;第八,四邻接连土地的使用状况及其改良情形;第九,征收土地区内有无古迹,并注明其现状及维护措施;第十,举行公听会或说明会的情形;第十一,与土地所有权人或土地改良物所有权人协议价购或以其他方式取得的经过情形及所有权人陈述意见的情形;第十二,土地或土地改良物所有权人或管理人的姓名、住所;第十三,被征收土地的使用配置;第十四,兴办事业概略及其计划进度;第十五,应需补偿金额总数及其分配;第十六,准备金额总数及其来源。其中,申请征收土地改良物的,可以不记载前述第七~十三项事项。

在提交征收土地计划书的同时,用地人还应当提交如下材料:第一,获准兴办公益事业的文件,即项目立项文件;第二,举办公听会的公告与刊登该公告的政府公报或报纸;第三,举办公听会的会议记录;第四,通知土地及土地改良物所有权仍协议价购或以其他方式取得的文件;第五,协议价购或其以其他方式取得不成的证明文件,或协议会议记录;第六,给予所有权人陈述意见的书面通知;第七,所有权人的陈述意见书及相关机构就其陈述意见作出的处理;第八,征收土地清册;第九,征收土地改良物清册;第十,有无妨碍都市计划证明书,或有无妨碍国家公园计划证明书;第十一,经费来源证明文件;第十二,征收土地图,即以地籍图描绘，并就工程用地范围及征收土地分别描绘及加注图例；第十三，土地使用计划图，应绘明土地使用配置情形或其使用位置，并应加注图例。

（2）征收核准及通知

首先，征收土地或土地改良物，由“中央主管机关”（“内政部”）负责核准。

其次，“内政部”内设“土地征收审议委员会”，负责土地征收审议工作。“土地征收委员会”对土地征收申请实行书面审议，并遵守以下原则：一是符合“土地征收条例”及其他相关规定；二是申请征收土地的范围应以其事业所必需者为限；三是征收土地在不妨碍征收目的的范围内，应选择损失最小的地方及方法为之，并应尽量避免征收耕地；四是征收程序应符合相关规范的规定；五是用地人因公益需要需用土地时，应先以协议价购或其他途径取得土地；六是同一土地有两个以上用地人申请征收时，以兴办事业性质的轻重为核定原则，性质相同时，以申请的先后为核定原则；七是申请人是否适格；八是用地人为兴办同一性质的事业计划需要使用不相连的私有土地时，以该计划工程同时发包施工者为限。

最后，“土地征收审议委员会”审议通过后，“内政部”应予核准征收土地或土地改良物，并通知该管“直辖市”或县（市）“政府”，请其依规范办理公告征收等手续。

（3）发布土地征收公告

“直辖市”或县（市）主管机关接到“内政部”通知核准征收案后，应立即发布土地征收公告。土地征收公告的期间为30日。同时，土地征收公告应载明下列9类事项：第一，用地人的名称；第二，兴办事业的种类；第三，核准征收机关及文号；第四，征收的土地或土地改良物及其应补偿的费额；第五，公告期间；第六，提出异议及行政救济的期限；第七，公告征收后的禁止事项；第八，可以申请一并征收的要件及期限；第九，其他依规定应公告的事项。征收农作改良物或未经登记的建筑改良物的，其公告应载明应受补偿人的姓名、住所。此外，土地征收公告应附征收土地图，公布于该管“直辖市”或县（市）主管机关的公告处所及被征收土地或土地改良物所在地。

土地征收公告在土地征收程序中具有重要意义：第一，土地征收自公告期间届满时发生效力。也就说,土地征收未依规定公告或未遵守30日的公告期间的,不能产生征收效力。第二,土地权利关系人对公告有异议的,应当在公告期间内向该管“直辖市”或县(市)“政府”以书面形式提出。第三,被征收的土地或土地改良物自公告之日起,除特殊情形外,不得分割、合并、移转或者设定负担。第四,被征收土地或建筑改良物的所有权或他项权利,以公告之日土地登记簿或建筑改良物登记簿的记载为准。第五,被征收土地应按照征收当期的公告土地现值,补偿其地价。第六,具有确定土地或土地改良物补偿费发放期限或存入保管专户期限的法律效果。

(4)发布土地征收通知

“直辖市”或县(市)主管机关在发布土地征收公告的同时,还应当书面通知土地或土地改良物所有权人及他项权利人。

土地征收通知的内容除包括土地征收公告第1~8项的内容外,还包括3项内容:一是有关被征收土地地价税及耕地三七五租约[①]承租人补偿费代为扣交事宜;二是说明另函通知(或直接制定)领取补偿费的日期、地点和应提供的相关证件等;三是说明陈列土地征收图、册的地点。

就通知的对象而言,被征收土地或建筑改良物已登记的,依土地登记簿或建筑改良物登记簿所载之所有权人及他项权利人姓名、住所,以书面通知;征收农作改良物或未经登记的建筑改良物的,依土地征收公告的姓名、住所,以书面通知。

就通知的方式而言,应采用双挂号[②]或其他能够收取回执的方式进行;如果不能送达,则根据前述姓名及住所办理公告送达。办理公告送

① 为保护耕地承租人的利益,台湾地区制定有“耕地三七五减租条例”,其第2条规定:“耕地地租租额,不得超过主要作物正产品全年收获总量千分之三百七十五;原约定地租超过千分之三百七十五者,减为千分之三百七十五;不及千分之三百七十五者,不得增加。”同时,耕地租约在租佃期限未届满前,因经依法编定或变更为非耕地使用而终止时,除另有规定外,出租人应给予承租人下列补偿:一是承租人改良土地所支付的费用,但以未失效能部分的价值为限;二是尚未收获农作物的价额;三是终止租约当期的公告土地现值,减除土地增值税后余额三分之一。

② 双挂号是邮政单位递送邮件的方式之一,其基本流程是:邮政单位提供一个注明号码的挂号单,当邮件送到收件人时,收件人要在签收单上签名或盖章。随后,这张签收单又由邮政单位寄回给寄件人,以证明收件人已经收到该邮件。

达时,“直辖市”或县(市)“政府”应保管通知的文书,并将公告张贴在“直辖市”或县(市)“政府”的公告栏,告知受送达人可以随时来领取通知。同时,该县(市)“政府”应当将通知或其节本刊登于政府公报或报纸上。自公告发布之日起(刊登“政府”公报或报纸的,自最后刊登之日起),土地征收决定经20日发生效力。

4. 土地征收的实施程序

(1)通知与土地征收相关的机构

在发布土地征收公告的同时,“直辖市”、县(市)“政府”应当通知土地登记机构和税捐征收机构,进一步查明、核对相关资料,作为核发补偿费的依据;通知用地人,使其知悉土地征收申请已经获得批准,并处于公告期间,以做好拨付征收补偿费的准备。

(2)处理土地征收异议

土地权利关系人对土地征收公告有异议的,应当在公告期间内向该管“直辖市”或县(市)“政府”以书面形式提出。该管“直辖市”或县(市)“政府”接受异议后应立即查明处理,并将查处情形以书面形式通知土地权利关系人。

土地征收异议主要有两种类型,处理方式也不同。

第一,对征收土地标示及权属的异议。对该类争议,应商洽土地登记机构,查明有关资料,然后分情况予以处理。首先,公告征收土地的标示和权属均正确的,则将查实情况函复异议人。其次,公告征收土地的地号、面积或被征收人的姓名、住所确有错误,但不影响报准征收土地的实施,并且用地范围不改变的,则应立即办理更正,并于征收结束后,报请更正征收。再次,公告征收土地的地号、面积记载错误,涉及报准征收土地的实施的,经用地人或被征收人提出,对错误征收部分,应当立即撤销征收;对遗漏的征收部分,则应依法定程序另行补办征收手续。最后,土地已经买卖,但未办理所有权转移登记的,当买方要求更改被征收人姓名的,应以土地征收公告之日土地登记簿或建筑改良物登记簿所记载的所有权人为准。

第二,对征收补偿价额的争议,包括对征收补偿地价的异议和对土地改良物补偿价额的异议。经核查,未发现问题的,该管“直辖市”或县

(市)政府应函复异议人,说明相关情况;发现计算错误的,则依规范办理公告更正。被征收土地权利关系人对前述查处情况不服的,应于查处通知送达之日起30日内,以书面形式向该管"直辖市"或县(市)"政府"说明不服查处的事实及理由。该管"直辖市"或县(市)"政府"得提请地价评议委员会复议,土地权利关系人不服复议结果的,有权提起行政救济。

(3)用地人拨款

用地人应当在土地征收公告期限届满15日内,将征收土地或土地改良物的补偿费,缴付给管"直辖市"或县(市)"政府",由其在规定期限内发放给应受补偿人。如征收补偿价额经复议或行政救济程序后有变动的,其应补偿的价额差额,应于其结果确定之日起3个月内缴付该管"直辖市"或县(市)"政府"转发。

(4)发放补偿费

首先,"直辖市"或县(市)"政府"在发布土地征收通知时,应一并通知补偿费的领取日期和地点。

其次,征收土地或土地改良物应发给的补偿费,应当自土地征收公告期限届满之日起15日内发放。否则,除以下四种情形外,土地征收将丧失效力:一是在公告期间内,对补偿费价额有异议,由该管市县地政机构依规定提交"地价评议委员会"进行复议的;二是经土地所有权人同意延期缴付补偿费的;三是应受补偿人拒绝受领或不能受领的;四是应受补偿人所在地不明的。

再次,发放地价补偿费或建筑改良物补偿费前,应当扣除对耕地三七五租约承租人地价的补偿费及应当缴纳而未缴纳的土地捐税及其滞纳金等费用,若有余额,则交付被征收土地所有权人。

最后,补偿费的发放具有双重效力。一方面,被征收土地或土地改良物的所有权人对其土地或土地改良物的权利义务,在补偿费发放完毕时终止。另一方面,用地人在补偿费发放完毕后,才有权进入被征收土地开展工作。但防务、交通、水利、公共卫生或环境保护事业,因公共安全急需先行使用的,不受这一限制。不过,对这种情形,用地人应当在申请土地征收前,就拟具理由,报请目的事业主管机关许可后,送交"内政部"核准征收及先行使用;"直辖市"或县(市)"政府"应当在发布土地征收公告时,将前述事由一并公告。

(5)设立土地征收补偿费保管专户

"直辖市"或县(市)"政府"应当在国库设立土地征收补偿费保管专户,用于保管因受领迟延、拒绝受领或不能受领的补偿费。补偿费存入保管专户后,"直辖市"或县(市)"政府"应采用双挂号或其他能收取回执的方式通知应受补偿人及权利关系人;通知未能送达的,以公告方式送达。自送达之日起算,超过15年仍无人领取的补偿费,收归"国库"。同时,补偿费存入保管专户,视作补偿费发放完毕,被征收土地或土地改良物的所有权人对其土地或土地改良物的权利义务终止。

(6)办理嘱托登记

"直辖市"或县(市)"政府"应当在应受领的补偿费发放完毕后一个月内,附土地清册和已经收缴的权利证书,嘱托登记机关办理所有权登记,或他项权利的注销或变更登记,或查封、破产登记或其他禁止处分登记的注销登记。如果原权利证书因故无法收缴的,登记机关应当在登记完毕后公告注销,并通知"直辖市"或县(市)"政府"及登记义务人。

(7)交付土地

补偿费发放完毕,"直辖市"或县(市)"政府"应通知土地权利人或使用人限期搬迁。逾期未搬迁的,由"直辖市"或县(市)"政府"或用地人依据"行政执行法"执行。

(三)土地征收程序的特点

第一,在土地征收前置程序中充分听取被征收人的意见。我国台湾地区土地征收程序的显著特征是高度重视前置程序,在前置程序中给予被征收人充分的表达意见的机会,为预防土地征收争议奠定了基础。这种重视,表现在三个方面:首先,除因举办具机密性的防务事业或已举行公听会或说明会者外,无论事业计划是否需要报请目的事业主管机关许可,都要在与所有权人协议价购或以其他方式取得前,先举行公听会,听取土地所有权人及利害关系人之意见。其次,除防务、交通、水利、公共卫生或环境保护事业,因公共安全急需使用土地未及与土地所有权人协议者外,用地人在申请征收土地或土地改良物前,应先与所有权人协议价购或以其他方式取得。也就是说,协议价购程序等其他方式取得土地的程序是土地征收的必经程序。而协议价购等程序,其“协商性”远远优于土地征收的“强制性”。最后,用地人如果未根据“土地征收条例”的规定,通过公听会或者协议价购会议等方式,给予土地所有权人充分陈述意见的机会,那么在申请征收土地或土地改良物前,应以书面形式通知被征收土地或土地改良物所有权人陈述意见。

第二,土地征收批准程序虽实行书面审查,但相关制度设置有利于维护被征收人的合法权益。在土地征收的批准程序中,用地人提交用地计划书及其他证明材料后,“内政部”只进行书面审查,然后将审查结果通知该管“直辖市”或县(市)“政府”。在这一过程中,并未给予被征收人参与机会。不过,其他的制度设置却弥补了被征收人程序参与的不足,为被征收人的合法权益提供了坚实的制度保障。首先,用地人提交土地征收申请的同时,要提交一系列材料,以证明符合土地征收立法规定。其次,土地征收公告与土地征收通知的内容非常翔实,足以让被征收人了解土地征收的全貌。再次,土地征收公告的期限为 30 日,并且未发布公告或公告期限不符合要求的,则土地征收决定不发生效力。而土地征收公告的发布与土地征收通知的送达,为被征收人随后提出异议创造了条件。最后,除特殊情况外,只有补偿费发放完毕,被征收人才丧失对被征收土地或土地改良物的权利。或者说,补偿费未如期依法发放完毕,则土地征收决定丧失效力。这等同于确立了“无补偿无征收”原则。

七、小结:域外土地征收程序的发展趋势

通过梳理法国、德国、日本、英国、美国及中国台湾地区的土地征收程序,笔者发现:基于不同的社会经济发展状况和土地所有制制度,域外各国(地区)的土地征收程序都有其特色。同时,域外各国(地区)的土地征收程序呈现以下发展趋势:

第一,域外土地征收程序大多由行政程序和司法程序两个环节构成,各环节承担不能的职能。同时,在行政程序环节,行政主导的色彩逐渐淡化,土地所有权人、使用权人等的参与逐渐加强。

第二,在推动土地征收程序变革的力量中,社会公众对正当程序及

人权保障的呼唤不容忽视。目前,公众参与的事项从行政征收决定扩展到行政征收的前置程序,“公众”的范围从土地所有权人扩展到因该建设项目的建设运营而遭受损失者或获利者,听证成为重要的公众参与方式,参与者的意见对决策者的约束力逐渐增强。

第七章　集体土地征收程序的重构

一、重构集体土地征收程序的必要性

学界研究显示，中国集体土地征收制度的构建依赖于产权自主论、效率优先论和城市优先发展论三大命题假设。具体来说，产权自主论主张国家作为土地的终极所有权人，有权对一切土地进行处分；效率优先论主张城市用地效率高于乡村用地效率；城市优先发展论主张落后的乡村经济只能通过发达的城市经济来带动、刺激，而征收乡村土地既是城市化的手段，也是经营城市的前提。然而，实践证明，这三大假设"从逻辑与制度两方面背离了基础的法权内蕴与正义轨道，导致了集体、农民权利的旁落与土地增殖利益的单向度分配与再分配，也导致了土地利用的高耗散与低效率，更扩大了城乡、贫富差距，为中国未来转型埋下制度性隐患"。[①] 因此，为清除这种制度性隐患，当下，集体土地征收制度必须回归理性：首先，与产权自主论相对，应当承认集体土地具有独立的产权人，国家在取得集体土地时，必须充分尊重集体土地产权人的意志。其次，与效率优先论相对，应当正视城市存在土地闲置等用地效率低下的事实，努力提高城市用地效率，只有在万不得已的情况下，才可以征收集体土地。最后，与城市优先发展论相对，应当明确农村发展对城市发展具有促进作用和保障作用，正确认识城乡统筹发展、协调发展的必要性与可行性。

那么，如何实现集体土地征收制度的理性回归？笔者认为，在依法治国的社会背景之下，我们应当通过规则设计，遏制住制度惯性，将集体

---

① 刘云生：《农村土地征收三大命题证伪》，载《甘肃社会科学》2010年第6期，第165页。

土地征收制度拖曳进法治的轨道。前文已述,宏观上,理想的集体土地征收制度由三部分构成:公共利益需要、正当程序、公平补偿。其中,“公共利益需要”和“公平补偿”的目标是制约产权自主论之下国家的肆无忌惮。与此同时,“公共利益需要”和“公平补偿”的判定,不单纯是实体正义问题,在更多情形下,还是程序正义问题。可以说,在集体土地征收制度中,正当程序的双重价值,即工具性价值(good results value)和过程性价值(procedure value)具有实现完美统一的契机。

与此同时,如前文所述,中国当前集体土地征收程序立法已经陷入多重困境,不仅与宪法上“国家维护社会主义法制的统一和尊严”“国家尊重和保障人权”等要求相背离,而且降低了行政执法的正当性,同时还使行政诉讼合法性审查原则趋于落空。在这种情况下,对集体土地征收程序功能的诸多期许也就成了泡影。

基于如上事实,完善集体土地征收程序立法,进而重构集体土地征收程序的必要性也就无须赘言了。

二、集体土地征收程序立法的价值选择

目的法学派鼻祖耶林曾指出:“指导未来法学之‘导引之星’,必然是法之目的,其地位犹若北极星之于航海者然。”[①]这形象地展示了立法目的在法律规则建构过程中的地位。因此,在重构集体土地征收程序之前,必须明确意欲通过重构所达致的目的。众所周知,在法学上,“作为客体的法律与作为主体的人的关系中,法律对一定主体需要的满足状况以及由此所产生的人对法律性状、属性和作用的评价”,被称为法律的价值。[②] 可见,任何立法目的,都可以转化为对某种法律价值的追求。因此,在重构集体土地征收程序时,首先必须明确其价值追求。

学理上,法律程序的价值追求始终绕不开对公正与效率的辩证分析。这种争议反映到行政程序法的目标模式选择上,就形成了公正模式与效率模式。所谓公正模式,又被称为权利保障模式,是指“通过一系列

① 转引自杨仁寿著:《法学方法论》,中国政法大学出版社1999年版,第63页。

② 张文显著:《法哲学范畴研究》(修订版),中国政法大学出版社2001年版,第192页。

监控行政权行使的制度来防止和控制行政权的滥用，从而达到保障相对人合法权益的目的，在此基础上设定行政程序法，并形成相应的程序体系”；所谓效率模式，是“以促进和提高行政效率为宗旨，侧重于通过行政程序促使行政机关合理高效的进行行政管理活动。在此基础上设计行政程序，并形成相应的程序体系”。相比较而言，公正模式的典型特征是，“凡是公民权利义务所及都必须有相应的程序对行政权予以规制，并赋予相对人以相应的程序权利，以充分保障相对人的合法权益”；效率模式的典型特征是强调“程序设计中的可操作性和规范性”，明确规定行政官员的职责和职权，并赋予行政官员以较大的自由裁量权。[①] 需要特别指出的是，公正与效率至少存在各自独立、相互促进、相互制约和相互矛盾等四重关系，因此，公正模式与效率模式的定名，只旨在说明当公正与效率发生冲突时的价值取舍，并非意味着公正模式视效率如草芥，抑或效率模式剔除了任何有利于促进公正的规则与制度设计。另外，从各国立法实践看，英美法系国家大多选择公正模式，大陆法系国家大多选择效率模式。

集体土地征收程序作为行政程序的组成部分，也需要确立其价值追求，选择合适的目标模式。在综合考虑如下因素的基础上，笔者认为，中国应当以将公正作为重构集体土地征收程序的价值追求：

第一，人类社会的价值追求。诚然，“在一个丰富而复杂的社会里，有着多种多样的价值，我们没有一个先验的理由将一个价值排列在其他价值之上”。[②] 而且，如同正义一样，公正“有着一张普洛透斯似的脸，变幻无常，随时可呈不同形状并具有极不相同的面貌”。[③] 但是，公正作为人类社会永恒的价值追求，却受到普遍认同。就集体土地征收程序的价值追求而言，虽然因受制于多种因素制约，在特定历史时期可能会有不

---

① 张弘：《公正抑或效率——我国行政程序法的目标模式问题研究》，载《学术探索》2006 年第 5 期。

② 袁寅生：《“效率优先，兼顾公平”的逻辑问题》，载 http://www.xslx.com/htm/jjlc/lljj/2006-11-12-20818.htm，2016 年 12 月 25 日访问。

③ ［美］E. 博登海默著：《法理学·法律哲学与法律方法》，邓正来等译，中国政法大学出版社 1999 年版，第 252 页。

同选择,但公正应当成为其终极追求。

第二,国家的发展目标。不同国家,乃至同一国家在不同的历史时期,受制于国内外的发展环境制约,其发展目标也有所不同。譬如说,新中国在完成社会主义改造之后,面临的国际压力之一就是如何证明社会主义优越于资本主义,如何“使中国尽快改变‘一穷二白’的落后状况,成为一个社会主义现代化强国,实现中华民族的伟大复兴”。[①] 毛泽东曾表示:“据说搞社会主义有优越性,现在我们搞了社会主义,如果不能在五六十年内超过美国,我们就有被开除地球的球籍的危险,那是不行的。所以,我们不仅有可能,而且完全有必要和应该超过美国。”[②]在这一思想的指导之下,“赶英超美”的发展战略迅速出炉:1957 年 11 月 18 日,毛泽东宣布:“在 15 年左右的时间内,中国的钢铁和主要工业产品的产量要赶上英国”;[③]《人民日报》1958 年的“元旦社论”向全国人民发出号召,表示要在 15 年左右的时间内,在钢铁和其他重工业产品的产量方面赶上和超过英国,在赶超英国后,再用 20 到 30 年的时间,在经济上赶超美国;[④]1958 年 5 月,李富春在中共八大二次会议上提出,7 年赶上英国,15 年赶上美国;1958 年 6 月 21 日,毛泽东在中央军委扩大会议上提出:“我们 3 年基本超过英国,10 年超过美国,有充分把握”[⑤]……与“超英赶美”的跨越式发展战略相关,各种经济建设项目纷纷上马。这一时期,效率就成为国家的不二选择。直至改革开放后相当长时期,如何突显社会主义的优越性都还羁绊着党和国家的领导人,如 1984 年,邓小平指出,“社会主义的优越性就是体现在它的生产力要比资本主义发展得更高一些、更快一些”;[⑥]1992 年邓小平提出,“发展才是硬道理”。

当历史行进到 21 世纪时,“中国社会结构已经逐渐形成占有财富、

---

① 郑大华:《论毛泽东的中华民族复兴思想》,载《当代中国史研究》2013 年第 5 期。

② 《毛泽东选集》(第 5 卷),人民出版社 1977 年版,第 296 页。

③ 《毛泽东文集》(第 7 卷),人民出版社 1999 年版,第 325 页。

④ 中共中央文献研究室编:《建国以来重要文献选编》(第 11 册),中央文献出版社 1995 年版,第 6 页。

⑤ 薄一波著:《若干重大决策与事件的回顾》(下卷),人民出版社 1997 年版,第 727 页。

⑥ 《邓小平文选》(第 3 卷),人民出版社 1993 年版,第 63 页。

权力和知识为特征的强势群体，和以贫困农民、城市农民工、城市失业者与下岗人员等为主的弱势群体。强势群体在公共政策的制定和实施中有很强的影响，在社会舆论和话语权中也很有影响。但弱势群体则缺乏相当的组织形式表达他们的利益要求，除了用上访等形式，申诉其遇到的不公外，很难在媒体上发出自己的声音。”①此时，全社会对社会公正呼声高涨。中共中央顺应民心，首先提出在分配领域要“更加注重社会公平”，②然后逐步扩展至所有领域，将“促进社会公平正义、增进人民福祉为出发点和落脚点”作为全面深化改革的指导思想，③并且要求“要把促进社会公平正义、增进人民福祉作为一面镜子，审视我们各方面体制机制和政策规定，哪里有不符合促进社会公平正义的问题，哪里就需要改革；哪个领域哪个环节问题突出，哪个领域哪个环节就是改革的重点”。④

当社会公正成为国家的目标时，集体土地征收程序也应当以社会公正为变革方向。

第三，政府的职能。理论上，国家的发展目标最终都必须转化为政府的职能，否则就无法实现。2008 年 2 月 27 日，中国共产党第十七届中央委员会第二次全体会议通过《关于深化行政管理体制改革的意见》，将深化行政管理体制改革的总体目标确定为：“到 2020 年建立起比较完善的中国特色社会主义行政管理体制。通过改革，实现政府职能向创造良好发展环境、提供优质公共服务、维护社会公平正义的根本转变”，同时，特别提出要“保障人民群众的知情权、参与权、表达权、监督权”。此外，“国家尊重和保障人权”已经被写入宪法。这样，在重构集体土地征收程序时，应当考虑与政府职能的转变相适应。

---

① 刘国光：《进一步重视社会公平问题》，载《经济学动态》2005 年第 4 期。

② 中共中央十六届五中全会提出，“完善按劳分配为主体、多种分配方式并存的分配制度，坚持各种生产要素按贡献参与分配，更加注重社会公平，加大调节收入分配的力度”。在缓解收入差距扩大的中共政治局会议上，胡锦涛再次强调，“要坚持和完善按劳分配为主体、多种分配方式并存的分配制度，坚持各种生产要素按贡献参与分配，在经济发展的基础上，更加注重社会公平……努力缓解地区之间和部分社会成员收入分配差距扩大的趋势”。

③ 《中共中央关于全面深化改革若干重大问题的决定》（2013 年 11 月 12 日中国共产党第十八届中央委员会第三次全体会议通过）。

④ 习近平：《切实把思想统一到党的十八届三中全会精神上来》（2013 年 11 月 12 日），载《求是》2014 年第 1 期。

第四,行政权的行使现状。行政程序旨在规范行政权,而其规范的目标与行政权的行使现状密切相关。当行政任务紧急,而行政机关官僚主义严重,拖拖拉拉成风时,提高效率就成为首要目标;当行政机关肆意妄为,无视行政相对人的存在,行政相对人怨声载道时,确保公正就成为首要目标。目前,"未批先征"等严重程序违法行为在集体土地征收过程中屡见不鲜,并且引发多起群体性事件。而且,在自媒体非常发达的"互联网+"时代,行政机关"未批先征"等严重程序违法行为借助网络快速传播,严重影响了政府形象。在这种情况下,公正应当成为重构集体土地征收程序的首要价值追求。

综上所述,中国在完善集体土地征收程序立法,进而重构集体土地征收程序时,应当首先考虑社会公正的客观需要。在保障社会公正的前提下,尽量提高行政效率。

三、集体土地征收程序的立法体例

(一)从分散式立法到法典式立法

任何立法目的都必须借助一定的立法形式予以表达,如法典式,抑或分散式。所谓法典式,是指规范同一调整对象的法律规范主要集中于同一法律文件之中,形成一部法典,同时辅助少量的其他法律文件;所谓分散式,指规范同一调整对象的法律规范分散于多个法律文件之中,并且很难对各个法律文件进行主次划分,因为每个法律文件规范的都是调整对象的某一方面。

目前,中国的集体土地征收程序立法采用的是分散式立法形式——相关法律规范分散于《宪法》、《土地管理法》、《物权法》、《土地管理法实施条例》、《征收土地公告办法》、《国土资源听证规定》、《建设用地审查报批管理办法》、《国务院关于深化改革严格土地管理的决定》(国发〔2004〕28 号)以及其他法律、法规、规章和规范性文件之中。这一立法形式具有以下弊端:

第一,不利于集体土地征收相关行政机关工作人员准确把握集体土地征收立法的立法目的。集体土地征收是国家取得集体土地所有权的方式,是对集体土地所有权人和使用权人合法权益的依法剥夺。为保护集体土地所有权人和使用权人的合法权益,《宪法》、《土地管理法》和《物权法》都明确要求只有基于"公共利益的需要",并且"依法给予补偿"的情况下,才可以征收集体土地。集体土地征收立法的这一立法目的应当贯穿于集体土地征收程序始终。然而,在分散立法模式下,基于立法简洁主义的需要,位阶较低的法律文件侧重于可操作性,而不再对立法目的进行重申。这样一来,在集体土地征收个案中,相关行政机关的工作人员就可能只知机械地执行规则,而忽略、甚至背离了规则之后的立法目的。

第二,增加了集体土地征收相关行政机关工作人员全面掌握集体土地征收立法的难度。在分散式立法形式之下,某些法律文件只关注集体土地征收的某个环节,如建设用地审查环节、听证环节、公告环节。但是,对于特定工作人员而言,他必须全面掌握有关集体土地征收的所有立法。这样,他就必须翻阅多个法律文件,工作难度明显加大。

第三,增加了集体土地所有权人和使用权人依法监督集体土地征收行为的难度。一般来说,知法是守法和护法的前提。同时,公民的法律意识与社会经济发展情况相关,与国家的法制宣传相关,也与公民的受教育程度相关。中国最近一次人口普查,即第六次人口普查,于2010年完成。普查结果显示,居住在城镇的人口为66,557万人,占总人口的49.68%,居住在乡村的人口为67,415万人,占50.32%。同时,每十万人中具有大学文化程度的有8930人,具有高中文化程度的有14,032人,具有初中文化程度的有38,788人,具有小学文化程度的有26,779人;文盲率(15岁及以上不识字的人口占总人口的比重)为4.08%。[①] 虽然没有数据表明农村人口的受教育程度低于城镇人口,但中国人口的整体受教育程度普遍偏低,这是不争的事实。在这种情况下,集体土地征收程序的分散式立法形式非常不利于集体土地所有权人和使用权人快速了解有关集体土地征收程序的立法,也就无法对相关行政机关工作人员的行为施加监督。

① 乔建堂:《第六次全国人口普查主要数据发布》,载国家统计局官网:http://www.stats.gov.cn/ztjc/zdtjgz/zgrkpc/dlcrkpc/dcrkpcyw/201104/t20110428_69407.htm。

相比较而言,法典式立法形式可以弥补分散式立法形式的前述不足。因此,中国集体土地征收程序立法应当采用法典式立法形式。

(二)集体土地征收程序立法应当以"法律"为核心

法典式立法要求将有关集体土地征收程序的法律规范主要集中于一部法律文件之中。中国是成文法国家,成文法是法律规范的主要表现形式。根据《宪法》和《立法法》的规定,成文法的表现形式包括宪法、法律、行政法规、部门规章、地方性法规、自治条例、单行条例和地方政府规章。笔者主张以全国人民代表大会及其常务委员会制定的"法律"作为集体土地征收程序立法法典化的核心载体。

第一,宪法作为国家的根本法,旨在规定国家的根本制度与根本任务等重要事项,构建国家权力与公民权利的基本格局。因此,对于集体土地征收,宪法只适合做原则性规定,否则,将影响宪法的稳定性和权威性。

第二,集体土地征收的审批与实施由行政机关负责。国务院作为中央人民政府,是国家最高行政机关。确实,根据《宪法》的规定,国务院有权制定行政法规。但是,集体土地征收程序立法的主要规制对象是行政机关。在这种情况下,若通过行政法规来规制集体土地征收程序,则集体土地征收程序立法就具有了自律性立法的属性。对这种属性,一方面,包括集体土地所有权人和使用权人在内的社会公众无法不怀疑其可能"官官相护",或者说,其规制力度是令人生疑的;另一方面,容易使受教育程度和法律意识都比较低的集体土地所有权人和使用权人产生误解,认为其所规定的程序权利来自于国务院的"恩赐"。这样一来,感恩戴德尚且来不及,监督和维权自然退居其后。

第三,若以部门规章作为规制集体土地征收程序的主要立法载体,不仅难以摆脱自律性立法的质疑,而且因其法律位阶低,在实践中也无法发挥预期的约束力。

第四,地方性法规和地方政府规章仅适用于特定行政区域,不可能成为规制集体土地征收程序的核心立法。

第五,以"法律"作为规制集体土地征收程序的核心立法具有充分依据。首先,《宪法》第13条第3款规定:"国家为了公共利益的需要,可以依照法律规定对公民的私有财产实行征收或者征用并给予补偿。”对于《宪法》中的“法律”的范围，学界认为，应当特指全国人民代表大会或其常务委员会制定的法律文件。其次，根据《立法法》(2015 年修正)第 8 条第 7 项的规定，“对非国有财产的征收”这一事项，只能制定法律。集体土地属于非国有财产，因此，对集体土地的征收，只能制定法律。最后，《物权法》有 31 处使用“依法”这一表述形式，但在规定集体土地征收时，则使用了“依照法律”，即第 42 条第 1 款规定：“为了公共利益的需要，依照法律规定的权限和程序可以征收集体所有的土地和单位、个人的房屋及其他不动产。”《物权法》的这种区别对待不是无心之举，而是刻意突出集体土地征收必须依据“法律”进行。

补充说明的是，《立法法》(2015 年修正)第 9 条规定：“本法第八条规定的事项尚未制定法律的，全国人民代表大会及其常务委员会有权作出决定，授权国务院可以根据实际需要，对其中的部分事项先制定行政法规，但是有关犯罪和刑罚、对公民政治权利的剥夺和限制人身自由的强制措施和处罚、司法制度等事项除外。”这意味着，对集体土地征收事项，在尚未制定法律时，全国人民代表大会及其常务委员会有权作出决定，授权国务院可以根据实际需要，先行制定行政法规。但是，这不足以成为应通过行政法规规制集体土地征收的充分依据。因为，根据《立法法》(2015 年修正)第 11 条的规定，授权立法的存在，源于制定法律的条件不成熟。换言之，通过“法律”来规制集体土地征收才是《立法法》(2015 年修正)的初衷。

(三)集体土地征收的程序性规范和实体性规范应当共存于法律之中

与行政法的特征——程序性规范与实体性规范共存于同一法律文件之中相关，有关集体土地征收的程序性规范和实体性规范也应当共存于一部法律之中。也就是说，关于集体土地程序的法律，同时应当包含关于集体土地征收条件、补偿标准和法律救济途径的规定。这不仅有利于提高立法效益，而且也符合行政权的行使规律和被征收人的期待。行政权的行使，无法脱离程序而进行；被征收人关心的，除征收程序的公开透明外，还包括国家征收集体土地的正当性和补偿标准的公平性。

四、集体土地征收程序立法的基本原则

在公正这一价值理念的指引之下,重构集体土地征收程序时,应当遵循以下原则:

(一)公开原则

公正有实体公正与程序公正之分。实体公正固然重要,但实体公正"公开地、在毫无疑问地被人们能够看见的情况下实现"至关重要。① 毕竟,公开原则"是制止自由裁量权专横行使最有效的武器",②而现代行政权的核心是自由裁量权。

同时,就社会主义国家而言,"深入发展社会主义一个重要内容就是发展社会主义民主,而发展社会主义民主就必须坚持行政公开原则",③"让广大人民群众了解国家行政机关的讨论、决策、执行的过程,知悉由其选举代表组成的人民代表大会所产生的行政机关及其工作人员执行国家法律、法规的情况,同时激发人民群众的参政、议政热情,充分体现出人民是国家主人翁的政权性质"。④ 毫不夸张地说,"公开自己的活动,对为人民服务的政府来说有百利而无一害。只有那些在政府窃取权力而又奉行'民可使由之不可使知之',以权谋私的人才不敢公开自己的行为。对于他们来说,不公开可以玩弄权术,不公开可以徇私舞弊,不公开可以把权力演化成资本,进行权钱交易,是通向腐败的黑通道"。⑤

基于此,集体土地征收程序应当遵循公开原则,即行政机关在行使与集体土地征收相关的职权时,"除涉及国家机密、个人隐私和商业秘密外,必须向行政相对人及其社会公开与行政职权有关的事项"。⑥ 而且,在贯彻公开原则时,尤其应当关注以下问题:

---

① [英]彼得·斯坦、约翰·香德著:《西方社会的法律价值》,王献平译,中国人民大学出版社1990年版,第97页。

② 王名扬著:《美国行政法》,中国法制出版社1995年版,第975页。

③ 韩士彦:《行政公开论》,载《社会科学研究》1997年第4期。

④ 吴建依:《论行政公开原则》,载《中国法学》2000年第3期,第91页。

⑤ 韩士彦:《行政公开论》,载《社会科学研究》1997年第4期。

⑥ 章剑生:《论行政程序法上的行政公开原则》,载《浙江大学学报》(人文社会科学版)2000年第6期。

第一,公开的过程性。集体土地征收程序由若干环节构成,具有过程性。相应地,公开也就具有了过程性,应当伴随集体土地征收程序始终。强调公开的过程性,旨在突出公开的实时性,避免、直至杜绝“木已成舟”之后的象征性告知。

第二,公开的事项。学理上,“只要行政权的行使影响了行政相对人的合法权益,就必须向行政相对人公开相关事项和资讯,除非法律作出了相反的规定”。[①] 就集体土地征收而言,除公开与集体土地征收的事实要件:“公共利益的需要”、相关的事项和资讯外,还要进行换位思考,公开集体土地所有权人和使用权人普遍关心的事项——集体土地征收补偿安置标准及具体的补偿安置方案、补偿安置协议。此外,集体土地征收程序不仅涉及多个环节,而且涉及多个行政机关。当集体土地所有权人和使用权人在某个环节的意思表示构成下一环节的关键性因素时,为防止行政机关伪造所有权人和使用权人的意思表示,所有权人和使用权人在该环节的意思表示也应当予以公开。

第三,公开的地点与方式的选择。公开的目的是使利害关系人知情,进而使监督行政机关依法行使职权和维护自身合法权益成为可能。因此,在选择公开的地点和方式时,应充分考虑利害关系人的客观情况。就集体土地征收而言,集体土地的所有权人和使用权人的权益都受到该行为的影响,并且所有权人和使用权人是明确具体的,他们的活动区域也是相对稳定的。因此,在选择公开地点时,拟征收土地的所在地及其所有权人和使用权人的住所地,是首先应予考虑的因素;在选择公开方式时,通知优于公告,直接送达优于公告送达。

(二)参与原则

公开原则的遵从,将行政权的行使依据、过程和结果置于利害关系人和社会公众可以知悉的情境之下。但是,若就此止步,那么公开原则就无法助推公正的实现。或者说,当公开演变为单向告知,当告知事项不允许质疑时,对于利害关系人而言,这样的公开不仅仅是作秀,更是对

---

① 章剑生:《论行政程序法上的行政公开原则》,载《浙江大学学报》(人文社会科学版)2000年第6期。

利害关系人的嘲笑和公开挑战。

但是,“程序的本质特点既不应该是形式性也不应该是实质性,而应该是过程性和交涉性”。[①] 或者说,“程序没有预设的真理(truth)标准,程序通过促进意见疏通、加强理性思考、扩大选择范围、排除外部干扰来保证决定的成立和正确性。”[②]也正是在这一意义上,N. 卢曼指出,“所谓程序,就是为了法律性决定的选择而预备的相互行为系统”。[③] 进一步说,作为一种“相互行为系统”,作为“交涉过程的制度化”,程序必然呼唤与行政机关相对应的行政相对人的出场,而行政相对人的出场和参与恰恰为对话机制的建立和共识的达成提供了契机,相关行政行为才可能迈向公正。

因此,如果说公开原则具有一定的宣示意义的话,那么参与原则对行政相对人来说则是实实在在的“福利”。无疑,重构集体土地征收程序时,怎样强调参与原则都不过分。

在将参与原则融入集体土地征收程序时,以下事项尤为值得关注:

第一,谁是参与者?一方面,集体土地征收起因于“公共利益”的需要,因此,旨在维护公共利益的社会组织或者对公共利益的实现感兴趣的社会公众,都应当有机会参与集体土地征收程序。另一方面,“根据当前的规定,只有所有权人能够成为补偿权的主体,其他权利人都不能成为补偿权的主体,这就意味着地役权人、家庭承包经营权的土地使用权人、转包经营的土地使用权人、租赁经营的土地使用权人、入股经营的土地使用权人、宅基地的使用权人、宅基地上房屋的承租人、其他方式承包经营的土地使用权的抵押权人和乡(镇)、村企业的土地使用权的抵押权人不能成为补偿权的主体”。[④] 但是,理论上凡是合法权益受到集体土地

① 季卫东:《法律程序的意义——对中国法制建设的另一种思考》,载《中国社会科学》1993年第1期。

② 季卫东:《法律程序的意义——对中国法制建设的另一种思考》,载《中国社会科学》1993年第1期,第85页。

③ N. 卢曼语,转引自季卫东:《法律程序的意义——对中国法制建设的另一种思考》,载《中国社会科学》1993年第1期,第88页。

④ 邹爱华著:《土地征收中的被征收人权利保护研究》,中国政法大学出版社2011年版,第128页。

征收行为影响的主体，包括集体土地的所有权人和使用权人，都应当有机会参与集体土地征收程序。而且，对集体土地的"使用权人"应当做扩大解释，即不仅包括拥有土地承包经营权的集体经济组织的成员，还包括通过转包、出让、出租、转让、入股、合营等土地流转方式获得土地使用权的法律主体。因为后者的合法权益也受到集体土地征收行为的影响，只是这种影响具有间接性和传递性。[①] 而且，排斥其参与，非常不利于解决其与集体土地所有权人和承包经营权人之间的合同争议。

第二，谁来启动参与程序？参与程序的启动方式，无非是依职权启动与依申请启动。两种启动方式各有利弊，因此，两种启动方式并用，相得益彰，更为妥当。特别是集体土地所有权人和使用权人的现状：前者虚化，后者的法律意识参差不齐，法律应当根据参与事项对集体土地所有权人和使用权人的重要性差异，确定不同的启动方式。具体来说，对于征收集体土地是否符合"公共利益的需要"以及征收补偿安置方案的制定等事项，应当依职权启动参与程序，并且明确规定参与标准，如参与人数低于一定比例，则应当重新启动参与程序；对于其他事项，可以依申请启动参与程序。

第三，如何确定参与方式？参与方式的确定，需要考虑成本，也需要考虑参与人员的参与能力。因此，在书面参与与言词参与之间，首选言词参与，作为集体经济组织成员的农民的"讲"的能力或许高于"写"的能力；在本人参与与委托参与之间，应当允许委托参与，以克服参与人员

---

① 2014 年 12 月 2 日，中央全面深化改革领导小组第七次会议审议了《关于农村土地征收、集体经营性建设用地入市、宅基地制度改革试点工作的意见》。2016 年 10 月底，中共中央办公厅、国务院办公厅印发《关于完善农村土地所有权承包权经营权分置办法的意见》。后者规定："承包土地被征收的，承包农户有权依法获得相应补偿，符合条件的有权获得社会保障费用等"；"流转土地被征收的，地上附着物及青苗补偿费应按照流转合同约定确定其归属"。由此观之，土地经营权人作为土地使用权人之一，其合法权益也应受到保护，只是保护方式有别于对土地承包权人的保护。笔者主张，集体土地的所有权人和承包权人都有权参与土地征收程序，集体土地经营权人的参与资格应区别对待：当土地流转合同约定流转土地被征收后，地上附着物及青苗补偿费归属土地经营权人的，土地经营权人有权参与土地征收程序；当土地流转合同约定流转土地被征收后，地上附着物及青苗补偿费归属土地承包权人的，土地经营权人无权参与土地征收程序；当土地流转合同对该事项未作出约定时，土地经营权人有权参与土地征收程序。这一参与主体模式的确定，能够实现公平与效率的兼顾，并优先保障公平的实现。

的专业知识的欠缺;在单一参与与群体参与之间,优选群体参与,以发挥群策群力的智力优势。

(三)程序性权利救济原则

诚如孟德斯鸠所言,“一切有权力的人都容易滥用权力,这是万古不易的一条经验,……要防止滥用权力,就必须以权力制约权力”。[①] “以权力制约权力”的优势自不待言,但也显示诸多不足,如立法机关无法精准预测行政事务的发展趋势,进而无法详细规定行政职权的内容,司法权的滞后性注定其无法彻底消弭行政违法的法律后果和社会影响。在这种情况下,立法机关的选择方案之一便是在授予行政机关行政权的同时,引入行政相对人的监督,即赋予行政相对人一系列程序性权利,并通过程序性权利的行使,防止行政权溢出预设的法治轨道。这种选择是明智的,因为行政相对人与行政行为具有密切的利益相关性,而这就决定了行政相对人具有行使程序性权利、监督行政机关依法行使行政权的积极性。

同时,有权利必有救济,这是法治的应有之义。因此,程序性权利作为权利的类型之一,其受到侵害时,也应当获得法律救济。这就是程序性权利救济原则的法理基础。

集体土地征收程序对行政机关行使行政职权的制约,同样是通过赋予集体土地所有权人和使用权人以知情权、参与权等一系列程序性权利,并在程序性权利受到侵害时予以法律救济来实现的。相比较而言,聚焦集体土地征收程序的程序性权利救济原则时,应当关注以下事项:

第一,行政救济方式的非终局性。程序性权利受到侵害时,集体土地所有权人和使用权人可以获得行政救济,也可以获得司法救济。考虑到行政救济与行政机关的关联性以及集体土地征收对集体土地所有权人和使用权人的重要性,行政救济不应当具有终局性。也就是说,集体土地所有权人和使用权人对行政救济不服时,有权启动司法程序,通过正义的最后一道防线——司法程序来谋求法律保护。

第二,过程性行为的可救济性。集体土地所有权人和使用权人的程

---

① [法]孟德斯鸠著:《论法的精神》(上册),张雁深译,商务印书馆1995年版,第154页。

序性权利最终都转化为行政机关的程序性义务。行政机关是否履行程序性义务的行为都发生于集体土地征收程序过程中，属于过程性行为。传统观点认为，过程性行为不符合启动救济程序的成熟性原则。笔者主张对集体土地征收程序中行政机关的过程性行为区别对待，特定情形下，允许集体土地所有权人和使用权人启动救济程序。

第三，特定情形下，救济程序的启动应具有中止集体土地征收程序的法律效果。侵害程序性权利的行为发生于集体土地征收程序进行中，集体土地所有权人和使用权人启动救济程序，应否中止集体土地征收程序的推进？基于行政效率的考虑，一般不中止集体土地征收程序的推进。但是，特定情形下可以借鉴《行政复议法》与《行政诉讼法》确立的复议停止执行和诉讼停止执行的相关规定，暂停推进集体土地征收程序。

第四，程序违法的判断应当具有独立意义。相比较而言，判断集体土地征收行为是否构成程序违法并不困难，困难的是如何对待这一判断结果。实践中，基于行政效率的考虑，行政机关和人民法院对集体土地征收程序违法大多持宽容态度，并且多根据集体土地征收行为实体违法的程度来决定程序违法的命运：实体合法的，就对程序违法予以指正；实体违法的，就轻描淡写地说一下程序违法的事实。简言之，程序违法的裁判结果依附于行政机关和人民法院对集体土地征收行为实体合法情况的判断。这一裁判模式，一是忽视了程序的独立价值；二是在程序违法的情况下，根本无法证成集体土地征收实体行为的合法性；三是可能放纵程序违法。因此，应当赋予程序违法的判断以独立意义。

五、集体土地征收审批前程序的重构：以协议取得土地程序为核心

我国集体土地征收程序立法虽陷入多重困境，但其基本步骤是合理的，即包括审批前程序、审批程序和审批后实施程序。以实现公正为目标，在遵循公开原则、参与原则和程序性权利救济原则的基础上，下文详细阐述重构集体土地征收程序的基本思路。本部分首先阐述重构审批前程序的基本思路。

(一)将协议取得土地程序作为审批前程序的核心

将协议取得土地程序作为审批程序前程序的核心,实质上是将协议取得土地程序作为土地征收的前置程序。之所以如此,是因为:

1. 协议取得土地程序作为土地征收的前置程序,是尊重和保障土地所有权人和使用权人合法权益的体现。

集体土地征收是国家强制取得集体经济组织的土地所有权和集体经济组织成员的土地使用权的一种方式。土地是重要的生产资料,土地所有权和使用权是重要的财产权形式。虽然人权的外延随着社会经济的发展而不断拓展,但财产权作为人权的重要组成部分,历来没有受到质疑。如今,一方面,"国家尊重和保障人权"已经入宪十余年;另一方面,《宪法》第13条第3款虽然允许征收集体土地,但从该条的结构上看,第1款"公民的合法的私有财产不受侵犯"更具有基础性意义。在这种情况下,国家动辄启动土地征收程序,则背离了宪法承诺。因此,立足于尊重和保障集体土地所有权人和使用权人的合法权益,在需要取得集体土地所有权时,国家应当首先与集体土地所有权人和使用权人协商。

2. 协议取得土地程序作为土地征收的前置程序是社会主义市场经济体制的客观需要。

通俗地讲,市场经济本质上是一种利益经济,市场主体将义无反顾地投入到"让卖者得到别人愿意支付的最高价格,让买者支付别人愿意接受的最低价格"的利益角逐之中。[①] 而作为市场经济体制,就是要为这种利益角逐提供交易平台和制度保障。

综观实行市场经济体制的国家,国家取得他人土地的方式不外乎三种:一是土地所有权人自愿捐赠给国家;二是国家直接向土地所有权人购买土地;三是"当通过自愿的方式不能以合理的价格获得土地,或者根本就不能获得土地时,国家才会动用征收权来强制性地获得土地。"[②]进一步观察发现,土地征收制度的存在,是因为市场配置土地资源的功能

---

① 姜明安:《健全行政程序立法是完善民主政治和建立市场经济体制的需要》,载《中国法学》1995年第6期。

② 邹爱华著:《土地征收中的被征收人权利保护研究》,中国政法大学出版社2011年版,第208页。

受到了限制,出现了市场失灵的现象。这种现象的出现,“根源在于土地的不可移动性和不可替代性。……土地的这两个特性决定了原土地所有者在面对需用土地人时,处于垄断地位,就为其索要垄断高价奠定了坚实基础,也导致其拒绝交易时,需要土地人将不能实现建设任务或者要遭受重大损失的后果”。[①] 或者说,政府之所以介入土地资源的配置,是因为土地资源的特殊属性使之可能导致市场失灵。但是,在市场失灵之前,政府必须管住自己那只“看得见的手”,不能启动土地征收程序。

就中国而言,早在 1992 年,党的十四大就正式宣布,“我国经济体制改革的目标是建立社会主义市场经济体制”,“要使市场在社会主义国家宏观调控下对资源配置起基础性作用”。不久,“国家实行社会主义市场经济”被写入《宪法》。至党的十八届三中全会,“使市场在资源配置中起决定性作用和更好发挥政府作用”成为中国经济体制改革的目标。这意味着,我们“要按照要最大限度地避免用行政手段配置各类资源,用政府权力的减法换取市场和社会活力的加法”。[②] 具体到土地资源的配置来说,国家应当首先与土地所有权人进行协商,力争通过协议取得程序来获取土地;只有在无法达成协议时,才可以启动土地征收程序。

一言以蔽之,将协议取得土地程序作为土地征收的前置程序是社会主义市场经济体制的客观需要。如果不设置协议取得土地程序,那么“使市场在资源配置中起决定性作用”就具有了欺骗性色彩。

3. 协议取得土地程序是大多数国家和地区土地征收的前置程序。

如前文所述,德国、日本、美国的亚拉巴马州以及我国的台湾地区,都将协议取得土地程序作为土地征收的前置程序。这一共同的制度选择有其偶然性,也有其必然性,因为这不仅充分发挥了市场在土地资源配置中的决定性作用,提高了政府取得土地的效率,而且蕴藏着国家对土地所有权人和使用权人的尊重,进而增强了国家的权威性和正当性。

---

① 邹爱华著:《土地征收中的被征收人权利保护研究》,中国政法大学出版社 2011 年版,第 211 页。

② 魏礼群:《正确认识与处理政府和市场关系》,载《全球化》2014 年第 4 期。

(二)协议取得土地程序的构建

1. 协议人的确定

理论上,集体土地征收是国家取得集体土地所有权的方式,因此协议人应当是国家和集体土地所有权人与使用权人。

那么,谁可以代表国家成为土地取得协议一方当事人?逻辑上,集体土地征收的目的是满足公共利益的需要,协议取得土地的目的也是满足公共利益的需要。因此,能够代表国家与集体土地所有权人签订协议的应当是享有土地征收审批权的国务院和省级人民政府。不过,笔者认为,集体土地所在地的县(市)人民政府作为协议的一方当事人更为妥切。这是因为:从域外国家和地区的土地征收经验来看,在协议取得土地时,协议人一般是用地人与土地权利人,并且用地人与土地征收的批准机关相分离。

就中国来看,根据《土地管理法实施条例》(2011年)第20条和第23条的规定,在批次征地程序中,土地的直接使用者建设单位尚未确定,此时客观存在的只有间接用地人——县(市)人民政府;在建设项目单独选址征地程序中,作为用地人的建设单位是明确具体的。目前,无论是在批次征地程序中,还是在建设项目单独选址征地程序中,向国务院或省级人民政府提出征地申请的都是县(市)人民政府。这就形成了直接用地人的"隐形化"现象。这种现象有利有弊:所谓"利",是指它将集体土地征收程序与国家建设供地程序相分割,突出了集体土地征收程序的独立性;所谓"弊",是指它可能彻底"摧毁"政府在被征收人心目中的形象。当政府以A价格从集体土地所有人处取得土地,然后以B价格将该土地使用权转让给建设单位,并且A价格低于B价格时,就意味着国家截留了集体土地所有权人的应得收益。这是令被征收人难以接受的行为。

但是,值得注意的是,建设项目单独选址征地程序仅仅适用于能源、交通、水利、矿山、军事设施等建设项目。事实上,这些建设项目一旦确定,国家将通过土地划拨而非土地出让的方式提供土地。或者说,此时,被征收人的"被剥夺感"并不会太强烈。其实,真正让被征收人恼火的是以实施城市规划之名进行的批次征地,因为在批次征地之后,国家往往以高价出让的方式对土地进行商业性使用,从而给被征收人造成强烈的心理冲击。然而，在批次征地程序中，真正的用地人尚不确定，由用地人与被征收人进行协商是不可能的。

这样看来，降低被征收人的“被剥夺感”，主要有两种方法：一是允许集体土地进入土地一级市场进行交易；二是确立公平补偿原则，按照市场标准对被征收人予以补偿。相比较而言，第一种方法的风险较大，集体土地不同于私人所有的土地，集体土地属于社会主义公有制财产的组成部分。正如《宪法》第 12 条所言，社会主义的公共财产神圣不可侵犯，国家禁止任何组织或者个人用任何手段侵占或者破坏集体的财产。而且，集体土地，特别是其中的耕地，与国家的粮食产量、人民群众的温饱问题等休戚相关，而集体土地所有权人和使用权人可能仅仅关注自身能够获得多少补偿，直言之，若任由商业性的建设单位与集体土地所有权人和使用权人进行协商，可能导致集体土地数量锐减。因此，由国家来控制集体土地转为建设用地的规模更为可取。① 质言之，对于集体土地所有权人和使用权人来说，在国家确立公平补偿原则之后，他们的关注焦点应当前移至城市规划和土地利用总体规划的制定阶段。

基于如上分析，笔者主张由县（市）人民政府代表国家作为土地取得协议的一方当事人。不过，当直接用地人——建设单位已经确定时，建设单位可以作为第三人参加土地协议取得程序，对建设项目与所需土地之间的关联性、必要性进行解释和说明。

至于土地取得协议的另一方当事人，则是集体土地的所有权人和使用权人。集体土地的使用权人的加入，主要是因为征地补偿不仅包括对土地所有权的补偿，还包括对土地使用权和地上青苗、房屋等附着物的所有权的补偿，而后者的权利主体是集体土地使用权人。同时，集体土地所有权的丧失，对依赖集体土地生存的集体土地使用权人更有切肤之痛。因此，集体土地使用权人同样应当以协议当事人的身份参与到协议程序之中。

---

① 中共中央办公厅、国务院办公厅联合印发的《关于农村土地征收、集体经营性建设用地入市、宅基地制度改革试点工作的意见》虽然提及集体土地入市问题，但仅限于集体经营性建设用地。这从侧面说明国家对集体土地入市持谨慎态度。

2. 协议取得土地程序:预征土地公告及听取意见程序的改进

协议取得土地程序的启动,旨在使集体土地所有权人和使用权人知悉国家需要某块集体土地,并希望通过协商程序获得该土地。因此,公告与通知程序必不可少。

如前文所述,根据《国务院关于深化改革严格土地管理的决定》(国发〔2004〕28 号)和国土资源部发布《关于印发〈关于完善征地补偿安置制度的指导意见〉的通知》(国土资发〔2004〕238 号)的规定,在征地依法报批前,国土资源管理部门应当发布预征土地公告,并根据权利人的申请,对拟征土地的补偿标准、安置途径等事项召开听证会。预征土地公告程序对保障集体土地所有权人和使用权人的知情权和听证权发挥了重要作用。遗憾的是,部分地方性法规并没有吸纳预征公告程序,预征公告程序在实践中的遵循情况也有待加强。针对这一事实,同时考虑保持规则的连续性与稳定性需要,笔者主张对预征土地公告程序和听取意见程序进行适度改进,作为协议取得土地的程序。

具体改进方法如下:

第一,告知需用地情况。

在土地利用总体规划确定的城市建设用地范围内,为实施城市规划需要占用集体土地时,或者能源、交通、水利、矿山、军事设施等建设项目确需使用土地利用总体规划确定的城市建设用地范围外的集体土地时,县(市)人民政府或者建设单位应当将需要用地情况以书面形式告知集体土地所有权人和使用权人。具体告知事项包括拟占用的集体土地的用途与位置、确定补偿标准与安置途径的方式,以及集体土地所有权人和使用权人享有的权利;其中,对确定补偿标准与安置途径的方式,必须明确表示将采用协商方式。同时,告知方式方面,一是直接通知集体土地所有权人和使用权人;二是在集体土地所在地、集体经济组织所在地、相关村民委员会所在地以及集体土地使用权人经常聚集的场所,发布用地公告。而且通知方式与公告方式之间是并列关系,不能以一种方式取代另一种方式。公告方式的运用,主要是为了保护那些未通知到的集体土地所有权人和使用权人的合法权益——可能因各种原因,通知无法送达给他们;或者需用地人根本不晓得“他们”的存在。另外,作为需用地人的县(市)人民政府和建设单位,均可以委托本级国土资源管理部门实施告知行为。

第二,开展土地调查。

土地调查包括土地基本信息调查和土地相关权利人调查,前者包括所需要土地的种类、面积、位置以及地上附着物的种类、数量等现状,后者包括集体土地及地上附着物的所有权人与使用权人。同样,该项工作可以委托集体土地所在地的县级人民政府国土资源管理部门进行。调查结果应交由集体土地所有权人和使用权人进行签名确认。进行土地调查时,除查阅书面文书外,还应当开展实地调查。实地调查过程中,若遭到拒绝或抵抗,国土资源管理部门不能采取强制措施,只能如实记录相关情况,并告知拒不接受调查可能带来的不利后果。调查结束,国土资源管理部门应当制作调查报告,并连同调查中获取和形成的资料,一并提交给县(市)人民政府或建设单位。

第三,开展协商工作,签订土地取得协议。

如果说公告与通知以及土地调查等事务性工作可以委托集体土地所在地的县级国土资源管理部门进行的话,那么在协商阶段,作为土地取得协议当事人的县(市)人民政府则必须出场。同时,集体土地的使用权人较多时,可以引入代表人制度。代表人的人选可由村民会议讨论决定。而且,代表人可以委托律师出席协商会议。

县(市)人民政府与集体土地所有权人和使用权人主要针对三个问题展开协商:一是县(市)人民政府、建设单位取得集体土地的必要性,即是否还有其他的可达致目的的土地资源配置方案;二是补偿标准;三是安置方案。

协商方式由双方协商确定。最终,达成一致意见时,双方签订土地取得协议,并签字确认,然后根据取得的集体土地的数量和地类,报国务院或省级人民政府进行备案审查;其中,土地取得补偿方案和安置方案作为协议的附件,也要一并提交。若在规定期限内没有达成一致意见,县(市)人民政府、建设单位应当终止协商,依法启动集体土地征收程序。

3. 土地取得协议的备案审查

协议的本质特征是尊重双方当事人的意思表示,体现双方的合意。因此,一般来说,协议应当根据当事人的约定而生效,并不需要第三方进行审查。但是,土地取得协议不同于一般的行政协议,必须接受审查。这是因为:第一,集体土地(特别是耕地、农用地)的规模关乎国家与民族的生存与发展,对减损集体土地数量的任何行为,国家都必须慎之又慎。第二,土地取得协议的履行,特别是土地补偿方案与安置方案的实施,不仅关乎国家财政资金的使用效率,而且关乎集体土地所有权人和使用权人的基本生活保障。

土地取得协议的审查,可由享有土地征收审批权的国务院、省级人民政府审查主体承担。在审查过程中,应当注意两个问题:第一,应当进行全面审查,包括县(市)人民政府或建设单位等用地人是否有必要取得集体土地,事实上是审查是否符合公共利益的需要;协议双方是否具有相应的资格;协商过程是否公开透明,协商代表的选定是否合法;协议双方的意思表示是否真实;补偿方案与安置方案是否具有科学性和可行性。第二,审查方式上,实行书面审查,但应将县(市)人民政府提交的土地取得协议备案申请等全部材料进行公示,集体土地所有权人和使用权人有权在规定期限内提出质疑。集体土地所有权人或使用权人在规定期限内提出质疑时,国务院或省级人民政府可以根据情况,通过听证会等形式进行言词审查。最终,经审查后若发现土地取得协议存在严重违法情形,则宣布无效;若发现土地取得协议存在可以弥补的瑕疵,则应允许当事人采取补救措施;若没有任何问题,则发布土地取得协议通过审查的公告,该协议则进入执行程序。

总之,土地取得协议的备案审查是实质性审查,而不是告知性审查。

4. 土地取得协议的执行

土地取得协议的执行,主要关注三个问题:一是根据作为土地取得协议附件的土地取得补偿标准和安置方案,县(市)人民政府与集体土地所有权人、使用权人一一签订土地取得补偿安置协议,约定具体的补偿方式、补偿金额、安置方式以及补偿款项的支付方式和支付期限。二是县(市)人民政府在自身未履行土地取得补偿安置协议约定的义务时,不得强制被征收人交付土地和履行其他义务。三是土地取得协议和土地取得补偿安置协议都是行政协议,其履行过程中发生的纠纷,可以通过行政诉讼解决。

六、集体土地征收审批程序的重构:公开与参与贯穿始终

如前文所述,内部性与书面审查是当前集体土地征收审批程序的显著特征。这种情况之下,被征收人能够见到的只有集体土地征收批复或集体土地征收公告。对于被征收人来说,这一切不只是来得太突然,而且那种“已成定局”的高压态势令人窒息。作为土地所有权人和使用权人的尊严,作为国家的主人的尊严,此时都已成为笑柄。随之而来的看似过激的各种维权行为,其实是被征收人无助与无奈的真实写照。因此,重构集体土地征收的审批程序,关键是让阳光照进审批程序,让被征收人参与到审批程序之中。

结合前文对公开原则与参与原则的论述,笔者认为,集体土地征收审批程序的要点如下:

(一)集体土地征收申请的提出

县(市)人民政府在规定期限内未与集体土地所有权人和使用权人达成一致意见,并签订土地取得协议时,则应当终止协商,根据拟征收土地的数量和类型,直接向国务院或省级人民政府申请启动集体土地征收程序。此时,除递交集体土地征收申请书外,县(市)人民政府还应当递交土地调查资料、拟定的土地征收补偿安置方案以及双方的争议焦点。

(二)集体土地征收申请资料的公开和相关权利的告知

国务院或省级人民政府收到县(市)人民政府的集体土地征收申请后,应当将县(市)人民政府递交的集体土地征收申请书等全部材料进行公开。公开的方式多种多样,如报纸、电视、广播、官方网站等,尤其是必须在集体土地所在地和集体土地所有权人、使用权人的住所地以张贴方式进行公开。鉴于相关资料比较多,县(市)人民政府未必全文公开,可以只公开资料清单,并说明查阅资料全文的方式。同时,为了保证相当多的被征收人能够获得该信息,在特定时间段内,法律应要求相关媒体循环播放该信息达到一定次数。

在公开集体土地征收申请书等全部材料的同时,国务院或省级人民政府还应当告知被征收人依法享有的权利,如在一定期限内,有权对公开资料的真实性、准确性和全面性提出异议,对县(市)人民政府征收土

地的正当性和必要性提出质疑,对县(市)人民政府拟定的土地征收补偿安置方案的合法性、公平性提出意见和建议。而且,除了以公告方式告知被征收人依法享有的前述权利外,对有明确联系方式的被征收人,国务院或省级人民政府还应当通过通知的方式予以告知。

(三)听取异议、意见和建议

在规定期限内,国务院或省级人民政府应当以适当的方式听取被征收人的异议、意见和建议。所谓"适当的方式",一是要以成本为导向,即不要过度增加被征收人和国家的成本;二是要以效果为导向,即能够全面、客观地收集到被征收人的异议、意见和建议。为此,可以将听取异议、意见和建议的程序分为两个环节:

第一,书面听取异议、意见和建议。在规定期限内,被征收人以书面形式向国务院或省级人民政府提出异议、意见和建议。国务院或省级人民政府对这些书面异议、意见和建议进行梳理,并分别处理:对于异议,转交县(市)人民政府进行核对,并要求在规定期限内做出解释和说明;对于意见和建议,交由工作人员归纳出被征收人的共识和争议焦点。

第二,召开听证会,公开听取被征收人及其他有关人员的意见和建议。国务院或省级人民政府以与公开集体土地征收申请书等材料相同的方式发布听证会公告,公开争议焦点,并说明召开听证会的时间、地点和听证会代表的产生方式。当然,前述事项,同时应当以通知方式告知有确定联系方式的被征收人。听证会的召开时间应当与听证会公告的发布时间具有合理间隔,以便于被征收人进行必要的准备。听证会地点的选择,应当以方便被征收人参加为原则。听证会代表的产生方式略为复杂:被征收人代表,可由被征收人协商确定,并且其数量应占听证会代表总数的2/3以上;其他人员,如人大代表、政协委员、特定公益组织的代表等,可定向邀请,也可自愿报名。无论通过何种方式产生的听证会代表,国务院或省级人民政府都应当将听证会代表名单向社会公开,以方便被征收人和社会公众进行监督。就听证事项来说,因争议焦点而异,但一般不外乎以下问题:征收集体土地的目的是什么?是否为了满足公共利益的需要?除了征收集体土地外,是否还有其他更好的土地资源配置方案?将如何补偿安置被征收人?补偿标准和补偿安置方案是如何确定的？这样的补偿标准和补偿安置方案是否会降低被征收人的生活水平？就听证会的具体规则而言，并无特殊之处，本书不予赘述，但有必要申明的是，这应当是一场审判型听证，因此，应允许听证会代表与提出集体土地征收申请的县（市）人民政府进行充分地沟通和辩论。

需要说明的是，负责集体土地征收审批的国务院和省级人民政府若工作繁忙，可以委托其下级人民政府召开听证会；只是，接受委托的人民政府不能是提出集体土地征收申请的县（市）人民政府及其下一级人民政府。否则，听证会就会丧失权威性，甚至有作秀的嫌疑。

（四）对集体土地征收申请做出决定

听证会结束后，国务院或省级人民政府应当在规定期限内做出是否准予征收的决定。考虑到集体土地征收事关重大，国务院或省级人民政府在对申请做出决定时，集体讨论应当成为必经程序。同时，无论是否准予征收，国务院或省级人民政府都应当说明事由，只是侧重点有所不同。说明理由的过程，从另一个角度看，也是反馈意见和建议的听取情况的过程。如果准予征收，国务院或省级人民政府还要对集体土地征收补偿标准和补偿安置方案一并做出批准。

七、集体土地征收批准后实施程序的重构：补偿在先是底线

（一）发布集体土地征收公告

申请征收集体土地的县（市）人民政府收到国务院或省级人民政府的准予征收决定后，应当在规定期限内发布集体土地征收公告，向被征收人告知其申请已经获得批准的事实。县（市）人民政府可以通过官网、报纸等多种方式发布集体土地征收公告，以便于被征收人及时获悉该信息。其中，考虑到被征收人的实际情况，在被征收集体土地所在地及被征收人居住地进行张贴是不可缺少的发布方式。

就内容而言，该公告主要是对准予征收集体土地决定的内容的复述，特别是要说明被征收集体土地的用途、征收补偿标准与征收补偿安置方案以及被征收人对准予征收决定不服时的法律救济途径。除复述准予征收集体土地决定的内容外，该公告还应当说明征收补偿安置方案的实施计划，如何时签订征收补偿安置协议，何时交付集体土地；等等。

在发布集体土地征收公告的同时,县(市)人民政府应当将准予征收集体土地决定一并公开,或者向被征收人提供查阅和复制准予征收决定的便利条件。这主要是基于如下考虑:第一,准予征收集体土地决定直接影响被征收人的合法权益,本应向被征收人逐一送达。即便基于效率的考虑,也不能剥夺被征收人获知准予征收集体土地决定的权利。第二,目前,在集体土地征收争议案件中,被征收人大多需要借助政府信息公开程序来获得准予征收集体土地决定,甚至因申请公开准予征收集体土地决定引发政府信息公开争议。这些争议的发生和解决,不仅延宕了集体土地征收的进程,而且耗费了大量的行政成本。县(市)人民政府若能在发布集体土地征收公告的同时,一并公开准予征收集体土地征收决定或提供查阅和复制准予征收集体土地决定的便利条件,就可以避免相关的政府信息公开争议,并加速集体土地征收争议的处理。第三,集体土地征收公告的核心内容是复述准予征收集体土地决定,而被征收人对"复述"的准确性往往存有疑虑。无疑,将准予征收集体土地决定与集体土地征收公告一并公开,或者提供查阅和复制准予征收集体土地决定的便利条件,有助于监督县(市)人民政府"复述"行为的准确性,增加县(市)人民政府与被征收人之间的互信程度,进而有助于集体土地征收补偿安置方案实施计划的顺利推进。

需要说明的是,集体土地征收公告是否是准予征收集体土地决定的公告送达?在法学理论上,公告送达作为法律文书的一种送达方式,其适用条件受到严格限制。如《中华人民共和国民事诉讼法》第 92 条第 1 款规定:"受送达人下落不明,或者用本节规定的其他方式无法送达的,公告送达。自发出公告之日起,经过六十日,即视为送达。"由此可见,若依据前述规定,准予征收集体土地决定并不符合公告送达的适用条件。或许有人认为,申请征收集体土地的是县(市)人民政府,而国务院或省级人民政府是将准予征收集体土地决定以直接送达的方式送达给了县(市)人民政府;县(市)人民政府发布集体土地征收公告,并不是在向被征收人送达准予征收集体土地决定,而是基于实施准予征收集体土地的决定所采取的必要措施。但是,值得关注的是,被征收人在集体土地征收批准程序中究竟处于何种地位?形式上,集体土地征收批准程序是内部程序;实质上,这种内部程序的法律效果将完全由被征收人来承担。也就是说,准予征收集体土地决定的真正的利害关系人是被征收人。而且,在前述征求意见程序中,国务院或省级人民政府曾将相关权利通知或公告告知被征收人。因此,客观地说,准予征收集体土地决定也应当通过通知和公告的方式予以送达。如果拟将集体土地征收公告视作准予征收集体土地决定的公告送达,那么,一方面,该公告不能代替其他送达方式,如果其他送达方式是可行的;另一方面,必须以准予征收集体土地决定作为该公告的附件,即准予征收集体土地决定必须与该公告同时发布。

(二)集体土地征收补偿安置协议的签订与履行

准予征收集体土地决定送达生效后,作为土地征收申请人的市(县)人民政府应当根据经批准的集体土地征收补偿标准和补偿安置方案,逐一与被征收人签订集体土地征收补偿安置协议。

集体土地征收补偿安置协议的签订,应注意以下问题:

第一,集体土地征收补偿安置协议的当事人。

准予征收集体土地决定是基于市(县)人民政府的申请而作出的,签订和履行集体土地征收补偿安置协议是实现准予征收集体土地决定的内容的方式。因此,市(县)人民政府应当是集体土地征收补偿安置协议的一方当事人。当然,市(县)人民政府的国土资源管理部门可以接受市(县)人民政府的委托,以市(县)人民政府的名义来签订集体土地征收补偿安置协议。

同时,集体土地征收补偿安置协议的另一方当事人应当区别对待,即分别是集体土地的所有权人和集体土地的使用权人。其中,村民委员会可以作为集体土地所有权人的代表,与市(县)人民政府就集体土地的所有权补偿事宜签订协议。这是因为,根据《中华人民共和国村民委员会组织法》(以下简称《村民委员会组织法》)的规定,村民委员会是村民进行自我管理、自我教育、自我服务的基层群众性自治组织,其职责之一是依照法律规定,管理本村属于村农民集体所有的土地和其他财产,并且征地补偿费的使用、分配方案必须经村民会议或其授权的村民代表会议讨论决定。[①] 同时,根据《民法总则》的规定,村民委员会具有基层群众性自治组织法人资格,可以从事为履行职能所需要的民事活动;未设立村集体经济组织的,村民委员会可以依法代行村集体经济组织的职能。[②]

第二,补偿范围的确定。在土地协议取得程序中,集体土地所在地的县级人民政府国土资源管理部门曾根据市(县)人民政府的委托开展过土地调查,初步确定了补偿范围。因此,在这一阶段,市(县)人民政府应当公布土地调查报告,并告知集体土地所有权人和使用权人在规定期限内有权提出异议,并对异议进行处理。

第三,对被征收土地及地上附着财产的价值的评估。一方面应当以准予征收集体土地决定的公告之日作为评估被征收的集体土地及地上附着财产的价值的时间点。另一方面必须委托具有相应资质的评估机构来开展评估工作。原则上,评估机构由被征收人协商确定;协商不成时,市(县)人民政府可以在符合条件的评估机构中随机指定评估机构。为增强被征收人对评估机构的信任,在协商确定阶段,市(县)人民政府可以提供推荐名单,但被征收人有权在推荐名单之外另行选定评估机构;在指定阶段,市(县)人民政府首先应当提供3个以上的评估机构名单,并征求被征收人的意见,然后在被征收人没有异议的情况下,通过摇号或抓阄等方式随机确定具体的评估机构。特别说明的是,被征收人对评估机构的评估结果不满意时,可以申请复核;对复核结果不满意时,可以按前述程序,再行委托另一家评估机构进行评估。当然,为提高效率,被征收人如果对第二家评估机构的评估结果也不满意,则不能再次申请复核。最终,市(县)人民政府应当选择对被征收人最有利的评估结果,作为确定补偿数额的依据。

集体土地征收补偿安置协议生效后,即进入履行程序。在履行程序中,一方面,作为双务协议,市(县)人民政府应当先履行补偿安置义务,然后才有权要求被征收人履行交付土地等义务。换句话说,市(县)人民政府的补偿安置义务未履行到位时,被征收人有权拒绝履行交付土地等

① 参见《村民委员会组织法》第2条、第8条、第24条。

② 参见《民法总则》第101条。

义务。另一方面,作为行政协议,双方就集体土地征收补偿安置协议发生争议时,被征收人有权提起行政诉讼。

(三)集体土地征收补偿安置决定的作出与履行

在法定期限内,市(县)人民政府与被征收人之间如果未能就补偿安置问题达成协议,则基于推进征收进程的需要,市(县)人民政府可以直接作出集体土地征收补偿安置决定。集体土地征收补偿安置决定涉及的事项与集体土地征收补偿安置协议的内容基本相同,只是前者具有单方性,后者具有双方性。不过,在确定对住宅的补偿方式时,市(县)人民政府的裁量权应当受到一定限制。具体来说,市(县)人民政府应当给予被征收人对补偿方式的选择权,由被征收人自主决定是选择货币补偿,还是选择房屋产权调换。如果被征收人在规定期限内没有作出意思表示,市(县)人民政府应当在综合考虑如下因素的基础上作出决定:一是在协商过程中,被征收人是否曾经表示选择货币补偿方式或产权调换方式。如果答案是肯定的,那么市(县)人民政府应当尊重被征收人的意思表示。二是被征收人是否有其他房屋可供居住。经核查,如果被征收人没有其他房屋,那么市(县)人民政府应当优先保障被征收人的居住权,即决定选择产权调换这一补偿方式。三是被征收人获得的货币补偿金额的购买力。相比较而言,货币补偿方式易于操作。如果在货币补偿方式之下,被征收人获得的货币补偿金额能够在相类似地段购买到合适面积的房屋,那么市(县)人民政府可以决定选择货币补偿方式。四是其他被征收人的选择。一般来说,同一集体土地征收项目中的被征收人在选择补偿方式时,相互之间会进行商量,以确定最有利的选择方案。这样,大多数人的选择往往就是最佳选择。因此,市(县)人民政府在决定补偿方式时,可以参照大多数人的选择方案,力争实现被征收人利益的最大化。

集体土地征收补偿安置决定作出后,市(县)人民政府应当依法向被征收人进行送达。被征收人对集体土地征收补偿安置决定不服的,可以依法申请行政复议或者提起行政诉讼。在法定期限内,被征收人既未履行集体土地征收补偿安置决定确定的义务,也没有申请行政复议和提起行政诉讼时,作出的集体土地征收补偿安置决定的市(县)人民政府可以依据《行政强制法》,申请人民政府强制执行。当然,市(县)人民政府在申请人民法院强制执行之前,必须自身已经全面履行了集体土地征收补偿安置决定确定的义务,即补偿已经到位。

八、结语:公众参与型集体土地征收程序的期待

逻辑上,公共利益具有共享性,基于公共利益的需要而实施的集体土地征收行为应该能够得到包括被征收人在内的社会公众的广泛认同和支持;况且,根据《宪法》、《物权法》和《土地管理法》的规定,被征收人已经获得了一定的补偿。这样,面对频频见诸媒体的暴力征地拆迁行为和集体土地征收纠纷时,下面的这个问题无法回避:我们是否已经构建起有效达成共识的程序机制?

对中国集体土地征收程序立法的梳理显示,中国已经建立起一套集体土地征收程序规则,并且这套程序规则具有强烈的行政主导性,即行政主导型土地征收程序。但是,当中国的社会问题更多地聚焦于公平与正义时,集体土地征收程序需要实现从行政主导向公众参与的转变,即建立公众参与型土地征收程序。

相较于行政主导型土地征收程序,公众参与型土地征收程序充分体现了对被征收人的尊重,从将协议取得土地程序作为土地征收程序的前置程序,到土地征收审批程序中相关信息的详尽公开以及为被征收人提供多种参与机会,直至土地征收实施程序中征收补偿安置协议与征收补偿安置决定的作出,无时无处不闪动着被征收人的身影。而且,在这一过程中,代表国家作出准予征收集体土地决定的国务院、省级人民政府,为了实施准予征收实施集体土地决定而与被征收人签订集体土地征收补偿安置协议或作出集体土地征收补偿安置决定的市(县)人民政府,以及接受国务院、省级人民政府或市(县)级人民政府委托实施某些集体土地征收辅助行为的国土资源管理部门,他们都必须认真倾听被征收人的意见和建议,并且根据被征收人的意见和建议来调整集体土地征收进程。换言之,被征收人具有了调整乃至阻却集体土地征收进程的可能性。这种可能性,是对“国家尊重和保障人权”的宪法承诺的最佳诠释。当然,这一过程或许会有些漫长,但在充分协商基础上达成的共识,必将

大大化解后续的社会稳定风险,提高国家和政府的正当性指数。

因此,对于公众参与型集体土地征收程序,笔者充满期待。

令笔者欣慰的是,2017 年 5 月 23 日,国土资源部发布《关于〈中华人民共和国土地管理法(修正案)征求意见稿〉公开征求意见的公告》,就《土地管理法》的修改公开征求意见。在征求意见稿中,有多处涉及集体土地征收事宜——从对"公共利益的需要"的列举,到"公平合理补偿"标准的确立,再到征收程序的细化,都体现了对《宪法》第 10 条第 3 款的遵从。而且,在征收程序方面,以下规定尤为"抢眼":一是在开展拟征收土地现状调查阶段,就要"听取被征地的农村集体经济组织和农民意见";二是将"社会稳定风险评估"引入土地征收程序;三是在相关前期工作完成后,市、县人民政府应当组织有关部门与被征地农民、农村集体经济组织"就补偿安置等签订协议,测算征地补偿安置费用并保证足额到位";四是征收宅基地和地上房屋的,"应当按照先补偿后搬迁、居住条件有改善的原则……给予公平合理补偿,保障被征地农民的居住权"。诚然,前述内容与笔者期待的公众参与型集体土地征收程序立法仍有差距,但至少,我们已经在向着这一目标迈进。相信,伴随着集体土地程序立法的完善,集体土地征收争议的数量将有所降低,被征收人的合法权益与公共利益将得到较好的平衡。

致　谢

本书面世之际，心中是满满的感激——

感谢王坤研究员、肖顺武教授、叶芳律师和陈无风副教授！正是你们的加盟，让我拥有了一个欣喜若狂的午后。

感谢浙江财经大学法学院2012级三班的同学们！你们帮我发放和回收的那些问卷，时不时提醒我去关注“生活中的法”。

感谢中国法学会行政法学研究会的年会议程安排、杨临宏教授的点评和刘莘老师的约稿！正是那些瞬间，让我坚信，研究本课题是一件有意义的事情。

感谢陈无风副教授！正是您的引荐，让我有机会看到了外面的世界，并且获得了可以安静思考的一段时间，进而完成本书的主体部分。

感谢郑艳副教授！正是您的热心肠，让我有幸结识了法律出版社的编辑郑导先生。

感谢张旭勇教授！如果没有您的鼎力相助，我的焦虑不知将延长多少天。

感谢爸爸和妈妈！正是您二老的千叮咛万嘱咐，让我重新认识自我，以感恩之心面对工作和生活。

感谢恩师江必新教授和朱新力教授！您二位的谆谆教诲，鞭挞我勤勉工作，宽厚待人。如今，在我陷入困境时，我的学生经常会给我带来各种惊喜。无疑，这完全得益于两位恩师的教诲。

……

此外，借此宝地，还想啰嗦一句，与偶然翻阅本书的有缘人共勉：一切都是正好。珍惜当下，拥抱未来。

2017年9月20日于杭州贡院

图书在版编目(CIP)数据

变革与重构：集体土地征收程序研究 / 李春燕著
. -- 北京：法律出版社，2017
ISBN 978 - 7 - 5197 - 1446 - 8

Ⅰ. ①变… Ⅱ. ①李… Ⅲ. ①农村 - 集体所有制 - 土地征用 - 土地管理法 - 研究 - 中国 Ⅳ. ①D922.364

中国版本图书馆 CIP 数据核字(2017)第 237872 号

变革与重构:集体土地征收程序研究
BIANGE YU CHONGGOU:JITI TUDI ZHENGSHOU CHENGXU YANJIU

李春燕 著

策划编辑 郑 导
责任编辑 郑 导
装帧设计 汪奇峰

出版 法律出版社
总发行 中国法律图书有限公司
经销 新华书店
印刷 北京京华虎彩印刷有限公司
责任校对 杨锦华
责任印制 张建伟

编辑统筹 独立项目策划部
开本 720 毫米×960 毫米 1/16
印张 18.5
字数 260 千
版本 2017 年 9 月第 1 版
印次 2017 年 9 月第 1 次印刷

法律出版社/北京市丰台区莲花池西里 7 号(100073)
网址/www.lawpress.com.cn
投稿邮箱/info@lawpress.com.cn
举报维权邮箱/jbwq@lawpress.com.cn
销售热线/010 - 63939792
咨询电话/010 - 63939796

中国法律图书有限公司/北京市丰台区莲花池西里 7 号(100073)
全国各地中法图分、子公司销售电话:
统一销售客服/400 - 660 - 6393
第一法律书店/010 - 63939781/9782
西安分公司/029 - 85330678
重庆分公司/023 - 67453036
上海分公司/021 - 62071639/1636
深圳分公司/0755 - 83072995

书号:ISBN 978 - 7 - 5197 - 1446 - 8
定价:68.00 元
(如有缺页或倒装,中国法律图书有限公司负责退换)